A ESTRATÉGIA SEGUNDO DRUCKER

ESTRATÉGIAS DE CRESCIMENTO E *INSIGHTS* DE MARKETING EXTRAÍDOS DA OBRA DE PETER DRUCKER

Grupo
Editorial
Nacional

O GEN | Grupo Editorial Nacional reúne as editoras Guanabara Koogan, Santos, LTC, Forense, Método e Forense Universitária, que publicam nas áreas científica, técnica e profissional.

Essas empresas, respeitadas no mercado editorial, construíram catálogos inigualáveis, com obras que têm sido decisivas na formação acadêmica e no aperfeiçoamento de várias gerações de profissionais e de estudantes de Administração, Direito, Enfermagem, Engenharia, Fisioterapia, Medicina, Odontologia e muitas outras ciências, tendo se tornado sinônimo de seriedade e respeito.

Nossa missão é prover o melhor conteúdo científico e distribuí-lo de maneira flexível e conveniente, a preços justos, gerando benefícios e servindo a autores, docentes, livreiros, funcionários, colaboradores e acionistas.

Nosso comportamento ético incondicional e nossa responsabilidade social e ambiental são reforçados pela natureza educacional de nossa atividade, sem comprometer o crescimento contínuo e a rentabilidade do grupo.

A ESTRATÉGIA SEGUNDO DRUCKER

ESTRATÉGIAS DE CRESCIMENTO E *INSIGHTS* DE MARKETING EXTRAÍDOS DA OBRA DE PETER DRUCKER

Robert W. Swaim

Aluno, parceiro profissional e amigo de Peter F. Drucker durante 30 anos

Tradução e Revisão Técnica

Ana Beatriz Rodrigues

THE STRATEGIC DRUCKER: GROWTH STRATEGIES AND MARKETING INSIGHTS FROM THE WORKS OF PETER DRUCKER, FIRST EDITION
Copyright © 2010 by John Wiley & Sons (Asia) Pte. Ltd.
All Rights Reserved. Authorised translation from the English language edition published by John Wiley & Sons Limited. Responsibility for the accuracy of the translation rests solely with LTC – Livros Técnicos e Científicos Editora Ltda. and is not responsibility of John Wiley & Sons Limited. No part of this book may be reproduced in any form without the written permission of the original copyright holder, John Wiley & Sons Limited.

Direitos exclusivos para a língua portuguesa
Copyright © 2011 by
LTC – Livros Técnicos e Científicos Editora Ltda.
Uma editora integrante do GEN | Grupo Editorial Nacional
Reservados todos os direitos. É proibida a duplicação ou reprodução deste volume, no todo ou em parte, sob quaisquer formas ou por quaisquer meios (eletrônico, mecânico, gravação, fotocópia, distribuição na internet ou outros), sem permissão expressa da editora.

Travessa do Ouvidor, 11
Rio de Janeiro, RJ – CEP 20040-040
Tels.: 21-3543-0770 / 11-5080-0770
Fax: 21-3543-0896
ltc@grupogen.com.br
www.ltceditora.com.br

Editoração Eletrônica: ALSAN SERVIÇOS DE EDITORAÇÃO LTDA.

CIP-BRASIL. CATALOGAÇÃO-NA-FONTE
SINDICATO NACIONAL DOS EDITORES DE LIVROS, RJ

S977e

Swaim, Robert W.
A estratégia segundo Drucker : estratégias de crescimento e *insights* de marketing extraídos da obra de Peter Drucker / Robert W. Swaim ; tradução e revisão técnica Ana Beatriz Gonçalves Rodrigues Silva. - Rio de Janeiro : LTC, 2011.

Tradução de: The strategic Drucker : growth strategies and marketing insights from the works of Peter Drucker, 1st ed
Apêndice
Inclui bibliografia e índice
ISBN 978-85-216-1808-9

1. Drucker, Peter F. (Peter Ferdinand), 1909-2005. 2. Administração de empresas. 3. Marketing. 4. Sucesso nos negócios. I. Título.

| 10-4954. | CDD: 658.4 |
| | CDU: 005.366 |

Robert W. Swaim & Peter F. Drucker. Esforço conjunto para levar os ensinamentos de Drucker à China. *Claremont, Califórnia, 2001.*

Sumário

Agradecimentos

Gostaria de agradecer às seguintes pessoas que desempenharam um papel importante ajudando-me a desenvolver os ensinamentos de Peter Drucker para a China, razão pela qual elaborei a presente obra.

Les Charlton, editor associado da *Business Beijing Magazine*, que me estimulou a escrever a série *Drucker Files* com mais de 20 artigos que se tornaram o alicerce para partes importantes deste livro.

Xueying "Penny" Peng, minha pesquisadora na China, que acabou revelando saber mais do que eu sobre Drucker e a quem Peter também admirava.

J. Michael Marks, amigo de mais de 30 anos, que fez a gentileza de usar sua perspicácia criativa em prol da edição deste livro.

Thomas W. Zimmerer, ex-reitor da Saint Leo University School of Business, que trabalhou comigo para criar nove cursos de MBA totalmente credenciados sobre os ensinamentos de Drucker que se tornaram parte integrante da Saint Leo University – Peter Drucker MBA Program for China.

Professor Joseph Maciariello, da Drucker School, meu especialista em conteúdo no desenvolvimento dos trabalhos de Peter Drucker para os programas China Drucker MBA e Executive Development, que garantia que eu não colocasse palavras alheias na boca de Peter.

Peter F. Drucker, meu professor, colega e amigo durante quase 30 anos, que sempre teve tempo para compartilhar comigo os seus conhecimentos.

Prefácio

Peter F. Drucker (1909-2005)

O PAI DA MODERNA ADMINISTRAÇÃO

Peter F. Drucker é conhecido mundialmente como o *Pai da Moderna Administração*. Após seu falecimento em 2005, foram escritos inúmeros artigos a respeito de suas extensas contribuições para a administração e a sociedade. Tive a sorte de conhecê-lo, primeiro como professor, depois como colega e, por fim, como amigo por quase 30 anos. Além disso, junto com ele dediquei-me cerca de cinco anos ao projeto de desenvolvimento dos programas Drucker MBA e Drucker Executive Development atualmente oferecidos na China. Entre os programas que mais tarde expandi e ministrei em diversas cidades chinesas estão nove cursos de MBA com credenciamento total baseados em quase 40 livros e milhares de artigos que ele havia escrito nas áreas de administração e afins. Consequentemente, o leitor encontrará inúmeras referências à China nesta obra, embora os conceitos aqui apresentados sejam praticamente universais.

Durante o período em que trabalhamos juntos, tivemos diversas conversas nas quais ele dividiu comigo outras ideias acerca de vários assuntos sobre os quais ainda não havia escrito. Muitos deles estavam relacionados a suas visões de estratégia e, em particular, de vendas e marketing. Assim, sinto-me singularmente qualificado para compartilhar algumas de suas ideias suplementares referentes a seu trabalho, bem como algumas de suas omissões, as quais classifico como "lacunas deixadas por Drucker". Atualmente, também é necessário ir além de Drucker para implementar diversos desses conceitos.

A Estratégia Segundo Drucker e Muito Mais

Um dos cursos de MBA que desenvolvi intitulava-se "*Estratégia e a Finalidade da Empresa*" e baseava-se nas visões de Drucker sobre estratégia, marketing e outros tópicos afins incluídos, às vezes de maneira pouco detalhada, em seus inúmeros livros e artigos. Nas obras que escreveu, Drucker discutiu a importância da estratégia; entretanto, nunca dedicou um livro inteiro ao assunto, embora tenha alegado: "Escrevi o primeiro livro sobre o que hoje conhecemos como 'estratégia', *Administrando para obter resultados* (*Managing for Results*), publicado em 1964".[1] Drucker continua não sendo considerado um estrategista equiparado a colaboradores mais notáveis, como Michael Porter, conhecido particularmente por seu "*Modelo das cinco forças competitivas*" descrito em *Estratégia competitiva* de 1980,[2] e Henry H. Mintzberg, da McGill University em Montreal, com vasta bibliografia sobre o tema.[3]

Richard Koch, em *The Financial Times Guide to Strategy* publicado em 1995, comentou: "Considerando sua longa experiência e vasta obra, bem como a alta estima de que desfruta no meio, é salutar refletir que Drucker na realidade fala muito pouco sobre estratégia. Sua maior contribuição é a ideia apresentada em *The Theory of the Business*. A adequação dessa teoria ao ambiente de negócios, ou seja, até que ponto a teoria do negócio da empresa se encaixa no mercado e na economia, pode ser tão importante para o sucesso da empresa quanto a força de suas competências essenciais ou sua posição no mercado. Drucker não disse exatamente isso, mas teria dito caso tivesse se dignado a escrever um livro sobre estratégia". [4]

Discordo da afirmação de Koch de que a maior contribuição de Drucker na área de estratégia tenha sido a obra *The Theory of the Business*; além disso, Koch sugere em seu livro que de fato não existe "teoria" alguma em *The Theory of the Business*. Todavia, as visões de Drucker sobre o objetivo do negócio, a importância da missão e da visão, seu foco no cliente, não clientes e na voz do cliente e o que ele considerava serem as duas funções mais importantes da organização – marketing e inovação – são contribuições muito mais importantes do que a "teoria". De qualquer maneira, Koch está certo ao sugerir que Drucker nunca escreveu um livro totalmente dedicado à estratégia. Por outro lado, os ingredientes fundamentais para tal propósito *possivelmente* estão contidos em muitos de seus 39 livros e milhares de artigos. O presente livro, portanto, tenta consolidar muitas das observações e dos escritos de Drucker sobre estratégia e tópicos relacionados ao crescimento do negócio, tais como vendas, marketing, inovação, fusões e aquisições, alianças estratégicas em uma só fonte, exatamente como tive de fazer quando fiz pesquisas para o desenvolvimento do Drucker Strategy Course. Mesmo assim, o leitor constatará que, em diversos casos, as visões de Drucker são incompletas, deixando omissões ou lacunas que precisam ser eliminadas. Da mesma forma, para entender a aplicação de vários de seus conceitos na atualidade ou confirmar a validade deles, às vezes precisamos ir além de Drucker.

Quais Foram as Lacunas Deixadas por Drucker?

Peter Drucker descreveu brilhantemente *o que* deveria ser feito, não raro sugerindo as perguntas que a gerência deveria fazer a si mesma (o pensamento estratégico de Drucker), como veremos no capítulo "Estratégia e a Finalidade da Empresa", mas não mencionou *como* fazê-lo. Portanto, incluí minhas observações a respeito de diversos conceitos de Drucker sobre estratégia e tópicos afins. Embora eu não seja o primeiro a identificar essas lacunas, talvez tenha sido, com este livro, um dos primeiros a tentar eliminá-las, pelo menos na área de estratégia. Por exemplo, em 1985, William Clarkson, ex-CEO da Graphic Controls, subsidiária da Times-Mirror, ao chamar atenção para a lacuna entre a teoria acadêmica e sua aplicação prática, escreveu: "Entretanto, existe uma enorme lacuna entre o conhecimento acadêmico teórico e conceitual da administração e a capacidade do setor de aplicar todo esse conhecimento na prática". Referindo-se a Drucker, acrescentou: "De um lado dessa lacuna, temos Drucker, o visionário. Do outro, temos o gerente norte-americano que, embora saiba que a Bíblia da administração (o clássico *Management: Tasks, Responsibilities, Practices*) foi escrita por Drucker, desconhece como incorporar tal conhecimento a suas atitudes e práticas. Seus escritos foram lidos por mais gerentes do que as obras de qualquer outro autor vivo ou morto. No entanto, continua existindo uma lacuna perturbadora entre sua teoria e a prática gerencial nos Estados Unidos". [5]

Este livro, portanto, inclui também *diretrizes práticas* para a eliminação dessas lacunas e para a aplicação dos conceitos de Drucker referentes à estratégia nas organizações. Para tanto, menciono e incluo o trabalho de outros colaboradores ligados à estratégia e a diversas disciplinas referidas por Drucker como necessárias para a total compreensão do uso de seus conceitos. No Apêndice A, o leitor encontrará ainda muitas ferramentas para empregar os conceitos.

Foco no Crescimento

A Estratégia Segundo Drucker tem como foco as visões do mestre sobre as estratégias para alcançar tanto o crescimento orgânico do negócio – por intermédio de vendas, marketing e inovação – quanto o externo, por meio de fusões, aquisições e alianças estratégicas. Abordaremos detalhadamente o processo de pensamento estratégico de Drucker, destacando as etapas essenciais que precisam ser cumpridas para chegarmos às estratégias apropriadas para o crescimento. O Capítulo 2, "Estratégia e a Finalidade da Empresa", englobará grande parte das visões de Drucker sobre estratégica e marketing em um singular contexto hipotético: sua empresa contratou os serviços de consultoria de Drucker para melhorar a eficiência competitiva na economia global. A entrevista que você e sua equipe de gerência terão com ele, os tópicos discutidos e as perguntas por ele formuladas vão compor o alicerce para os capítulos sequenciais. Este capítulo ilustra a abordagem do pensamento estratégico de Drucker quanto à estratégia e as perguntas certas que precisam ser feitas.

As diferentes visões dele referentes ao papel essencial que a alta gerência e os planejadores precisam desempenhar no processo de planejamento estratégico também serão tratadas, bem como a importância dos processos decisórios executivos. As observações de Drucker sobre as mudanças demográficas e as tendências globais na sociedade que oferecem oportunidades de inovação e crescimento ajudam a reforçar algumas de suas visões e pesquisa de marketing.

Resumo: Quem Foi Drucker?

Há quase 30 anos, perguntei a Peter: "Você se classificaria como professor de administração?"

E ele respondeu: "Não, Bob, sou cientista social." [6]

Cerca de 20 anos mais tarde, ele iria se redefinir como ecologista social em *The Daily Drucker* (2004): "Considero-me um 'ecologista social', preocupado com o meio produzido pelo homem exatamente como o ecologista natural estuda o meio biológico. O termo 'ecologia social' foi inventado por mim."[7] Em *The Daily Drucker*, ele citou seu livro *The Age of Discontinuity* escrito em 1969 como o primeiro em que ele mencionou o termo ecologia social.[8] O *Webster New World Dictionary* define "ecologia" segundo a perspectiva sociológica como: "Ciência que estuda as relações dos grupos vivos com o meio geográfico em que vivem".[9] Drucker não se considerava um visionário, mas um astuto observador da sociedade, daí ter se classificado inicialmente como cientista social. Não previu o futuro, mas chamava a atenção para o fato de que aquilo que acontece hoje pode ter impacto no futuro. Por exemplo, estava à frente da maior parte das pessoas ao identificar a questão do declínio da taxa de nascimento, do envelhecimento da população e da diminuição da população, particularmente nos países desenvolvidos – tendências que nos ajudam a identificar possíveis oportunidades de inovação e crescimento.

Minhas descrições das lacunas deixadas por Drucker não devem ser vistas como uma crítica a sua obra, mas um meio de oferecer ferramentas adicionais para a implementação de muitos de seus conceitos e ensinamentos. Em outros casos, quando seus conceitos estavam incompletos, incluí contribuições de terceiros para fechar o laço. Drucker escreveu em *The Frontiers of Management*, de 1986: "Nunca fiz pouco caso de técnicas em meus ensinamentos, escritos e consultorias. As técnicas são ferramentas; sem ferramentas, não existe 'prática', apenas pregação".[10] Adotei a postura de que embora isso possa ser verdade, houve situações nas quais foi necessário recorrer a algo além das ferramentas para eliminar algumas lacunas – foi necessário ir além de Drucker e citar as contribuições de especialistas em várias disciplinas (por mim considerados sábios), como estratégia, marketing e inovação.

É desnecessário dizer que foi um prazer ter conhecido Peter e trabalhado com ele. Considero um dos pontos altos da minha carreira essa parceria com ele nos programas na China.

Robert W. Swaim
Beijing, China

Notas

1. Peter F. Drucker, "Drucker on Drucker", *New Management* 2, no. 3 (inverno de 1985): 7.
2. Michael Porter, *Competitive Strategy: Techniques for Analyzing Industries and Competitors* (Nova York: The Free Press, 1980). [Edição brasileira: *Estratégia Competitiva: Técnicas para Análise de Indústrias e da Concorrência*. Rio de Janeiro: Campus.]
3. Henry Mintzberg, "Crafting Strategy", *Harvard Business Review* 65, no. 4 (julho-agosto de 1987); e Henry Minztberg, Bruce Ahlstrand, e Joseph Josepel, *Strategy Safari: A Guided Tour Through the Wilds of Strategic Management* (Nova York: Free Press, 1998).

4. Richard Koch, *The Financial Times Guide to Strategy: How to Create and Deliver a useful Strategy*, 2nd ed. (Londres: Pearson Education Limited, 2000), 147-148.

5. William Clarkson, "Drucker: Closing the Theory/Practice Gap", *New Management* 2, no. 3 (inverno de 1985): 21-23.

6. Rosabeth Moss Kanter, "Drucker: The Unsolved Puzzle", *New Management* 2, no. 3 (inverno de 1988); e Thomas J. Peters, "The Other Half of the Message", *New Management* 2, no. 3 (inverno de 1985).

7. Resposta de Drucker à minha pergunta na Claremont Graduate School em 1977. Drucker manteve o cargo de ciências sociais durante todo o tempo em que lecionou na Claremont Graduate University, não de "ecologista social".

8. Peter F. Drucker, *The Daily Drucker: 366 Days of Insight and Motivation for Getting the Right Things Done* (Nova York: HarperCollins Publishers, Inc., 2004).

9. Peter F. Drucker, *The Age of Discontinuity: Guidelines to our Changing Society* (Londres: William Heinemann, Ltd., 1969).

10. Peter F. Drucker, *The Frontiers of Management* (Nova York: Truman Talley Books, 1986), 220-227.

Material Suplementar

Este livro conta com materiais suplementares.

O acesso é gratuito, bastando que o leitor se cadastre em http://gen-io.grupogen.com.br.

GEN-IO (GEN | Informação Online) é o repositório de material suplementar e de serviços relacionados com livros publicados pelo GEN | Grupo Editorial Nacional, o maior conglomerado brasileiro de editoras do ramo científico-técnico-profissional, composto por Guanabara Koogan, Santos, LTC, Forense, Método e Forense Universitária.

A Administração do Crescimento Segundo Drucker

A NECESSIDADE DE CRESCIMENTO E DE UMA ESTRATÉGIA DE NEGÓCIOS

O crescimento continuará sendo um objetivo de negócio desejável e necessário.[1]

Peter F. Drucker*

Inicio a jornada de exploração das visões de Peter Drucker sobre estratégia e gerência estratégica com uma discussão sobre crescimento. Afinal, qual o objetivo de desenvolver uma estratégia senão proporcionar uma direção para o crescimento futuro da empresa? Como disse Drucker em *Management* (1973), "*O crescimento continuará sendo um objetivo de negócio desejável e necessário*". Acrescentou ainda: "Em uma economia em crescimento, há espaço de sobra. Os setores que já passaram de seu pico declinam lentamente, sendo sustentados pela prosperidade da economia. Novos setores podem crescer bem, e crescer mais por acidente do que pelo gerenciamento em si. Entretanto, quando a economia em si não cresce, existe uma chance maior de mudanças abruptas e radicais ocorrerem. Em tais situações, uma empresa ou um setor que não cresce entra em decadência. Assim, torna-se ainda mais necessário haver uma estratégia que permita o desenvolvimento de um plano gerencial voltado para o crescimento e para a gestão do crescimento."[2] É desnecessário dizer que os setores bancário e imobiliário precisam de uma estratégia.

Em suas discussões sobre a necessidade de marketing, Drucker falou também sobre os fatores que contribuíam para o crescimento da empresa. A citação a seguir é apenas um aspecto do que, segundo Drucker, seria preciso perguntar a respeito de clientes e de não clientes. (*Não clientes* é um termo criado por Drucker para descrever as pessoas que não estão comprando da sua empresa.)

---

* Todas as citações de abertura de capítulo são de autoria de Peter Drucker, exceto quando observado em contrário.

"A gerência tem que perguntar que desejos dos clientes não estão sendo adequadamente satisfeitos pelos produtos e serviços que lhes são oferecidos atualmente. A capacidade de fazer essa pergunta e de respondê-la corretamente em geral faz a diferença entre uma empresa em crescimento e uma empresa que depende da maré crescente da economia ou do setor. Entretanto, quem se contenta em crescer quando a maré está a seu favor também se arrisca a retroceder quando a maré baixar."[3]

Peter F. Drucker*

Quando a Maré Baixa

Uma descrição apropriada para a economia dos Estados Unidos ao final da primeira década do século XXI é: uma economia sem crescimento, ou com crescimento apenas marginal, dependendo dos números que forem usados, ou como Drucker disse certa vez a respeito da estatística: "Diga-me o que você quer provar e eu lhe darei os números."[4] Essa ausência de crescimento econômico pode ser atribuída a diversos fatores, inclusive à crise do crédito resultante da ambição e estupidez daqueles que se aventuraram no mercado das hipotecas *subprime* (como instituições de crédito, investidores e clientes), agravada pelo colapso do mercado imobiliário e pelo mais alto número de execução de hipotecas imobiliárias desde a Grande Depressão; pela questão do petróleo; pela queda do dólar em relação à maior parte das moedas; pela enorme dívida interna do país, que cresce a cada dia com o custo do envio de tropas ao Iraque e ao Afeganistão; e por um mercado de capital volátil que experimenta variações de três dígitos no mercado de ações de um dia para o outro, para citar apenas alguns fatores.

Apesar da fraca economia, os analistas do mercado financeiro são ainda mais críticos em relação às empresas que não cumprem suas expectativas de crescimento. Vejamos por exemplo um relatório divulgado pela Reuters (25 de abril de 2008), com a seguinte manchete: "Aumento da receita da 3M decepciona e ações da empresa despencam." O artigo citava que a receita trimestral da 3M havia aumentado 8,9%, dos quais a conversão de moeda estrangeira era responsável por 6,1%. Segundo Adam Fleck, analista da Morningstar, "grande parte do crescimento neste trimestre é proveniente da conversão de moeda. Isso é positivo para a empresa, mas não tão positivo quanto o verdadeiro crescimento orgânico".[5] O artigo acrescentava que o faturamento líquido da 3M no primeiro trimestre fora de US\$988 milhões, ou US\$1,38 por ação, ultrapassando a previsão média dos analistas de US\$1,35 por ação. Apesar desses resultados, a Reuters concluiu que, embora a "3M relatasse lucros trimestrais acima das expectativas na quinta-feira, cresce entre os investidores o temor de que o dólar fraco seja responsável por grande parte do crescimento da empresa". As ações da 3M caíram 86 centavos naquela tarde, sendo vendidas a US\$79,95, menos 17% em relação aos US\$97 vigentes durante 52 semanas.

Nesse artigo, vemos as típicas expectativas de curto prazo dos "analistas". Embora a empresa (3M) tenha superado suas expectativas de receita líquida para o primeiro trimestre de 2008, de US$1,35 por ação, com resultados reais de US$1,38 por ação, os analistas ficaram decepcionados com o "crescimento orgânico da empresa" de apenas 2,8% comparados aos 6,1% em conversão de moeda, ou um total de 8,9%. Imaginemos que você estivesse na sala do conselho da 3M na manhã seguinte, quando o presidente do conselho fizesse o seguinte anúncio, na segunda pela manhã, a todos os executivos presentes: "Superamos a previsão de vendas do trimestre em 2,8% e as expectativas de ganhos por ação em 2%. O que faremos no segundo trimestre?" Nem se dê ao trabalho de discutir se a estratégia é apropriada para o ambiente atual; e de fazer mais algumas das perguntas-chave de Drucker, que analisaremos no próximo capítulo. Quem são os concorrentes aqui – os analistas?

As Dimensões do Crescimento do Negócio

Veremos a seguir uma breve descrição dos elementos do negócio que podem contribuir para o crescimento. Entre eles incluem-se a Dimensão Crescimento Orgânico e a Dimensão Crescimento Externo.

Dimensão Crescimento Orgânico: Aumento na receita de vendas atribuído a vendas e marketing, incluindo aumentos de preço, e a esforços inovadores da empresa no desenvolvimento de novos produtos ou serviços. O assunto será abordado nos Capítulos 2 a 5.

Dimensão Crescimento Externo: Aumento na receita das vendas resultante de fusões e aquisições. Entre as aquisições horizontais estão a expansão geográfica ou a aquisição de novos produtos para complementar a atual linha de produto da empresa. As aquisições verticais para trás envolvem a aquisição de uma fonte de fornecimento, enquanto as aquisições verticais para a frente envolvem a aquisição de uma parte do canal de marketing com o objetivo de reduzir as despesas com marketing e vendas, bem como aproximar-se do cliente. Alianças estratégicas, tanto formais quanto informais, também oferecem oportunidades de crescimento. Desinvestimentos mostram um aumento temporário na receita como resultado da venda de uma unidade de negócios, mas também resultam no declínio nas vendas de produto daquela unidade de negócio. As fusões, aquisições e alianças como estratégia de crescimento serão tratadas no Capítulo 6.

Outras Dimensões Externas: As conversões de moedas geram ganhos ou perdas nas receitas, dependendo da taxa de câmbio entre as moedas locais da empresa e a eventual conversão em dólares americanos.

A Tabela 1.1 mostra resumidamente o Relatório SEC 10K 2007 da 3M e os *Resultados do Crescimento do Negócio* relatados pela empresa. Trata-se de um excelente exemplo da rápida avaliação do crescimento de uma empresa em cada uma dessas dimensões.

Tabela 1.1   Resultados Operacionais da 3M

Vendas líquidas	EUA	Internacionais	Mundiais
Vendas líquidas (em milhões de dólares americanos)	US$8.987	US$15.475	US$24.462
Percentual de vendas mundiais	36,7%	63,3%	
Componentes da mudança nas vendas líquidas:			
Volume: orgânico	1,6%	7,4%	5,1%
Volume: aquisições	3,1	2,1	2,4
Preço	1,0	(1,1)	(0,2)
Vendas em moeda local (incluindo aquisições)	5,7	8,4	7,3
Desinvestimentos	(4,2)	(3,6)	(3,8)
Conversão de moeda	—	5,2	3,2
Mudança no total de vendas	1,5%	10,0%	6,7%

Fonte: Relatório SEC 10K 2007

    Como podemos ver na Tabela 1.2, um percentual significativo do crescimento da empresa foi atribuído às conversões de moeda como resultado de um dólar mais fraco comparado ao euro na UE, à libra no Reino Unido e ao iene no Japão.

    As *Dimensões do Crescimento do Negócio* da empresa, aliadas à crítica dos "analistas", forçaram George Buckley, presidente do conselho e CEO da empresa, a rea-

Tabela 1.2   Dimensões do Crescimento do Negócio na 3M

Dimensões do crescimento	Componente	Resultados	Percentual total da empresa
Crescimento orgânico	Vendas & marketing	Aumento nas vendas	5,1
		Aumentos de preço	(0,2)
	Inovação	Novos produtos e serviços	
Crescimento externo	Fusões & aquisições	Aquisições horizontais (expansão geográfica, extensões de produtos)	2,4
		Aquisições verticais (para trás – aquisição de fontes de fornecimento; para a frente – aquisição de canais para se aproximar mais do cliente)	
	Alianças estratégicas	Alianças formais (*joint ventures,* contratos de licenciamento e patentes)	
	Alianças estratégicas	Alianças informais (contratos de marketing e distribuição)	
	Desinvestimentos	Perda de vendas da unidade	(3,8)
Outras dimensões externas	Conversão de moeda	Ganhos/perdas com a conversão de moeda local em dólares americanos	3,2
Crescimento total			6,7%

Fonte: Desenvolvido por Robert W. Swaim (2006)

gir com as seguintes declarações na reunião dos acionistas da empresa, realizada em 13 de maio de 2008.

"Os EUA são, de longe, o nosso maior mercado. Assim, é óbvio que, para que a 3M concretize suas aspirações de crescimento no longo prazo, os negócios no país precisam crescer mais rápido. Está cada vez mais claro para cada um de nós que crescer nos Estados Unidos continuará sendo um desafio no curto prazo."[6] Para alcançar esse crescimento, Buckley comentou que "a 3M tentará mais enfaticamente diferenciar seus produtos dos da concorrência, inovar mais e melhorar o serviço para extrair crescimento em seus mercados nos EUA". O artigo continuava comentando sobre os negócios internacionais da 3M, que representavam 63% de suas vendas em 2007 e que poderiam chegar a 70% até 2010. Além desse percentual, 30%, ou US$7 bilhões, vinham dos mercados emergentes, nos quais as vendas cresciam quase 20% ao ano. O artigo acrescentava ainda que "as ações da 3M caíram 49 centavos, chegando a US$77,18 na terça-feira".

Uma observação adicional: a 3M é selecionada como exemplo em nossas discussões de crescimento porque 63,3% de suas receitas totais vinham de fora dos EUA, a empresa relata seu crescimento de acordo com as *Dimensões do Crescimento do Negócio*, faz parte da lista das 500 mais da revista *Fortune* e é uma das empresas que compõem o índice Dow Jones Industrial Average (Média Industrial do Dow Jones). Os comentários do presidente do conselho, no último artigo, a respeito da necessidade de diferenciação e inovação, estão diretamente associados às visões de Drucker sobre as duas mais importantes funções da organização, *marketing* e *inovação*, e serão tratados detalhadamente no decorrer deste livro.

Apesar da perspectiva positiva do presidente do conselho a respeito das oportunidades de crescimento futuro da empresa, aparentemente os "analistas" não ficaram impressionados, e o preço da ação da empresa caiu. A questão aqui é a seguinte: será que a 3M precisa de um melhor gerente de relacionamento com os investidores ou de uma estratégia melhor? A visão de Drucker e de outros sobre a importante função do CEO na estratégia e no planejamento estratégico também será objeto de uma análise mais detalhada.

O Crescimento Segundo Drucker

O crescimento é resultado do sucesso.
Uma empresa cresce porque está fazendo um bom trabalho.
Seus produtos encontram demanda cada vez maior.[7]

Nos primeiros escritos de Drucker, suas discussões sobre crescimento eram voltadas mais para o *porte* da organização e a transição de uma empresa pequena para uma empresa maior. A discussão incluía também suas visões sobre a necessidade de mudar a atitude e o comportamento da alta gerência, inclusive a estrutura gerencial, e, não raro, a substituição do proprietário-fundador por uma equipe de gerência profissional. Incluímos neste livro uma breve discussão da teoria do ciclo de vida organizacional, pois apresenta uma abordagem estratégica mais abrangente do que a de Drucker, a fim de complementar esse importante elemento da estratégia do negócio.

O crescimento não é automático. Não resulta do sucesso.[8]

Aproximadamente 20 anos mais tarde, Drucker mudou suas visões sobre os fatores que contribuem para o crescimento e, em particular, passou a não mais acreditar que o sucesso contribuísse para o crescimento. Como pôr em ordem essas diferentes visões?

A Necessidade de Objetivos de Crescimento

Drucker comentou em *Management* (1973) que "não basta a gerência declarar: 'Queremos crescer.' É preciso haver uma política racional de crescimento".[9] Enfatizou que a gerência precisa definir uma política racional de crescimento que possa ter tanto objetivos *mínimos* quanto objetivos *ideais*. Enfatizou ainda que "o crescimento no contexto de um negócio é um termo econômico, não físico. O volume em si é irrelevante". Acrescentou: "Um negócio cresce em desempenho econômico e em resultados econômicos. Querer ser uma 'empresa de bilhões de dólares' não é um objetivo de crescimento racional. Os objetivos de crescimento precisam ser objetivos econômicos, e não de volume."[10] Infelizmente, em *Management* – e isso será um tema recorrente neste livro –, Drucker não nos fornece *insights* que nos permitam definir *objetivos ideais*. No entanto, expandiu essa questão no livro *Managing in Turbulent Times* (1980) [*Administrando em tempos de grandes mudanças*, na edição brasileira] com uma regra de que "qualquer crescimento que, dentro de um curto período de tempo, resulta no aumento geral da produtividade total [não definida] dos recursos da empresa é um crescimento saudável".[11]

A Necessidade de Gerência Segundo Drucker

Normalmente, um negócio cresce por ter uma gerência capaz e competente.[12]

A citação acima, de Drucker, ainda que tenha sido feita há mais de 50 anos em *The Practice of Management* [*A profissão de administrador*] (1954), continua podendo ser aplicada diretamente no ambiente atual e concentra-se mais no sucesso ou no desempenho e nos resultados do negócio do que no porte da organização. Matthew Kirdahy escreve em um artigo publicado na *Forbes.com*: "Um instantâneo da história corporativa recente mostra que os CEOs sempre correram o perigo de perder o emprego de uma hora para outra. Atualmente, está provado que eles passam menos tempo no escritório por causa de um intenso ambiente de negócios e do mercado global hipercompetitivo. É o tipo de trabalho que não atrai muitos, apesar dos altíssimos salários. Normalmente um CEO permanece no cargo durante uma média de seis anos, mas existem também aqueles que, por escolha pessoal ou não, nem chegam a tanto."[13] Essa curta duração descrita por Kirdahy pode ser atribuída, em grande parte, às conflitantes demandas de resultados imediatos impostas ao CEO sob a forma de ganhos trimestrais por ação e direção estratégica do negócio no longo prazo.

A Necessidade de Liderança Segundo Porter

Michael E. Porter é conhecido como uma das maiores autoridades em estratégia, e muitas de suas visões, bem como a de outros, são incluídas neste livro quando considerei necessário "ir além de Drucker" em um ponto importante. Aqui, Porter fala sobre a necessidade de liderança, não de gerência, em termos do desenvolvimento da estratégia de negócio.

> *Em muitas empresas, a liderança degenerou-se, passando apenas a orquestrar melhorias operacionais e a fazer acordos.*[14]
>
> Michael E. Porter

Porter expandiu a citação acima enfatizando a necessidade de a liderança executiva definir e comunicar a estratégia de negócios, identificar a que mudanças setoriais e necessidades do cliente a empresa deve responder, a que clientes-alvo a empresa deve servir e assim por diante, bem como definir o que a empresa não fará. A função do CEO e de outros no planejamento estratégico será abordada neste livro, inclusive as visões de Drucker e de outros expoentes como Porter.

Uma Visão Oposta: "A Armadilha do Crescimento"

Em um artigo publicado em 1996 na *Harvard Business Review* intitulado "What Is Strategy?", Porter também assumiu uma visão um tanto diferente sobre a importância do crescimento ao escrever que, "Entre todas as outras influências, o desejo de crescer talvez tenha sido o efeito mais perverso sobre a estratégia".[15] O que Porter quis dizer com isso, e que tipo de crescimento é desejável?

Suas visões mais recentes sobre estratégia descrevem a importância do posicionamento estratégico, dos *trade-offs* e da criação de um ajuste entre as atividades. Além disso, Porter estabelece uma diferença entre eficácia operacional e posicionamento estratégico ao afirmar: "Eficácia operacional significa realizar atividades semelhantes melhor do que os rivais a realizam (obtendo eficiência e uso de ferramentas como Melhores Práticas, Gestão da Qualidade Total, Zero Defeitos e Seis Sigma). Por outro lado, posicionamento estratégico significa realizar atividades diferentes dos rivais ou realizar atividades semelhantes de maneiras diferentes." Porter comentou que a eficácia operacional não pode ser usada como base da competição por um longo período de tempo, pois os concorrentes não podem imitar rapidamente as técnicas gerenciais, novas tecnologias, melhoria nos insumos para a cadeia de valor da empresa e assim por diante.

Porter comentou: "A estratégia competitiva envolve ser diferente e escolher deliberadamente um conjunto de atividades diferente visando à oferta de um mix de valor singular." Essa pode ser considerada a essência da estratégia. Segundo Porter, "a essência do posicionamento estratégico consiste em escolher atividades que sejam diferentes das dos rivais". Em seguida, ele identificou os aspectos nos quais a empresa poderia escolher se diferenciar: *posicionamento baseado na variedade* (baseado na escolha das variedades de produtos ou serviços e conjuntos distintos de atividades, em vez de em segmentos de clientes); *posicionamento baseado nas necessidades* (uma abordagem mais tradicional de almejar um segmento de clientes com necessidades diferentes) e o *posicionamento baseado no acesso* (segmentação de clientes que são acessíveis de formas diferentes – geografia, escala de clientes – ou de qualquer coisa que exija um conjunto diferente de atividades para alcançar os clientes da mesma maneira).[16]

No que diz respeito ao posicionamento estratégico, Porter também enfatizou que ele exige *trade-offs*, ou seja, não se pode ser tudo para todos ao mesmo tempo. A alta gerência/liderança da empresa, como observamos antes, precisa deixar claro que está optando por competir de uma forma, e não de outra. Aqui, ele afirmou: "Os *trade-offs* são essenciais para a estratégia. Eles criam a necessidade de escolha e limitam o que a empresa oferece." Porter também discutiu a importância do "ajuste", ou de como as atividades se relacionam entre si, considerando-o um componente fundamental da estratégia competitiva. Drucker também falou sobre a importância do "ajuste" em sua discussão de "The Theory of The Business", embora adote uma perspectiva diferente da adotada por Porter, que será abordada nos dois próximos capítulos. Porter classificou "ajuste" como um ajuste de primeira ordem ou *simples consistência* entre cada atividade (função) e a estratégia geral. O ajuste de segunda ordem ocorre quando *as atividades se reforçam* com consistência nas funções da empresa, enquanto o ajuste de terceira ordem é classificado como *otimização do esforço*, como a coordenação ou troca de informações entre as atividades a fim de eliminar a redundância e minimizar o desperdício de esforço. Porter continua então, enfatizando que o ajuste entre diversas atividades é fundamental tanto para a vantagem competitiva quanto para a sustentabilidade dessa vantagem. Aqui, ele também enfatizou que "as posições estratégicas devem ter um horizonte de uma década ou mais, não de um único ciclo de planejamento". Isso ele atribuiu ao ajuste entre as atividades da empresa, o que também cria pressão para melhorar a eficácia operacional, contribuindo assim para a continuidade e a sustentabilidade. Drucker discorda dessa visão em sua discussão de "Qual será o nosso negócio?", pois ela é impactada pelas mudanças que ocorrem no ambiente externo da organização, exigindo ajustes na estratégia da empresa. Nos dois próximos capítulos, esse assunto será tratado mais detalhadamente.

Voltando à questão do crescimento, Porter descreveu a "armadilha do crescimento", que consiste na preocupação da gerência com o surgimento de *trade-offs* que limitem o crescimento (servir a um grupo de clientes e excluir outros grupos) e coloca um limite real ou imaginário no crescimento da receita. Como tal, a gerência é tentada a abandonar a posição estratégica do negócio. Porter sentiu que "concessões e inconsistências na busca do crescimento ocasionarão a erosão da vantagem competitiva que a empresa tinha com suas variedades ou clientes-alvo originais". Ele acrescentou que a tentativa de competir em diversas maneiras ao mesmo tempo cria confusão e mina o foco organizacional. Isso resultará essencialmente em queda nos lucros, e nesse caso o aumento da receita (crescimento) é visto como receita, o que geralmente leva a mais aquisições. O crescimento positivo, por outro lado, pode ser obtido concentrando-se no aprofundamento da posição estratégica, e não em sua ampliação ou em concessões. O aprofundamento, segundo Porter, significa tornar mais diferenciadas as atividades da empresa, fortalecer o ajuste e comunicar melhor a estratégia aos clientes que podem valorizá-la. Porter acrescenta que "uma empresa normalmente pode crescer mais rápido – de maneira muito mais lucrativa – transpondo as necessidades e variedades nas quais se diferencia do que atuando em arenas de crescimento potencialmente maiores nas quais carece de singularidade".[17]

Em lugar de simplesmente apresentar a teoria, Porter oferece algumas possíveis soluções para alcançar o crescimento, por exemplo, por meio da globalização, que são consistentes com a estratégia e abrem grandes mercados (como a China e a Índia) para uma estratégia mais focada. O autor comparou isso a empresas que buscam o crescimento ampliando sua atuação no país. Sugeriu, porém, que a busca de crescimento doméstico dentro de seu setor, como no exemplo da 3M aqui apresentado, pode superar alguns dos riscos à estratégia criando unidades isoladas, cada qual com um nome de marca próprio e atividades específicas.

A estratégia encontra-se no cerne da gerência geral: trata-se de definir a posição da empresa, fazer trade-offs *e forjar o ajuste entre as atividades.*[18]

Michael E. Porter

Mais tarde, Porter tentou conciliar sua mais nova visão de estratégia com suas estratégias "gerais" originais, assunto que será abordado mais adiante, no Capítulo 3.

Resumo do Capítulo

Este capítulo versa sobre a necessidade de crescimento, que pode ser obtido por meio do "crescimento orgânico" atribuído a vendas, marketing e inovação, e do "crescimento externo", por meio de fusões e aquisições, bem como de alianças estratégicas. Outra perspectiva de crescimento foi apresentada pelas visões de Michael Porter. Suas visões sobre estratégia foram apresentadas anteriormente neste livro para ilustrar como outros teóricos se baseiam nos conceitos de Drucker e, muitas vezes, vão "além de Drucker".

Notas

1. Peter F. Drucker, *Management: Tasks, Responsibilities, Practices* (Nova York: Harper & Row 1973), 773.
2. Ibid., 773.
3. Ibid., 91.
4. Comentário feito por Drucker durante aula em curso de doutorado ministrada na Claremont Graduate School, no outono de 1978.
5. "3M revenues growth disappoints, shares fall", Reuters, 25 de abril de 2008.
6. "CEO Says 3M Will Aim to Spur Its US Growth", Associated Press News, 13 de maio de 2008.
7. Peter F. Drucker, *Management: Tasks, Responsibilities, Practices* (Nova York: Harper & Row, 1973), 765.
8. Ibid., 774.
9. Ibid., 775.
10. Peter F. Drucker, *The Practice of Management* (Nova York: Harper & Row, 1954), 251.
11. Peter F. Drucker, *Managing in Turbulent Times* (Nova York: Harper Publishing, 1980), 48.
12. Peter F. Drucker, *The Practice of Management* (Nova York: Harper & Row, 1954), 251.
13. Matthew Kirdahy, "Quick Succession", *Forbes.com* , 13 de março de 2008.
14. Michael E. Porter, "What Is Strategy?" *Harvard Business Review* (novembro – dezembro de 1996), 77.
15. Ibid., 75/77.
16. Ibid., 65/68.
17. Ibid., 75/77.
18. Ibid., 77.

Estratégia e a Finalidade da Empresa

A finalidade da empresa é criar um cliente.[1]

Parte Um: Drucker Visita a Sua Empresa

Introdução

O capítulo Estratégia e a Finalidade da Empresa define a abordagem de Drucker à estratégia e ao marketing da empresa. Embora tenha dito certa vez que existem apenas duas funções em uma organização que contribuem para os resultados, *Marketing e Inovação*, Drucker nunca realmente dedicou um livro inteiro ao marketing, como fez com a inovação, no livro *Innovation and Entrepreneurship* (1985). No livro *Administrando para obter resultados* (publicado originalmente em 1964), Drucker abordou diversos tópicos presentes em textos contemporâneos de marketing e estratégia, mas o livro ainda não constitui uma discussão abrangente da disciplina. Portanto, você verá que este capítulo provavelmente é o que mais se aproxima de qualquer coisa que Drucker já tenha escrito sobre estratégia e marketing em um só lugar.

O leitor terá também uma noção mais abrangente da abordagem de Drucker, saberá fazer as perguntas certas e terá acesso ao Pensamento Estratégico do autor. Obviamente, saber o que fazer e como fazer depois de responder às perguntas faz parte do processo de eliminação das lacunas deixadas por Drucker. O conteúdo deste capítulo vem de um artigo escrito originalmente para a revista *Business Beijing*, tendo posteriormente servido como tarefa de leitura para nossos alunos de MBA na China. O leitor verá, portanto, diversas referências à realidade chinesa.[2] Independentemente de onde o leitor se encontre – na China ou em qualquer outra parte do mundo –, as perguntas propostas por Drucker se aplicam a qualquer lugar. Assim, ao ler este capítulo, reflita sobre a maneira como você responderia às perguntas de Drucker com relação a sua organização. Em seguida, não pergunte apenas "o que faço?", mas também "como faço?"

Uma Reunião com Peter F. Drucker[3]

Você está prestes a se reunir com a maior autoridade mundial em administração, ganhador, em 2002, da Presidential Medal of Freedom (prêmio máximo concedido a um civil nos Estados Unidos), Peter F. Drucker, que se comprometeu a passar um dia em sua empresa com você e sua equipe de gerência. Você pretende obter a opinião do mestre quanto ao rumo e à melhor estratégia a serem seguidos. Está preocupado com a capacidade de a sua empresa competir em uma economia global dinâmica, em constante mudança, e não sabe ao certo quais serão as implicações para a sua empresa do ingresso da China na Organização Mundial do Comércio.

Você entra em contato com algumas das empresas às quais ele prestou consultoria, como a General Electric e outras empresas da *Fortune 500*, e elas lhe afirmam que você não ficará decepcionado por levar Drucker à China. Dizem-lhe que ele não lhe fornecerá respostas, mas fará as perguntas certas que você e sua equipe de gerência devem se fazer; caberá a vocês encontrar as respostas certas. Não ministrará uma palestra, mas oferecerá *insights* a respeito de inúmeras questões diferentes que a sua empresa deve considerar – por exemplo, o que sabemos e o que não sabemos a respeito do futuro, e o que isso poderia significar para a estratégia da sua empresa? Está pronto para a visita de Drucker?

Visita de Drucker a Sua Empresa: a Parte da Manhã

Você e a sua equipe de gerência estão na sala de reunião, Drucker entra e, após as apresentações de praxe, pergunta: "Qual é a finalidade da sua empresa?" Qual seria a sua resposta?

Se você tiver respondido "gerar lucros", ele rirá de você e dirá: "Você não sabe nada de empresa. Sua resposta não só é falsa como também é irrelevante." E explica: "A FINALIDADE DE UMA EMPRESA É CRIAR UM CLIENTE".[4] Este capítulo explica o que Drucker quer dizer com essa definição da Finalidade da Empresa e o que ele escreveu sobre o assunto, inclusive as principais perguntas que a gerência precisa fazer para formular estratégias destinadas a criar e reter clientes. Não ignoraremos a resposta mais provável a sua pergunta: "gerar lucros", pois Drucker coloca o lucro em sua perspectiva apropriada mais adiante na entrevista.

As Três Perguntas que Drucker lhe Faz na Manhã da Reunião Drucker continua: "Senhoras e senhores, ao final da reunião de hoje, vocês saberão como responder às três perguntas a seguir:

1. Qual é o nosso negócio?
2. Qual será o nosso negócio?
3. Qual deve ser o nosso negócio?"

Qual É o Nosso Negócio?

A pergunta gira em torno da definição da Missão da empresa. A primeira pergunta, e também a mais fundamental, a ser feita para a definição do negócio é "Quem é o cliente?"[5] Drucker acrescenta que "normalmente existem dois ou mais tipos de cliente. Por exemplo, para uma empresa envolvida em produtos de consumo, o proprietário do mercadinho é um cliente, do qual se deseja conquistar espaço nas prateleiras, e o consumidor é outro: será que ele comprará seu produto enquanto estiver dentro do mercadinho? Cada cliente define um negócio diferente, tem expectativas e valores diferentes e compra coisas diferentes".[6]

Drucker continua: "Temos que adotar uma perspectiva diferente, do ponto de vista do cliente e do mercado. Qualquer tentativa séria de responder à pergunta 'Qual é o nosso negócio?' tem que começar pelas realidades do cliente, sua situação, seu comportamento, suas expectativas e valores. Satisfazer o cliente é a missão e a finalidade de todo e qualquer negócio." Outras perguntas cruciais que também precisam ser respondidas incluem "Onde está o cliente?" e "O que o cliente compra?" Essas duas últimas perguntas dizem respeito à segmentação de mercado. Mais tarde, Drucker reformulou essa última pergunta da seguinte maneira: "Qual é o valor para o cliente?"[7]

Segundo Drucker, toda organização opera de acordo com uma Teoria do Negócio. Ou seja, um conjunto de pressupostos sobre:

- Qual é o seu negócio
- Quais são seus objetivos
- Como a empresa define resultados
- Quem são seus clientes
- O que os clientes valorizam e pelo que estão dispostos a pagar

Drucker continua: "Vamos refletir sobre o que chamo de Teoria do Negócio e os Três Pilares de Pressupostos que compreendem a Teoria do Negócio."[8] São eles:

1. O meio – mercados, clientes, canais de distribuição, concorrentes etc.
2. As competências essenciais do negócio, que consistem nos diferentes recursos da organização
3. Os pressupostos a respeito da futura Visão e Missão Atual da organização

Analisemos cada um deles.

Pressupostos sobre o Mercado e as Perguntas Mais Importantes   Antes de tudo, é importante parar de dizer "Nós sabemos" e dizer "Vamos perguntar":

- Quais são os nossos pressupostos a respeito do mercado?
- O mercado continua sendo o que acreditamos ser?
- Quem é o nosso cliente?
- Qual é o nosso canal de distribuição? Pelo que eles pagam?
- Não clientes: Por que eles não compram de nós? O que estão dispostos a comprar? Para eles, o que é valor?

Drucker cunhou a expressão "não clientes" para descrever as pessoas que não compram da sua empresa. Por exemplo, sua empresa pode ter uma participação de mercado de 20% no setor. Por outro lado, 80% das pessoas que não compram de você são os seus não clientes. Drucker enfatiza que é preciso descobrir por que eles não estão comprando da sua empresa.

Drucker pergunta: "Qual foi a última vez em que você conversou com os seus não clientes para descobrir os motivos pelos quais não compram da sua empresa? O que você descobriu?" Qual seria a sua resposta?

Pressupostos sobre as Competências Essenciais e as Perguntas Mais Importantes
Drucker apresenta outras perguntas importantes que você precisa fazer a respeito das competências essenciais da sua organização. Entre elas estão:

- O que sabemos fazer bem?
- De quais habilidades e conhecimentos dependemos para conquistar e manter nossa posição de liderança no mercado?
- Que coisas sabemos fazer melhor do que os nossos concorrentes, e com menos esforço?
- Quais são as áreas em que somos realmente excelentes, e em quais áreas teríamos que sê-lo?

Drucker pergunta: "Como você responderia a essas quatro perguntas?"

Pressupostos sobre a Missão da Empresa   Drucker enfatiza que a Missão da empresa precisa ser avaliada e atualizada à medida que ocorrem mudanças no meio. Entre as perguntas mais importantes a serem feitas estão:

- Qual é a nossa Missão?
- Qual deveria ser a nossa Missão?
- Que resultados estamos tentando alcançar?
- Como vamos mensurá-los, ou pelo menos valorizá-los?

Drucker acrescenta que "ao fazer a pergunta 'Qual é o nosso negócio?' a empresa não deve esperar o negócio ou o setor estar com problemas. A pergunta deve ser feita desde o início, particularmente para as empresas que têm ambição de crescer. O momento mais importante para se fazer tal pergunta é depois que a empresa atinge um certo grau de sucesso".[9]

Ao definir a Missão da organização, é preciso incluir os seguintes elementos essenciais:

- As necessidades do cliente – *O QUE está sendo satisfeito?*
- Os grupos de clientes – *QUEM está sendo satisfeito?*
- As tecnologias usadas, as funções realizadas e os recursos singulares (competências essenciais) – *COMO as necessidades dos clientes estão sendo satisfeitas.*[10]

Ainda durante a reunião, Drucker pergunta: "A sua empresa possui uma Declaração de Missão que inclui os elementos anteriores?"

Nunca é demais enfatizar a importância de definir a Missão da organização e de analisá-la regularmente. Por exemplo, a SCM Corporation já foi um dos maiores fabricantes de máquinas de escrever elétricas do mundo, detentora de uma fatia de mercado significativa. A empresa via como sua Missão produzia máquinas de escrever elétricas, enquanto os clientes estavam migrando para computadores e processadores de texto. Quando foi a última vez em que sua empresa comprou uma máquina de escrever elétrica? A SCM não fez perguntas importantíssimas a respeito de sua Missão e acabou indo à falência.

Drucker e as Duas Funções Mais Importantes de um Negócio

Segundo Drucker, "Uma empresa possui duas funções básicas, *Marketing* e *Inovação*."[11] Veja a seguir os comentários de Drucker sobre a Função de Marketing.

"O verdadeiro marketing começa pelo consumidor, sua demografia, suas realidades, suas necessidades, seus valores. O marketing não pergunta: 'O que queremos vender?' Pergunta o que o cliente deseja comprar. O marketing não diz: 'Nosso produto faz isso' – diz: 'Essas são as satisfações, valores e necessidades que o cliente busca.' "[12]

Com relação à Função de Inovação, Drucker comenta: "Não basta a empresa oferecer uma mercadoria ou serviço qualquer; ela precisa oferecer produtos e serviços melhores e mais econômicos. A inovação mais produtiva é um produto ou serviço diferentes que criem um novo potencial ou satisfação, e não uma melhoria." E continua: "Os gerentes precisam transformar as necessidades da sociedade em oportunidades de negócios rentáveis."

Voltaremos a falar sobre as visões de Drucker e a importância da inovação em outro capítulo deste livro. Drucker resume: "as organizações que não inovarem não sobreviverão".

Qual Será o Nosso Negócio?

Em nossa reunião, Drucker volta a atenção agora para a segunda pergunta importante que você precisa fazer: "Qual será o nosso negócio?" Ele observa que o objetivo de fazer tal pergunta é "a adaptação às mudanças previstas. Visa modificar e desenvolver o negócio continuamente". E acrescenta: "Existem quatro fatores principais que determinarão qual será o seu negócio: São eles:

- Potencial de mercado e tendências do mercado
- Mudanças na estrutura do mercado
- Inovação
- O consumidor"[13]

Drucker expande esses quatro fatores apresentando *insights* adicionais e outras perguntas que você terá que responder.

Potencial de Mercado e Tendências do Mercado

- Qual será o tamanho do mercado para o nosso negócio daqui a cinco ou 10 anos – presumindo que não ocorram mudanças básicas na estrutura do mercado nem na tecnologia?
- Que fatores determinarão esse desenvolvimento?

Mudanças na Estrutura de Mercado

- Que mudanças na estrutura de mercado podemos esperar como resultado de acontecimentos econômicos, mudanças na moda ou no gosto ou atitudes dos concorrentes?

Inovação

- Que inovações modificarão os desejos do cliente, criarão desejos novos, extinguirão antigos, criarão novas formas de satisfazer seus desejos, modificarão seus conceitos de valor ou permitirão a oferta de maior satisfação?

Drucker pergunta: "Que inovações estão ocorrendo no seu setor?"

O Consumidor

- Que desejos do consumidor não estão sendo adequadamente satisfeitos pelos produtos ou serviços que lhe são oferecidos hoje?

Qual Deveria Ser o Nosso Negócio?

Drucker continua perguntando: "Qual deveria ser o nosso negócio?", questionamento que envolve a definição de uma Visão para o futuro. Para desenvolver essa visão, responda as seguintes perguntas:

- Que mudanças observáveis no meio podem ter impacto sobre as características, a Missão e a Finalidade do negócio?
- Que oportunidades estão surgindo ou podem ser criadas para cumprir a Finalidade e a Missão do negócio, tornando-o um negócio diferente?
- Como incorporar essas previsões à Teoria do Negócio, sob a forma de objetivos, estratégias e tarefas?

Segundo Drucker, "O mercado, seu potencial e suas tendências são o ponto de partida. As mudanças na demografia são os únicos eventos relacionados ao futuro para os quais a verdadeira previsão é possível. A gerência precisa prever mudanças na estrutura do mercado, moda ou gosto e afastar-se dos concorrentes. Além disso, quais dos desejos do consumidor não estão sendo adequadamente satisfeitos pelos produtos ou serviços oferecidos hoje?"

Drucker acrescenta: "A capacidade de fazer essas perguntas (sobre os desejos do consumidor) diferencia uma empresa em crescimento de uma empresa cujo desenvolvimento depende da maré alta da economia ou do setor como um todo. Quem se contenta em pegar carona na maré alta também cairá quando a maré estiver baixa."[14]

A Importância da Visão Estratégica

Assim como Drucker enfatiza a importância da Declaração de Missão, o negócio também precisa de uma Declaração de Visão. Segundo Drucker: "A Visão Estratégica:

- Define o caminho estratégico da organização – a composição do negócio daí a três a cinco anos.
- Identifica as atividades a serem adotadas.
- Define a futura posição de mercado da empresa.
- Define seu futuro foco no cliente.
- Define o tipo de organização que o negócio deseja se tornar."

Drucker observa "que as Declarações de Missão e de Visão orientam os processos decisórios da gerência (para onde estamos indo e o que é importante?). Aumentam também a motivação e o comprometimento dos funcionários (instila confiança na alta gerência – eles sabem para onde a organização está indo e como chegar lá). Preparam a organização para o futuro e para a definição de objetivos de longo prazo. A Visão não consiste em gerar lucros – a verdadeira Missão/Visão da empresa é: O que faremos para gerar lucros?"

Drucker pergunta: "Sua empresa tem uma Declaração de Visão?"

O Conceito do Abandono Planejado e as Principais Perguntas que Você Deve Fazer

Além de ter uma Visão para o futuro, Drucker enfatiza que "a gerência precisa realizar uma análise sistemática de seus atuais negócios e produtos. O velho, que não mais se adequa à Finalidade e à Missão do negócio, não mais proporciona satisfação aos clientes e não mais oferece contribuição significativa. Todos os produtos, serviços, processos, mercados, consumidores finais e canais de distribuição existentes precisam ser avaliados."[15] Este é o "Conceito de Abandono Planejado" de Drucker e necessita ser implementado, mesmo que o produto existente seja antigo e ainda gere lucro. Entre as principais perguntas que você deve fazer a respeito do abandono de antigos produtos estão:

- Eles ainda são viáveis?
- É provável que continuem sendo viáveis?
- Eles ainda geram valor para o consumidor?
- Continuarão fazendo-o no futuro?
- Eles ainda se encaixam na realidade da população e dos mercados, da tecnologia e da economia?
- Caso contrário, como podemos abandoná-los – ou ao menos deixar de investir neles mais esforços e recursos?

Drucker pergunta,"Você fez uma avaliação dos seus atuais produtos ou negócios para determinar se eles devem ser abandonados?" Que resposta você lhe daria?

Voltaremos a falar mais detalhadamente do conceito de Drucker sobre Abandono Planejado no Capítulo 6, "Livrando-se do Passado".

Estratégia e Certezas nas quais se Baseiam as Estratégias segundo Drucker

Segundo Drucker, "O objetivo da estratégia é permitir à organização alcançar os resultados que deseja em um ambiente imprevisível e permitir que a organização seja propositalmente oportunista. A estratégia também é o teste da Teoria do Negócio. A incapacidade da estratégia adotada de gerar os resultados desejados geralmente é o primeiro sinal sério de que a Teoria do Negócio precisa ser reavaliada. Além disso, os sucessos inesperados costumam ser o primeiro sinal de que a Teoria do Negócio precisa ser repensada."

Drucker observa que "existem cinco certezas ou pressupostos que fundamentam a estratégia. São eles:

1. A redução da taxa de natalidade nos países desenvolvidos e o envelhecimento da população.
2. Mudanças na distribuição de renda disponível.
3. Definição de desempenho.
4. Competitividade global.
5. A crescente incongruência entre a globalização econômica e a fragmentação política".[16]

Em função das limitações de tempo da sua reunião com Drucker, ele discutirá apenas algumas dessas certezas. Os interessados em aprender mais sobre suas visões podem consultar o livro *Desafios gerenciais para o século XXI.*

A Redução da Taxa de Natalidade nos Países Desenvolvidos e o Envelhecimento da População "A nova certeza mais importante, ainda que seja porque se trata de algo sem precedentes em toda a história, é a redução da taxa de natalidade nos países desenvolvidos. No Japão e na Europa Central, a taxa de natalidade já está muito abaixo da taxa necessária para a manutenção da população. Até o final do século XXI, a população da Itália pode ser de 20 milhões de pessoas, comparados aos atuais 60 milhões; a japonesa pode ser de 50 ou 55 milhões, comparados aos atuais 125 milhões." Drucker continua: "Mais importante do que os números absolutos é a distribuição etária dentro da população. Desses 20 milhões de italianos até o ano 2080, um número muito reduzido terá menos de 15 anos e um número enorme – pelo menos um terço da população – terá mais de 60 anos de idade. As mesmas tendências serão observadas em outras partes do mundo, inclusive na China. Em 2002, havia mais de 130 milhões de pessoas com mais de 65 anos na China. Até 2040, ou até antes, haverá 400 milhões, ou quase um terço da população, com mais de 65 anos na China. Quais serão as implicações do envelhecimento da população para as empresas chinesas?"[17]

Drucker propõe as seguintes perguntas:

- Será que o crescimento uniforme do número de idosos continuará oferecendo oportunidades de mercado – e até quando?
- Sua renda continuará sendo alta (países desenvolvidos) ou diminuirá?
- Eles continuarão gastando tanto quanto gastam atualmente?
- Continuarão querendo ser "jovens" e gastando da mesma maneira?

Drucker lhe pede para refletir sobre essas questões. E pergunta: "Que oportunidades isso poderia gerar para as empresas chinesas? Em que setores?" Qual seria a sua resposta?

Mudanças na Distribuição de Renda Disponível   Outra certeza descrita por Drucker consiste na Distribuição de Renda Disponível. Ele observa que "mudanças na distribuição de renda são o alicerce mais confiável da estratégia. Tendências na distribuição de renda relacionadas a uma determinada categoria de produto ou serviço costumam, uma vez estabelecidas, persistir por um longo tempo e são imunes aos ciclos de negócio". Ele sugere: "Fique de olho nas mudanças, nas tendências e em mudanças dentro de uma tendência (uma mudança de um tipo de produto ou serviço dentro de uma categoria para outro produto ou serviço dentro da mesma categoria." Acrescenta: "Nas décadas iniciais do século XXI, haverá tanto mudanças nas tendências quanto mudanças dentro das tendências."[18]

Drucker então pergunta: "Você observou mudanças na renda disponível na China e o que isso significa para o seu negócio? Que tendências vem observando ou prevê para o futuro?"

Competitividade Global   Outra certeza na qual a estratégia de negócios deve ser baseada é a Competitividade Global. Durante a reunião, Drucker comenta que "a economia mundial se torna cada vez mais global e todas as instituições terão que fazer da competitividade global uma meta estratégica. As empresas não podem mais definir seu escopo em termos das economias nacionais e das fronteiras nacionais. Terão que defini-lo em termos de setores e serviços mundiais. Nenhuma instituição sobreviverá, e menos ainda terá sucesso, se não estiver à altura dos padrões definidos pelos líderes em seu ramo de atuação, em qualquer parte do mundo".

Drucker pergunta: "Qual é o escopo do seu negócio em termos de competitividade global?"

Drucker prevê que "enfrentaremos uma onda protecionista no mundo nas próximas décadas, pois a reação inicial a um período de turbulência é tentar construir um muro para proteger o nosso jardim dos ventos gélidos que sopram de fora". As tarifas impostas à importação do aço pelos Estados Unidos são um exemplo clássico dessa onda protecionista descrita por Drucker aqui. Por outro lado, ele comenta que "esses muros não mais protegem as instituições – e especialmente os negócios cujo desempenho não está à altura dos padrões mundiais. A construção de muros só os tornará ainda mais vulneráveis".[19]

Drucker então pergunta: "Quais são as políticas protecionistas existentes na China que podem mudar como resultado do ingresso do país na Organização Mundial do Comércio (OMC), e qual será o impacto disso na sua empresa?"

Resumo das Perguntas Mais Importantes a Responder

Aqui estão as perguntas mais importantes para as quais você e a sua equipe gerencial devem começar a recolher informações:

1. Qual é o nosso negócio? (Missão)
2. Qual será o nosso negócio? (Mudanças no meio a respeito das quais temos certeza)
3. Qual deve ser o nosso negócio? (Visão)

Teremos outra reunião com Drucker na parte da tarde. Os tópicos tratados por ele na reunião da tarde são: a importância dos objetivos, os tipos de objetivos necessários e como colocar os lucros em perspectiva.

Parte Dois: Reunião com Drucker na Parte da Tarde

Na Parte Dois, primeiro revisaremos o processo necessário para responder às três perguntas mais importantes. Em seguida, Drucker concentrar-se-á na importância dos objetivos e, finalmente, colocará os lucros em perspectiva.

O Processo de Gestão Estratégica e as Lacunas Deixadas por Drucker

Para responder às três perguntas importantes e formular uma estratégia, teremos que examinar o ambiente externo e o ambiente interno, ou os recursos, competências essenciais, pontos fortes e pontos fracos da sua organização. A Figura 2.1, Abordagem de Drucker ao Pensamento Estratégico, resume os elementos básicos do "Processo" e as perguntas que precisam ser feitas. (*Observação*: Drucker não forneceu essa ferramenta; foi necessário acrescentá-la para eliminarmos a lacuna deixada por ele.)

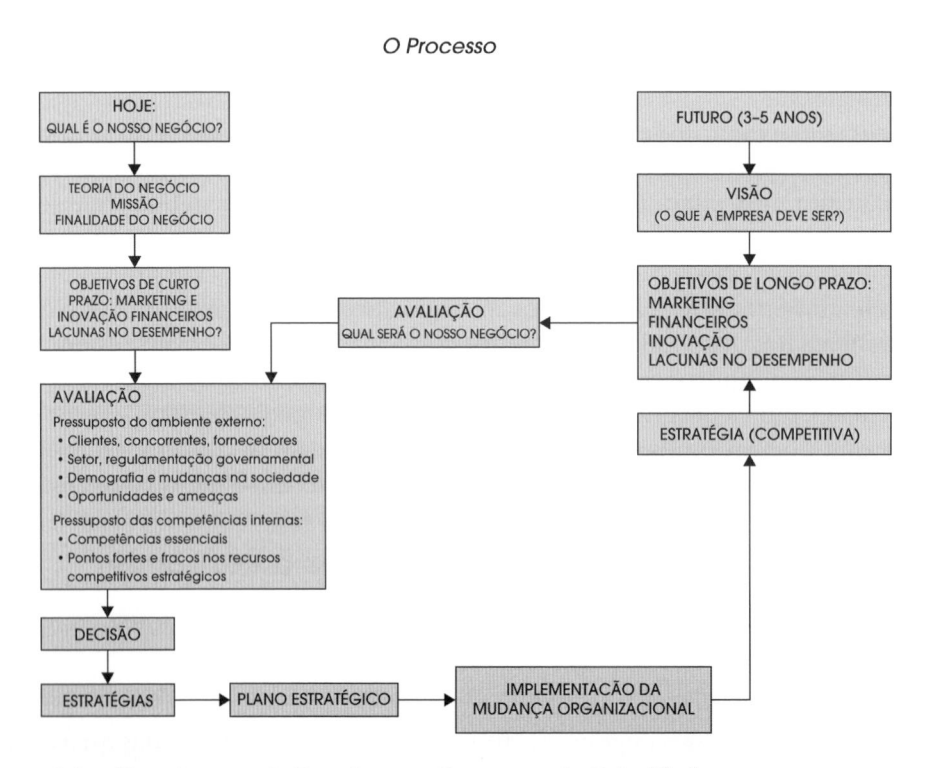

Figura 2.1   Abordagem de Drucker ao Pensamento Estratégico

Fonte: Desenvolvido por Robert W. Swaim (2003)

Missão e Finalidade do Negócio

- Qual é a Missão do negócio?
- Essa Missão é apropriada ao meio atual ou precisa ser redefinida?

Talvez você não consiga responder a todas essas perguntas sem antes ter realizado uma avaliação do ambiente externo, do setor e do ambiente interno.

Objetivos de Curto Prazo

- Estamos cumprindo os nossos objetivos de curto prazo (de marketing, inovação, financeiros etc.)? Se não estivermos, o que está errado em nossa Missão ou estratégia?

Qual Será o Nosso Negócio?

- Que mudanças ocorreram ou estão ocorrendo no meio e que impactarão nossos atuais clientes, produtos, serviços e o setor como um todo?

Análise Setorial

- Será que estamos atuando no setor certo?
- O setor está crescendo, está estável ou está declinando?
- Qual é o grau de facilidade ou dificuldade de outras empresas entrarem ou saírem do setor?
- De posse dos conhecimentos de que dispomos agora, como faremos isso?

Visão para o Futuro

- Qual deve ser o nosso negócio?

Objetivos de Longo Prazo

- Que objetivos financeiros, de marketing, inovação e outros objetivos de longo prazo precisam ser definidos para que concretizemos nossa Visão? (Drucker tecerá comentários sobre os tipos de objetivos necessários mais adiante na reunião.)

Avaliação do Ambiente Externo

- Que mudanças estão ocorrendo ou ocorrerão nas seguintes áreas: clientes e não clientes (mudanças nas necessidades), concorrentes (análise da concorrência), tecnologia, fornecedores, regulamentações governamentais, demografia e mudanças na sociedade, outras etc.?

Avaliação das Oportunidades de Inovação e Potenciais Riscos

- Com base na avaliação do ambiente externo, que oportunidades de inovação a organização deveria priorizar e buscar?

- De quais "riscos ou ameaças" a organização deve estar ciente e deve tentar minimizar?

Avaliação Interna (Competências Essenciais e Recursos)

- Temos os recursos necessários (capacitação) para competir?
- Quais outros recursos serão necessários e quando?
- Quais são os nossos pontos fracos em áreas competitivas importantes?
- Quais são os nossos pontos fortes (competências essenciais) dos quais poderemos tirar proveito?

Definição de Objetivos de Longo Prazo (de Três a Cinco Anos)

- Que objetivos de longo prazo precisam ser definidos agora para que concretizemos a nossa Visão?

Alternativas Estratégicas e Decisão

- Qual é a melhor estratégia competitiva que nos permitirá concretizar os nossos objetivos e alcançar a nossa Visão?
- Quais são as estratégias competitivas a serem consideradas?

Plano Estratégico

- Como vamos documentar o caminho a ser seguido até lá (o plano estratégico)?
- Que recursos serão necessários, e como nos organizaremos?
- Quem fará isso?

Implementação do Plano e Liderança da Mudança

- Que mudanças podem ser necessárias na organização?
- Quem planejará, liderará e implementará a mudança organizacional?
- Estamos alcançando nossos objetivos?
- Estamos recebendo as informações certas quando forem necessárias para os processos decisórios?

Mais uma vez, Drucker pergunta: "Você realiza esse processo? Com que frequência? Quem o realiza na organização?" Quais seriam as suas respostas a tais perguntas?

A Definição de Objetivos Segundo Drucker

A seguir encontram-se alguns comentários importantes feitos por Drucker sobre a necessidade de definir objetivos e sobre os tipos de objetivos necessários. Drucker foi o primeiro a defender a definição de objetivos, há muitos anos, no livro *A profissão de administrador*.[20] Segundo Drucker, "as definições básicas do negócio, de sua Finalidade e Missão precisam se traduzir em objetivos. Caso contrário, serão apenas *insights*, boas intenções que nunca se concretizam. Devem-se estabelecer objetivos para três áreas principais: *qual é o nosso negócio, qual será o nosso negócio e qual deve ser o nosso negócio"*. Drucker acrescenta que "os objetivos não são destino; são orientações. Não são ordens; são compromissos. Não determinam o futuro; são um meio de mobilizar os recursos e as energias do negócio para fazer o futuro".[21]

Aqui estão algumas diretrizes de Drucker a respeito de objetivos:

- Os objetivos representam a estratégia fundamental do negócio.
- Os objetivos precisam ser operacionais (convertidos em metas e atribuições específicas).
- Os objetivos precisam possibilitar a concentração de recursos e esforços (recursos humanos, capital, instalações físicas etc.).
- É preciso haver objetivos múltiplos – e não um único objetivo (equilíbrio de diversos objetivos e necessidades).
- Os objetivos devem abranger todas as áreas das quais dependa a sobrevivência do negócio.

A Necessidade de Objetivos Múltiplos

Drucker defende a definição das seguintes categorias de objetivos pela empresa: marketing, inovação, recursos humanos, recursos financeiros, recursos físicos, produtividade, responsabilidade social e exigências de lucros. Vamos nos concentrar aqui em duas funções essenciais enfatizadas por Drucker – *Marketing* e *Inovação*.

Objetivos de Marketing   Permitem que a gerência tome *duas decisões-chave*: em que parte do mercado deve se concentrar e em que mercado e linhas de produto a empresa gostaria de ser líder. A seguir, apresentamos as principais áreas dos Objetivos de Marketing:[22]

- *Produtos* e serviços *existentes* em *mercados existentes* – a posição desejada dos produtos existentes em seu atual mercado, expressa na moeda local e em pontos percentuais, e medida em relação à concorrência direta e indireta.
- *Produtos* e serviços *existentes* em *novos mercados* – a posição desejada dos produtos existentes em novos mercados, expressa na moeda local e em pontos percentuais, e medida em relação à concorrência direta e indireta.
- *Produtos existentes* que devem ser *abandonados* – por razões tecnológicas, em função das tendências de mercado, para melhorar o mix de produtos ou como resultado de decisões gerenciais sobre o que o negócio deveria ser.
- *Novos produtos* necessários em *mercados existentes* – o número de produtos, suas propriedades, o valor em dólares e a fatia de mercado que devem conquistar.
- *Novos mercados* para os quais devem ser desenvolvidos *novos produtos* em termos de dólares e pontos percentuais.
- A *organização de distribuição* necessária para concretizar os objetivos de marketing e a política de preços apropriada para eles.

- *Objetivos de serviço* que meçam a qualidade oferecida ao cliente pela empresa, seus produtos, sua organização de vendas e de serviço.

Drucker pergunta: "Sua empresa tem objetivos de marketing nessas áreas-chave?"

Objetivos de Inovação Segundo Drucker, existem três tipos de inovação: a inovação de produto (em produtos ou serviços), a inovação social (inovação no mercado, no comportamento e nos valores do consumidor) e a inovação gerencial (inovação nas diversas habilidades e atividades necessárias para gerar os produtos e serviços e levá-los ao mercado). A seguir estão as áreas nas quais, segundo Drucker, os objetivos de inovação são necessários.[23]

- *Novos produtos ou serviços* que são necessários para a concretização dos objetivos de marketing.
- *Novos produtos ou serviços* que serão necessários em função de mudanças tecnológicas que podem tornar obsoletos os produtos atuais.
- *Melhorias em produtos* necessárias tanto para atender os objetivos de marketing quanto para prever mudanças tecnológicas esperadas.
- *Novos processos e melhorias* em antigos processos necessários para satisfazer os objetivos de marketing: por exemplo, melhorias no processo de manufatura que permitam a concretização de objetivos de definição de preço.
- *Inovações e melhorias* em todas as principais áreas de atividade – contabilidade ou design, administração do escritório ou relações trabalhistas – a fim de acompanhar os avanços nos conhecimentos e nas habilidades.

Drucker pergunta: "Sua empresa possui objetivos de inovação? Em que áreas?"

Colocando os Lucros em Perspectiva

Você deve estar lembrado de que à primeira pergunta feita por Drucker na reunião realizada na parte da manhã de sua visita à empresa, "Qual é a finalidade de um negócio?", você respondeu: "Gerar lucros" e Drucker o corrigiu, afirmando que "A FINALIDADE DA EMPRESA É CRIAR UM CLIENTE". Agora, ele coloca os lucros em perspectiva com os seguintes comentários:

- A lucratividade não é uma finalidade, e sim um fator limitador das atividades da empresa.
- O lucro não é a explicação, a causa ou a fundamentação do comportamento e das decisões de negócio, e sim um teste de sua validade.
- O lucro é necessário para financiar a concretização dos objetivos do negócio.
- O lucro é uma condição de sobrevivência – é o custo do futuro, o custo de se manter no negócio.
- O dever maior de uma empresa é sobreviver. O princípio orientador da economia do negócio não é maximizar os lucros, *e sim evitar prejuízos.*
- Uma empresa que consegue lucros suficientes para satisfazer seus objetivos nas principais áreas do negócio é uma empresa que dispõe dos meios necessários para sobreviver.

- Um negócio que não cumpre as demandas de lucratividade impostas por seus principais objetivos é um negócio marginal ou em risco.
- O planejamento dos lucros é necessário – mas é o planejamento da lucratividade mínima necessária, e não da maximização de lucros sem sentido.[24]

Centros de Lucros versus Centros de Custo

Com relação às visões de Drucker sobre os lucros, há outro tema recorrente que diz que "não existem centros de lucros dentro da organização; existem somente centros de custos".[25]

Várias décadas depois, no livro *Administrando em tempos de grandes mudanças* (1995), ele acrescentou, com um toque de humor, que "O único centro de lucros é um cliente cujo cheque não foi devolvido".[26]

Drucker Conclui a Reunião

No fechamento da reunião, Drucker pergunta mais uma vez: "Entendeu qual é a finalidade da empresa?" e "Sabe a resposta das três perguntas que fiz anteriormente?"

1. Qual é o nosso negócio?
2. Qual será o nosso negócio?
3. Qual deve ser o nosso negócio?

Resumo do Capítulo

Ao terminar a leitura deste capítulo, você deverá ter a capacidade de fazer as três perguntas apresentadas por Drucker durante a entrevista e concluir o processo de gestão estratégica descrito na Figura 2.1 para a sua empresa. Volte e analise as perguntas, perguntando-se quais seriam as respostas da sua organização às perguntas feitas por ele. O Apêndice A apresenta diversas ferramentas para aplicação da gestão estratégica que podem ajudá-lo a aplicar os conceitos de Drucker sobre estratégia abordados durante a entrevista.

Este capítulo incluiu os pontos mais importantes das visões estratégicas e de marketing de Drucker conforme constam de seus livros e artigos, escritos ao longo de quase 50 anos, a começar por *The Practice of Management* (1954), *Managing for Results* (1964). *Management* (1973), "The Theory of the Business", artigo publicado na *The Harvard Business Review* (setembro-outubro de 1994), *Managing in a Time of Great Change* (1998), *Management Challenges for the 21st Century* (1999) e *The Essential Drucker* (2001). Muitos dos livros publicados antes de sua morte foram concebidos tanto como resumos dos pontos principais de obras anteriores, como por exemplo *The Essential Drucker* e *The Daily Drucker* (2004), quanto como formas de expressar suas visões como cientista social, como em *Managing in The Next Society* (2002), no qual ele tece comentários sobre a Internet e o comércio eletrônico.

Embora seus pensamentos iniciais sobre o assunto tenham sido considerados de vanguarda na década de 1950 e início dos anos 1960 (considerando-se que ele escreveu o primeiro livro sobre estratégia), ele pareceu ficar em segundo plano à medida que outros colaboradores notórios nas áreas de estratégia e marketing o superaram na década de 1980. É necessário, portanto, complementar o pensamento de Drucker com conceitos e ferramentas adicionais propostos por outros colaboradores das áreas de pensamento estratégico, marketing e pesquisa de marketing, para que seja possível implementar muitos dos conceitos de Drucker descritos neste capítulo.

Notas

1. Peter F. Drucker, *The Practice of Management* (Nova York: Harper & Row, 1954), 34-38.
2. Robert W. Swaim, Ph.D., "The Drucker Files: Strategy and the Purpose of a Business – Part I & II." *Business Beijing* (outubro e novembro de 2002).
3. Este capítulo baseou-se em um artigo que escrevi originalmente para a revista *Business Beijing* como parte da série Drucker Files. Não o modifiquei de modo a refletir a morte de Drucker, por isso o capítulo foi escrito no tempo presente, como se ele ainda estivesse vivo.
4. Peter F. Drucker, *The Practice of Management* (Nova York: Harper and Row, 1954), 37; e *Managing for Results* (Londres: William Heinemann Ltd., 1964), 110.
5. Peter F. Drucker, *Management: Tasks, Responsibilities, Practices* (Nova York: Harper & Row, 1973), 74-102.
6. Peter F. Drucker, *The Essential Drucker* (Nova York: HarperCollins, 2001), 25.
7. Peter F. Drucker, *Management: Tasks, Responsibilities, Practices* (Nova York: Harper & Row, 1973), 83-86.
8. Peter F. Drucker, "The Theory of the Business". *Harvard Business Review* (setembro-outubro de 1994).
9. Peter F. Drucker, *Management: Tasks, Responsibilities, Practices* (Nova York: Harper & Row, 1973), 86-88.
10. Descrição dos elementos da Declaração de Missão, adotado de Arthur A, Thompson, Jr. e A. J. Strickland III, *Strategic Management: Concepts and Cases*, 13 th ed. (Nova York: McGraw Hill Irvin, 2003), 34.
11. Peter F. Drucker, *The Practice of Management* (Nova York: Harper & Row, 1954), 37.
12. Peter F. Drucker, *The Essential Drucker* (Nova York: HarperCollins, 2001), 21.
13. Peter F. Drucker, *Management: Tasks, Responsibilities, Practices* (Nova York: Harper & Row, 1973), 88-91.
14. Ibid., 89-91.
15. Ibid., 93-94.
16. Peter F. Drucker, *Management Challenges for the 21st Century* (Nova York: HarperCollins, 1999), 41-69.
17. Peter F. Drucker, *Management Challenges for the 21st Century* (Nova York: HarperCollins, 1999), 41-69; e *China Faces up to Aging Population* (Xinhua News Agency), janeiro de 2005.
18. Peter F. Drucker, *Management Challenges for the 21st Century* (Nova York: HarperCollins, 1999), 51.
19. Ibid., 41-69.
20. Peter F. Drucker, *The Practice of Management* (Nova York: Harper & Row, 1954), 62.
21. Peter F. Drucker, *Management: Tasks, Responsibilities, Practices* (Nova York: Harper & Row, 1973), 102.
22. Peter F. Drucker, *The Practice of Management* (Nova York: Harper & Row, 1954), 67-68.
23. Ibid., 69.
24. Peter F. Drucker, *The Essential Drucker* (Nova York: HarperCollins, 2001), 38.
25. Peter F. Drucker, *Managing for Results* (Londres: William Heinemann Ltd., 1964), 17.
26. Peter F. Drucker, *Management Changes for the 21st Century* (Nova York: HarperCollins, 1999), 123.

Dissecando a Entrevista e Marketing Segundo Drucker

Parte Um: Dissecando a Entrevista

Observações após a Entrevista e os Especialistas

O presente capítulo funciona como uma campanha presidencial nos EUA. Em geral, depois que um dos candidatos faz um discurso ou é entrevistado e tece comentários a respeito de um assunto específico, ou, ainda, critica um adversário, um grupo de especialistas nos repete o que acreditamos ter acabado de ouvir, inclusive suas visões pessoais, concordando ou discordando dos comentários do candidato. Esse é o modelo que este capítulo e os próximos tentarão seguir. Portanto, examinaremos ou dissecaremos as visões de Drucker a partir da entrevista realizada no Capítulo 2 com a ajuda de diversos especialistas em gestão estratégica e marketing, entre eles Michael Porter, Roger J. Best, Philip Kotler, Gary Hamel, Arthur A. Thompson, Jr., A. J. Strickland e outros.

Considerando-se que Drucker enfatizou a necessidade de fazer perguntas, será que as visões por ele expressas no capítulo anterior contribuem para a estratégia ou são fracas demais e devem ser suplementadas por outros teóricos? Será que a questão da estratégia foi "além de Drucker"?

A Finalidade do Negócio

Drucker declarou que "A finalidade do negócio é criar um cliente". Há uma enorme lacuna nessa definição simples de negócio que precisei eliminar, acrescentando "...*e retê-lo*". Talvez seja um detalhe pequeno, mas que ganha importância quando consideramos que inúmeras pesquisas de mercado concluíram que o custo da aquisição de um novo cliente é *cinco vezes maior* do que o custo de retê-lo.[1] Assim, para eliminar essa lacuna, precisei dedicar um tempo considerável às estratégias mais abrangentes de retenção de clientes. Uma contribuição veio de Roger J. Best e o tratamento por ele dispensado à retenção de clientes em *Market-Based Management: Strategies for Growing Customer Value and Profitability* (2004).[2] Best afirmou que "a satisfação e a retenção de clientes são elos importantes para uma estratégia baseada no mercado e para a lucratividade. O objetivo final de qualquer estratégia de mercado deve ser atrair, satisfazer e *reter* os clientes-alvo".[3] Em minha opinião, trata-se de uma explicação muito melhor do que a da "finalidade de uma empresa" de Drucker, por isso resolvi acrescentá-la para eliminar a lacuna deixada por Drucker.

A discussão das estratégias de retenção do cliente apresentada por Best que acrescentei para reforçar Drucker inclui uma classificação dos tipos de cliente. Best argumenta que "nem todos os clientes são iguais. Alguns podem ser leais e lucrativos, outros podem ser lucrativos mas não leais, alguns leais mas não lucrativos, e outros não são leais nem lucrativos".[4] Ele classificou os clientes da seguinte maneira:

- *Clientes lucrativos e leais*: Esses clientes são a principal fonte de lucros da empresa.
- *Clientes lucrativos, mas não leais*: São clientes que geram lucros, mas que podem desertar devido à queda da satisfação ou ao enfraquecimento do valor para o consumidor.
- *Clientes que não geram lucros, mas leais*: São clientes que estão satisfeitos mas que não geram lucro para a empresa.
- *Clientes não lucrativos nem leais*: São os clientes que compram apenas com base no preço; são adquiridos, mas batem em retirada rapidamente.

Best continua sugerindo diversas abordagens e estratégias para retenção de clientes relacionadas a essas classificações de clientes que acrescentei aos Drucker Programs para eliminar algumas das lacunas deixadas por Drucker. Drucker continuou, ao longo dos anos, citando sua definição da *finalidade da empresa*, mas não abordou a importância da retenção do cliente. No entanto, recebeu a atenção da maior parte dos especialistas quando declarou que a finalidade do negócio *não* é gerar lucros – a resposta típica que costumamos ouvir à pergunta proposta no início da entrevista. Vemos essa visão reforçada pelos especialistas em estratégia, como vemos nos comentários de Thompson e Strickland: "Às vezes, as empresas expressam sua missão em termos da geração de lucros. Trata-se de um equívoco – os lucros, na realidade, são um objetivo e um resultado do que a empresa faz. O desejo de gerar lucros nada diz a respeito da arena de negócios na qual se devem buscar lucros."[5] Outros especialistas, Peter Rea e Harold Kerzner, abordaram a questão mais diretamente ao afirmar: "A finalidade mais básica da estratégia de marketing é reter os clientes existentes e atrair novos clientes."[6]

A Transação versus Apuração do Valor Financeiro do Cliente (Customer Lifetime Value)

Best também adota uma visão oposta à de Drucker em termos de visão do negócio. Drucker, em *Administrando para obter resultados (Managing for Results)*, dedicou um tempo considerável à estrutura de custos de um negócio e à mensuração das transações. Concluiu que "os gerentes talvez nunca tenham pensado no negócio como um 'sistema de transações'. No entanto, uma vez que entendam a ideia, poderão aplicá-la aos seus negócios".[7] Best, por outro lado, assumiu um ponto de vista diferente quando disse: "Os clientes são um *ativo de marketing* que as empresas precisam quantificar em seus sistemas contábeis. Entretanto, a empresa que for capaz de atrair, satisfazer e manter os clientes durante o *tempo de vida* das compras encontra-se em posição sólida para oferecer níveis superiores de lucratividade." Ele continua: "As empresas que não possuem uma orientação de mercado veem os clientes como *transações de compra individuais*. Uma empresa baseada no mercado vê os clientes como *parceiros durante todo o seu tempo de vida*."[8] Philip Kotler compartilhou da mesma visão em *Marketing Management* (1991) ao afirmar: "As empresas normalmente concentram-se em transações específicas com o objetivo de gerar lucro em todas as transações. As empresas da nova economia acrescentam um foco ao apurar *o valor financeiro do cliente* e elaborar suas ofertas de marketing e seus preços de modo a gerar lucros ao longo do tempo de vida do cliente."[9] Embora Drucker tenha falado da importância de entender as necessidades do cliente, o conceito de *valor financeiro do cliente* não estava presente em seus escritos.

A "Teoria do Negócio" — Outra Visão

A *Teoria do Negócio* de Drucker foi publicada inicialmente na *Harvard Business Review* (setembro-outubro de 1994). Foi um dos conceitos de Drucker que nossos alunos chineses mais encontraram dificuldade para entender, basicamente porque não há "teoria" na *Teoria do Negócio*. Descobri também, ao apresentar o Drucker Strategy Course, que eles não gostavam de conceitos e teorias; queriam ferramentas de aplicação prática. Para eliminar essa lacuna deixada por Drucker, foi necessário substituir teoria por *estratégia*. Seguindo a ideia de Drucker de que é preciso haver um "ajuste" entre a missão, o ambiente externo e as competências essenciais da empresa, só assim é possível determinar a estratégia apropriada. Era necessário também descrever as diversas estratégias que uma organização podia adotar, inclusive as estratégias de negócios e as estratégias competitivas. Isso, obviamente, contrariava a visão de Drucker de que, se a estratégia não estava funcionando, havia algo de errado com a Teoria do Negócio da organização. Como não poderíamos definir "teoria" e o que poderia estar errado com ela, em vez da estratégia, voltamos e avaliamos primeiro o ambiente externo, usando o Modelo das Cinco Forças de Porter, e somente depois avaliamos as competências essenciais da organização.[10] Porter propôs que a concorrência de um setor é composta de cinco forças competitivas. São elas:

- A rivalidade entre os concorrentes em um setor e a intensidade da competição.
- A ameaça de entrada de novos concorrentes.
- A ameaça de empresas de outros setores de conquistarem clientes com produtos *substitutos*.
- A pressão competitiva gerada pelo poder de barganha dos fornecedores.
- A pressão competitiva gerada pelo poder de barganha dos clientes.[11]

Acreditava-se que a avaliação das tendências que ocorriam nessas forças permitiria que se detectassem pistas com relação aos possíveis problemas na estratégia da empresa.

Especificações para uma Teoria (Estratégia) Válida do Negócio

Drucker apresentou em linhas gerais o que acreditava serem as "especificações" para uma teoria válida do negócio ou o que eu consideraria um teste de uma estratégia válida. Eis as exigências para que a estratégia seja válida:

- Os pressupostos a respeito do meio, da missão e das competências essenciais precisam estar de acordo com a realidade.
- Os pressupostos em todas as três áreas precisam se ajustar entre si.
- A Teoria do Negócio precisa ser conhecida e bem compreendida.
- A Teoria do Negócio precisa ser constantemente testada.[12]

Drucker não explicou propriamente o que queria dizer com "estar de acordo com a realidade"; no entanto, fez um trabalho muito melhor nesse sentido com a discussão das fontes de inovação e pressupostos a respeito de um mercado ou setor. Mais adiante, no capítulo em que trataremos de Inovação, voltaremos a esse assunto. É preciso elaborar um pouco mais sua discussão de "ajuste" na segunda especificação. Por exemplo, talvez se tenha identificado uma excelente oportunidade a ser perseguida após a avaliação do ambiente externo; no entanto, sem ter as competências essenciais necessárias, é difícil entrar no jogo para aproveitar a oportunidade. Isso também se aplica a ter uma missão abrangente de satisfazer determinadas necessidades do cliente mas não dispor dos recursos internos necessários para tanto. A necessidade de entender a teoria (estratégia) em toda a organização deve estar óbvia em termos de como a organização pretende alcançar essa Visão. Jack Welch, ex-presidente do conselho e CEO da General Electric, enfatizou continuamente a importância disso, sobretudo no livro *Jack, Straight from the Gut* (2001).[13] A necessidade de testes contínuos também deve estar óbvia, pois o planejamento estratégico e as estratégias de desenvolvimento não devem ser acontecimentos pontuais que podem ser arquivados na estante tão logo concluídos. Mudanças drásticas ou até mesmo não observadas no meio externo levam a alta gerência a repensar sua estratégia. Isso se aplica também a fracassos ou sucessos inesperados (da empresa ou de seus concorrentes) que podem apresentar oportunidades de inovação. Como disse Drucker: "Em última análise, toda teoria (estratégia) do negócio torna-se obsoleta e acaba perdendo a validade."[14] Com relação a essa avaliação, Drucker também continuou enfatizando a necessidade de implementar o conceito de Abandono Planejado e de obter *feedback* de não clientes. Drucker tentou resumir uma forma de diagnosticar em que momento a Teoria do Negócio de uma empresa não funciona, examinando o que chamou de sinais de advertência. Alguns desses sinais são:

- A organização atinge seus objetivos originais.
- A organização vivencia rápido crescimento (dobra ou triplica de tamanho em um período relativamente curto).
- Sucesso ou fracasso inesperado (da própria empresa ou de concorrentes).[15]

É interessante contrastar os sinais de advertência de Drucker de que a *Teoria do Negócio* não está funcionando com os fatores propostos por Thompson e Strickland para avaliar se a *estratégia* da empresa está funcionando. São eles:

- As vendas da empresa estão crescendo mais rápido, mais lentamente ou no mesmo ritmo que o mercado como um todo, resultando assim no aumento, na erosão ou na estabilidade da fatia de mercado.
- A empresa está adquirindo novos clientes em um ritmo atraente, bem como retendo os clientes existentes.
- As margens de lucro da empresa estão aumentando ou diminuindo e até que ponto essas margens se comparam às das empresas rivais.
- Tendências nos lucros líquidos, retorno sobre o investimento e valor agregado da empresa e como essas tendências se comparam às mesmas tendências em outras empresas do setor.
- A força financeira geral da empresa e a classificação de risco de crédito estão melhorando ou piorando.
- A empresa apresenta melhorias contínuas em medidas de desempenho interno, como custo unitário, taxa de defeitos, taxa de desperdício, motivação e moral do funcionário, número de pedidos pendentes do cliente, rotatividade do estoque e assim por diante.
- Como os acionistas veem a empresa com base em tendências no preço da ação da empresa e no valor para o acionista (em relação ao valor agregado de mercado de outras empresas do setor).
- A imagem da empresa e sua reputação junto aos clientes.
- A empresa é considerada líder em tecnologia, inovação de produtos, e-commerce, qualidade do produto, prazos curtos entre pedido e entrega, melhores preços, rapidez no lançamento de novos produtos ou outros fatores relevantes nos quais os compradores baseiam a escolha das marcas?[16]

Thompson e Strickland resumem esses fatores afirmando que "quanto mais forte o desempenho geral da empresa, menor a necessidade de mudanças radicais na estratégia – quanto mais fracos o desempenho financeiro e a posição da empresa no mercado, mais sua atual estratégia deve ser questionada. O desempenho fraco quase sempre é sinal de estratégia ou execução fraca, ou ambas."[17] Existem alguns fatores a respeito dos quais eles concordam com Drucker, embora tenham incluído diversos dos que Drucker não mencionou. A maior diferença é o foco de Drucker na Teoria do Negócio, enquanto Thompson e Strickland, e o caminho que escolhemos seguir, concentram-se na *estratégia*.

Peter Rea e Harold Kerzner ofereceram outros *insights* sobre a avaliação da viabilidade de uma determinada estratégia em *Strategic Planning: A Practical Guide*. Os autores propuseram sete diretrizes a serem usadas na avaliação da estratégia, não "teoria", que serão expostas a seguir.[18]

Diretrizes para Avaliar a Viabilidade de uma Dada Estratégia

1. A estratégia se concentra no ambiente? (Segundo Rea e Kerzner, a finalidade da estratégia é ajudar a organização a responder a oportunidades e ameaças ambientais.)
2. A estratégia cria ou sustenta uma vantagem competitiva? (A empresa serve aos clientes de um modo que os concorrentes não conseguem? Essa diretriz é semelhante às visões de Porter.)

3. A estratégia é adequada aos recursos/limitações organizacionais? (É preciso haver um "ajuste" entre a estratégia e a organização, sua cultura e seus talentos.)
4. A estratégia mantém a flexibilidade estratégica? (A estratégia ajuda a gerenciar alguns riscos mantendo-se flexível – esse ponto está relacionado com a pergunta de Drucker, "Qual será o nosso negócio?")
5. A estratégia concentra-se na pergunta estratégica fundamental (ter a capacidade de resolver os problemas estratégicos que foram levantados durante o processo de definição da estratégia?)
6. A estratégia permite a análise de recursos e limitações financeiras? (Levantamento e utilização de fundos – paga dividendos aos acionistas ou reinveste em P&D?)
7. A estratégia permite à gerência pensar sistematicamente? (A necessidade de equipes interdisciplinares participarem do planejamento estratégico – esse tópico será discutido mais adiante, em outro capítulo.)

Talvez Drucker tenha mencionado sua Teoria do Negócio pela primeira vez em *Administrando para obter resultados (Managing for Results)*, quando falou das três dimensões do desempenho do negócio: o produto, o mercado e o canal de distribuição, e da necessidade de os três estarem em equilíbrio.[19] Isso poderia ser visto também como sua contribuição ao conceito dos quatro Ps, dos quais ele identificou produto e ponto. De qualquer maneira, as especificações de Drucker para uma teoria válida poderiam ser chamadas de Especificações para uma estratégia válida.

A Missão Segundo Drucker

Drucker inicialmente chamou a missão de "ideia do negócio" no livro *Administrando para obter resultados*, incluindo os seguintes critérios: "A ideia do negócio sempre define uma satisfação a ser fornecida ao mercado ou um conhecimento a ser colocado em prática no desempenho econômico" e "a ideia do negócio, portanto, também define a área na qual uma empresa precisa conquistar e manter uma posição de liderança".[20] Drucker escreveu extensamente sobre a missão no livro mencionado anteriormente, mas não ofereceu um exemplo preciso do que deveria estar incluído na definição da Declaração de Missão e os elementos que ela deveria incluir. O exemplo apresentado em nossa entrevista na verdade foi extraído de *Strategic Management: Concepts and Cases*, 13.ª edição, de Thompson e Strickland.[21]

A outra lacuna que tive que eliminar foi oferecer exemplos de declarações de missão de empresas para os alunos avaliarem e determinarem se estavam adequadas ao modelo. O credo da Johnson & Johnson (J&J) foi usado como exemplo de como uma organização identificou o que era importante para a empresa. Mantendo-se fiel a Drucker, a J&J começa pelo cliente. Visite o site da empresa, www.jnj.com, onde você encontrará quem está listado próximo a e em que ordem, e você verá:

1. Clientes
2. Funcionários

3. Comunidade

4. Acionistas

A lista da J&J é um exercício interessante. Quando solicitamos aos estudantes que classifiquem esses quatro itens por ordem de importância, em geral os acionistas aparecem no topo da lista.

O foco inicial dos escritos de Drucker sobre a missão serviu de alicerce para os teóricos que vieram a seguir. Philip Kotler reforçou as visões de Drucker ao escrever: "Para definir sua missão, a empresa deve lançar as perguntas clássicas de Peter Drucker. Qual é o nosso negócio? Quem é o cliente? O que tem valor para o cliente? Qual será o nosso negócio? Qual deveria ser o nosso negócio? Essas perguntas aparentemente simples estão entre as perguntas (estratégicas) mais difíceis que a empresa terá que responder. As empresas bem-sucedidas as fazem continuamente, e as respondem de maneira cautelosa e detalhada."[22] Thompson e Strickland também ajudaram a esclarecer a diferença entre Visão Estratégica e Declaração de Missão quando escreveram: "Enquanto a maior preocupação da Visão Estratégica é 'Para onde estamos indo?', a expressão Declaração de Missão, conforme uso comum, tende a se relacionar ao atual escopo de negócios da empresa – 'Quem somos e o que fazemos?'"[23]

Transformando a Governança e o Desafio de Manter o Equilíbrio

A discussão a seguir se desvia um pouco da discussão de Drucker a respeito da Missão, mas está relacionada à discussão anterior dos acionistas. Relaciona-se também a uma questão tratada anteriormente, descrita no Capítulo 1 como "Equilíbrio do CEO".

> *No entanto, o maior erro é tentar evitar a questão da governança. Muitas pessoas que conheço tentam se esquivar do assunto, ocultando-se por trás do mantra equivocado de que estamos administrando esse lugar para satisfazer aos interesses imediatos do acionista.*[24]

Drucker identificou diversos desafios que o CEO enfrenta. Entre eles estão a compreensão da governança ou da estrutura de propriedade das empresas de capital aberto de hoje, a satisfação dos interesses imediatos dos acionistas com os interesses de longo prazo da organização, a manutenção do equilíbrio entre continuidade e mudança e o aperfeiçoamento do presente e a criação do futuro ao mesmo tempo. Aqui, vou tratar apenas da questão da governança.

A principal questão levantada por Drucker aqui tem a ver com quem são hoje os proprietários das empresas de capital aberto e quais são seus interesses. Drucker argumentou, e isso não deveria ser surpresa, que os principais acionistas das empresas não são indivíduos como a viúva que herdou vários milhares de ações da carteira do marido após seu falecimento, mas sim as instituições que hoje gerenciam vários fundos de pensão e de aposentadoria. Basta acessar um dos inúmeros sites do mercado de ações na Internet para descobrir que 70% ou mais das ações de uma empresa são de propriedade de investidores institucionais. Mas será que essas instituições têm interesse na estratégia e na visão de longo prazo da empresa? Dificilmente. Se tiverem comprado um "pacote" por US$70 por ação e o modelo de computador da empresa disser para vender por US$80 – que assim seja, independentemente de quem é o CEO da empresa. Se os ganhos trimestrais por ação da empresa ficaram US$0,02 aquém da previsão do mercado financeiro, será que a empresa está com problemas e precisa de um novo CEO? Essa é a necessidade de equilíbrio do CEO citada por Drucker: como satisfazer os interesses imediatos dos envolvidos com os interesses de longo prazo da empresa? Infelizmente, Drucker não sugeriu como fazer isso, apenas afirmou que alguns CEOs bem-sucedidos sabem. A lacuna deixada por Drucker com relação à função do CEO foi muito bem caracterizada por uma afirmação contida em outro livro e atribuída a A.G. Lafley, CEO da Procter and Gamble, cliente antiga de Drucker, de que se tratava basicamente de "um capítulo que Drucker não concluiu".[25]

Qual Será o Nosso Negócio?

A segunda pergunta de Drucker, entre "Qual é o nosso negócio?" (Missão) e "Qual deve ser o nosso negócio?" (Visão), gerou grande confusão entre os estudantes chineses. Será que isso significa que a organização tinha que modificar sua Missão ou mesmo sua Visão? Essa lacuna foi eliminada por um foco maior em estratégias competitivas ofensivas e defensivas e em como reagir à concorrência. Isso não significou que a organização tivesse que mudar sua Missão, mas que teria que repensar a estratégia a ser utilizada para concretizar sua Missão. Philip Kotler reforçou essa questão quando escreveu: "As declarações de missão não devem ser revistas de tantos em tantos anos, como resposta a cada nova fase da economia. No entanto, a empresa precisa redefinir sua missão caso tenha perdido credibilidade ou não defina mais o caminho ideal a seguir."[26]

Uma discussão de estratégias para competir em mercados turbulentos, de alta velocidade (Thompson & Strickland, *Strategic Management: Concepts and Cases*) também foi acrescentada como outra ferramenta para lidar com a pergunta de Drucker, "Qual será o nosso negócio?" A discussão foi selecionada para refletir o ambiente de negócios chinês, altamente dinâmico, mutável e em franco crescimento, e a forma de lidar com a questão. Para tanto, analisamos estratégias para reagir à mudança, prever as mudanças e liderar a mudança, apresentando *o que fazer* e *como fazer* em relação a cada uma dessas estratégias. Esse foi outro bom exemplo no qual acrescentamos contribuições de terceiros para reforçar um conceito de Drucker,[27] eliminar uma lacuna deixada por ele ou ir além dele.

No entanto, a pergunta inicial de Drucker, "Qual deve ser o nosso negócio?", talvez tenha servido como alicerce para outros pensadores estratégicos. Por exemplo, Henry Mintzberg escreveu, em 1985, "Os *como* da estratégia de uma empresa normalmente são uma mistura de: (1) ações intencionais e objetivas, (2) reações oportunas a desdobramentos inesperados e a novas condições de mercado e pressões competitivas, e (3) o aprendizado coletivo da organização ao longo do tempo."[28] Thompson e Strickland tenderam a apoiar a posição de Minztberg ao escrever: "É normal a estratégia da gerência assumir uma nova face 'à medida que questões estratégicas vão sendo acrescentadas e outras subtraídas em resposta às mudanças nas condições do mercado, modificações das necessidades e preferências do cliente, manobras estratégicas de firmas rivais, a experiência do que está ou não está funcionando, novas oportunidades e ameaças que surgem, imprevistos e novas maneiras de pensar em como melhorar a estratégia."[29] Em ambos os casos aqui citados, nem Mintzberg nem Thompson e Strickland defendem uma mudança na missão, senão uma modificação na estratégia de negócios. Assim, a segunda pergunta de Drucker: "Qual será o nosso negócio?" continua sendo relevante para a estratégia da empresa.[30]

Objetivos versus Estratégia

Os objetivos são a estratégia fundamental de um negócio.[31]

Drucker dedicou bastante tempo à finalidade dos objetivos em *Management* e talvez o tópico possa ser mais bem resumido na seguinte citação: "Os objetivos devem ser derivados do que é, o que será e o que deve ser o nosso negócio. Não são abstrações. São compromissos com a ação por meio dos quais a missão de uma empresa deve concretizar os padrões para mensuração do desempenho. Em outras palavras, *os objetivos são a estratégia fundamental de um negócio.*"[32] Aqui, a maior parte dos teóricos do pensamento estratégico discordaria de Drucker. Para eliminar essa lacuna deixada por Drucker, temos que nos ater para o que podem ser consideradas as Cinco Tarefas da Gestão Estratégica, descritas por Thompson e Strickland em *Strategic Management: Concepts and Cases.*[33] A Figura 3.1 as apresenta.

Para estabelecer uma distinção entre objetivos e estratégia, Thompson e Strickland apresentaram as seguintes definições:

- Os *objetivos estratégicos* estão relacionados aos resultados que fortalecem a posição geral da empresa e a vitalidade competitiva.

---

1. Desenvolvimento de uma visão estratégica e da missão do negócio
2. Definição dos objetivos
3. Elaboração de uma estratégia para concretizar os objetivos
4. Implementação e execução da estratégia
5. Avaliação do desempenho, monitoramento de novos desenvolvimentos e início da ação corretiva

---

Figura 3.1   As Cinco Tarefas da Gestão Estratégica

- A *estratégia da empresa* consiste nos esforços competitivos e nas abordagens de negócios que os gerentes utilizam para agradar aos clientes, competir com sucesso e concretizar os objetivos organizacionais.[34]

Objetivos Estratégicos: Outro Ponto de Vista

De acordo com Thompson e Strickland, "os objetivos estratégicos visam a resultados que refletem a maior competitividade e a uma posição de negócios mais sólida – resultados como:

- Conquistar fatia de mercado adicional
- Superar os concorrentes em qualidade do produto ou serviço ao cliente e inovação do produto
- Obter custos gerais menores do que os dos rivais
- Melhorar a reputação da empresa junto aos clientes
- Conquistar melhor posição nos mercados internacionais
- Exercer liderança tecnológica
- Ganhar vantagem competitiva sustentável
- Detectar oportunidades de crescimento atraentes"[35]

A diferença óbvia em relação a Drucker aqui é que a estratégia é necessária para determinar como tais objetivos serão alcançados, enquanto Drucker enfatizava que os objetivos são a estratégia. A discussão a seguir reforça a posição de que os objetivos não são a estratégia, conforme Drucker sugeriu.

Elaboração da Estratégia Thompson e Strickland explicam: "A estratégia da empresa representa as respostas da gerência a perguntas estratégicas como:

- Devemos nos concentrar em um único negócio ou construir um grupo de negócios diversificado (uma das estratégias de Drucker)?
- Devemos atender uma ampla gama de clientes ou nos concentrar em um determinado nicho de mercado (concentração de Drucker)?
- Devemos desenvolver uma linha de produtos limitada ou ampla (especialização ou diversificação de Drucker)?
- Devemos buscar uma vantagem competitiva com base no baixo custo ou na superioridade do produto ou recursos organizacionais únicos (competências do conhecimento de Drucker)?
- Como responder às mudanças nas preferências dos compradores?
- Qual o tamanho do mercado geográfico que devemos tentar abranger?
- Como reagir às novas condições de mercado e aos novos concorrentes?
- Como fazer o negócio crescer no longo prazo?"[36]

Em outras palavras, para distinguir objetivos de estratégia, esta define *como* alcançar resultados. Os objetivos são o "fim" e a estratégia o "meio" para a concretização de tal fim, e não o inverso.

Objetivos de Curto Prazo e Objetivos de Longo Prazo No curso sobre estratégia de Drucker, foi necessário diferenciar os objetivos de curto prazo dos objetivos de longo prazo. Os objetivos de curto prazo concentram-se mais no desempenho e nos resultados do negócio, enquanto os objetivos de longo prazo concentram-se no que temos que fazer agora para concretizar nossa visão no futuro. Drucker não esclareceu isso, e voltaremos ao assunto mais adiante, no capítulo sobre planejamento estratégico. Isso também contribui para a tentativa de equilíbrio do CEO – em que objetivos vamos nos concentrar? O foco inicial de Drucker na importância dos objetivos e resultados levou ao conceito de Administração por Objetivos (APO), praticado por organizações no mundo inteiro hoje.

Qual Deve Ser o Nosso Negócio?

> *"Qual deve ser o nosso negócio? Partimos do pressuposto de que nosso negócio será diferente."*[37]

Essa terceira pergunta de Drucker foi posicionada como a formulação da visão de futuro, conforme apresentada na figura sobre o processo de gestão estratégica. Acrescentei também uma ferramenta para a Avaliação da atratividade do setor (vide Apêndice A) com o objetivo de ajudar os alunos a lidar com a terceira pergunta de Drucker e auxiliá-los a avaliar em que outros negócios ou setores suas organizações deveriam atuar. Isso ajudou a responder outra pergunta (estratégica) de Drucker sobre o negócio no qual a organização atua: "Sabendo o que sabemos hoje, como faríamos isso?" Drucker avaliou a importância dessa pergunta em *Management* quando disse: "Com relação a 'qual *deveria* ser o nosso negócio', o pressuposto do qual partimos é de que ele será diferente."[38] A importância das visões iniciais de Drucker sobre Visão Estratégica foram reforçadas por praticamente todos os especialistas em estratégia e marketing mencionados no início deste capítulo. Como tal, trata-se de um conceito extremamente relevante para a gestão estratégica.

"Busca Externa" Segundo Drucker

Drucker enfatizou continuamente a importância de sair e conversar com clientes e não clientes, conceito que hoje é conhecido também como a "voz do cliente". Por exemplo, em *Managing in a Time of Great Changes* (*Administrando em tempos de grandes mudanças*), Drucker continuou enfatizando a questão: "Em estratégia, precisamos de informações organizadas sobre o meio. A estratégia tem que se basear em informações sobre mercados, clientes e não clientes, sobre a tecnologia do próprio setor e de outros; sobre as finanças mundiais e sobre as mudanças na economia mundial."[39] Ele enfatizou, em muitos de seus escritos sobre estratégia e marketing, que "os resultados estão lá fora". Aqui, para eliminar algumas das lacunas deixadas por Drucker, foi necessário acrescentar um número considerável de ferramentas do marketing e das pesquisas de marketing. Entre elas estava como estruturar questionários e métodos de amostragem, como realizar uma entrevista pessoal, como usar grupos de foco, como usar ferramentas, como a análise conjunta e o mapeamento de valor para determinar que atributos os clientes e não clientes valorizam e outros conceitos e ferramentas da disciplina de pesquisa de marketing.

Alguns (como Clayton Christensen) concordariam que focar os clientes de topo de linha da organização na busca externa pode ocasionar equívocos na organização dos esforços de desenvolvimento de novos produtos. Isso será discutido com mais detalhes quando falarmos em Inovação, no Capítulo 5, que inclui uma discussão sobre o conceito de tecnologias destrutivas de Christensen.

O Mito do "Ser o Número Um ou Número Dois" (Abandono Planejado)

Drucker continuou a apresentar o conceito de abandono planejado como uma das primeiras coisas a serem feitas na avaliação do processo de gestão estratégica da organização. Um exemplo da implementação do conceito de abandono planejado de Drucker muito citado é Jack Welch e a GE. Conta-se que Drucker aconselhou Welch quando este assumiu como CEO da GE para avaliar cada uma das unidades de negócios da empresa. Se ficasse determinado que a unidade de negócios não poderia ser a número 1 ou a número 2 de seu respectivo setor, e não poderia ser reestruturada para alcançar essas posições, deveria ser abandonada (vendida ou fechada). Welch reconheceu esse conceito no livro *Jack: Straight from the Gut* e discutiu como fez para implementar o conceito, principalmente por meio de uma série de desinvestimentos e aquisições. "Nos dois primeiros anos, a estratégia de ser número 1 e número 2 gerou muitas ações – em sua maioria, pequenas ações. Vendemos 71 negócios e linhas de produtos, recebendo por eles pouco mais de US$500 milhões. Realizamos outros 118 negócios, inclusive aquisições, *joint ventures* e pequenos investimentos, gastando mais de US$1 bilhão."[40]

Ele também deixou claro que o conceito de Drucker de ser número 1 ou número 2 tinha certas limitações quando escreveu: "Como muitas visões, a estratégia de ser número 1 e ou número 2 tinha limites. Obviamente, alguns negócios são tão 'comoditizados' que as posições de liderança proporcionam pouca ou nenhuma vantagem competitiva. Por exemplo, fazia pouca diferença sermos número 1 em torradeiras e ferros elétricos, área na qual não tínhamos poder de preço e enfrentávamos produtos importados de baixo custo."[41]

Por fim, acrescentou outra advertência com relação ao conceito, quando falou da GE Capital, braço de serviços financeiros da GE que ele havia construído por meio de aquisições. "Existem outros mercados de vários trilhões de dólares como o de serviços financeiros. Nesses casos, não ser o número 1 ou número 2 é menos importante, desde que você seja forte no seu nicho – produto ou região."[42]

Não vemos motivo para discussão aqui a respeito da aplicação do conceito de abandono planejado. Considere, porém, o que aconteceria se todo CEO levasse a sério o "objetivo de ser número 1 ou número 2" e o aplicasse a sua empresa e dentro de seu setor. Teoricamente, portanto, os consumidores teriam a escolha de apenas duas empresas com as quais fariam negócio: por exemplo, dois fabricantes de automóveis (Toyota e GM), duas companhias aéreas (você escolhe), duas empresas de petróleo (Exxon/Mobil e British Petroleum) e dois fabricantes de

Produtos	Filhos Problemáticos
1. Ganha-pão de hoje	6. Ganha-pão do passado
2. Ganha-pão de amanhã	7. Atividades de suporte
3. Especialidades produtivas	8. Especialidades desnecessárias
4. Desenvolvimentos	9. Especialidades injustificadas
5. Fracassos	10. Investimentos no ego gerencial
	11. Cinderelas (dorminhocos)

Figura 3.2   Classificações de Produtos de Drucker*
*Drucker, *Managing for Results*, p. 67-85.

computadores (HP e Dell), duas cadeias hoteleiras (Marriott e Hilton) e assim por diante. A perspectiva lhe parece desanimadora? Não há nada de errado com o Abandono Planejado, mas ser sempre o número 1 ou o número 2 do mercado obviamente não é um objetivo realista.

Outras Contribuições de Drucker para Estratégia e Marketing

A seguir encontram-se algumas contribuições adicionais de Drucker para as áreas de estratégia e marketing dispersas em seus muitos livros.

Classificações de Produtos   Em *Managing for Results*, Drucker apresentou 11 categorias para classificação de produtos, mostradas na Figura 3.2.

Ao apresentar as categorias de classificação, comentou: "Praticamente todos os produtos e canais de distribuição podem ser classificados em um *pequeno* número de categorias."[43] Drucker reconheceu que talvez as categorias Atividades de Suporte, Especialidades Desnecessárias e Especialidades Injustificadas pudessem ser reunidas em uma só categoria, o que nos deixaria com nove classificações.

Uma Análise SWOT Inicial?

Drucker dedicou vários capítulos de *Managing for Results* à necessidade de alavancar os pontos fortes, minimizar os pontos fracos e buscar oportunidades ao mesmo tempo em que se avaliam os riscos.[44] Embora não tenha sido apresentada como tal, isso pode ter servido de ponto de partida para o desenvolvimento da famosa análise SWOT (do inglês *Strengths, Weaknesses, Opportunities, and Threats* – pontos fortes, pontos fracos, oportunidades e ameaças) comumente encontrada na atual literatura sobre estratégia e marketing.

Pontos Fortes e Fracos   Drucker perguntou, precedendo o que viria a ser conhecido como "pontos fortes" na popular análise SWOT, "Qual é a nossa excelência?"[45] Descreveu também esses pontos fortes como excelência no conhecimento, o que chamaríamos hoje, na literatura sobre gestão estratégica contemporânea e marketing, de competências essenciais. Aqui, em *Managing for Results* (1964), ele afirmou: "Trata-se sempre da excelência no conhecimento, a capacidade de as pessoas fazerem algo de uma maneira que proporciona liderança à empresa. Identificar a excelência do negócio, portanto, determina quais são seus esforços realmente importantes e quais deveriam ser."[46] Drucker acabou elaborando e esclarecendo ainda mais essa questão em *Managing in a Time of Great Change* (1995), quando discutiu a capacidade de "casar" as oportunidades identificadas no meio externo, como parte do processo de gestão estratégica, com os pontos fortes e a competência da empresa. A esse respeito, comentou: "Isso requer o que apresentei inicialmente (em meu livro de 1964, *Managing for Results*) como 'análise dos pontos fortes' e o que hoje – graças ao trabalho dos professores C.K. Prahalad e Gary Hamel – se conhece como análise das 'competências essenciais'."[47] Drucker estava se referindo ao artigo dos autores, "The Core Competence of the Corporation", publicado na *Harvard Business Review,* em maio-junho de 1990, no qual eles assim identificaram as três características da competência essencial: "(1) Trata-se de uma fonte de vantagem competitiva na medida em que dá uma contribuição significativa aos benefícios percebidos pelo cliente, (2) tem uma variedade de aplicações a uma grande variedade de mercados (3) e os concorrentes têm dificuldade de imitar."[48]

Com relação aos Pontos Fracos, Drucker não usou a expressão, mas discutiu ser necessária uma análise das necessidades de conhecimento e observou que "uma lacuna comum é a falta de apoio adequado para explorar a oportunidade e o sucesso". Perguntou: "Que novos conhecimentos, de real importância, são necessários? Em que áreas os *conhecimentos essenciais* existentes – um possível prelúdio às "competências essenciais" – precisam ser aperfeiçoados, atualizados e melhorados? Onde o conhecimento precisa ser redefinido?"[49] Assim, temos as visões iniciais de Drucker sobre a necessidade de análise, hoje conhecidas como análise SWOT.

Oportunidades

Obtemos resultados quando exploramos as oportunidades, e não quando resolvemos os problemas.[50]

Drucker concentrou-se no que chamou de análise da dimensão econômica do negócio para identificar o que classificou como três tipos de oportunidades. São elas:

1. *Oportunidades aditivas*: Classificou essas oportunidades como a extensão de uma linha de produtos existentes em um mercado novo e em crescimento. A expansão geográfica, por exemplo, uma expansão em nível internacional, também poderia ser considerada uma oportunidade aditiva na classificação de Drucker. Não se deve confundir isso com extensões de produto, o tipo mais comum de inovação. Drucker acreditava que esses tipos de oportunidades "raramente deveriam ser tratados como esforços de alta prioridade; os riscos devem ser pequenos e os retornos são sempre limitados".[51]

Comentou também que não se deveria permitir que essas oportunidades desviassem recursos do próximo tipo de oportunidade: as oportunidades complementares e as oportunidades revolucionárias. Além disso, não acreditava que esse tipo de oportunidade mudasse o caráter do negócio.

Com o foco atual na globalização e com comentários de Drucker sobre a necessidade de ser capaz de competir globalmente, seria sensato pressupor que ele tivesse associado um grau de importância maior às oportunidades aditivas. Por outro lado, como sua classificação original foi realizada há mais de 50 anos, elas tenderam a ser substituídas em seus escritos posteriores, por exemplo, como fontes de inovação no livro *Innovation and Entrepreneurship*.

2. *Oportunidades complementares*: Segundo Drucker, "esse tipo de oportunidade mudará a estrutura do negócio, pois oferece algo novo que, quando associado ao negócio atual, resulta em um total maior do que a soma de suas partes".[52] Drucker acrescentou também que esse tipo de oportunidade exigirá pelo menos uma nova área de conhecimento na qual a excelência terá que ser alcançada. Drucker não deu muitos exemplos desse tipo de oportunidade e sugeriu que a diversificação por meio de aquisições pudesse ser um exemplo de uma oportunidade complementar.

3. *Oportunidades revolucionárias*: Drucker sentiu que esse "é o tipo de oportunidade de fazer o futuro acontecer".[53] Citou a Xerox e a xerografia como exemplos de uma oportunidade revolucionária e de o fato desse tipo de oportunidade ser sempre capaz de criar um novo setor. Esse tipo de oportunidade representa menos de 10% de todos os produtos inovadores.

Drucker elaborou um pouco mais a identificação de oportunidades em *Innovation and Entrepreneurship* e em *Managing in a Time of Great Change* sugerindo que, como parte da avaliação no processo de pensamento estratégico, "se deve monitorar o próprio desempenho e o dos concorrentes, analisando especialmente os sucessos inesperados e o mau desempenho inesperado em áreas nas quais normalmente o desempenho é satisfatório".[54] Seu raciocínio era de que os sucessos demonstram o que o mercado valoriza, enquanto os não sucessos sugerem que o mercado está mudando ou que as competências da empresa estão enfraquecendo.

As Estratégias de Drucker

Drucker apresentou em *Managing for Results* algumas estratégias que as organizações devem considerar, entre elas Especialização, Diversificação e Integração. Dentro da Integração, incluiu fusões e aquisições, ou a decisão de "comprar" *versus* "construir".[55] Tais estratégias foram consideradas incompletas, e por isso, com o objetivo de eliminar essa lacuna deixada por Drucker, apresentamos em nossos programas diversas outras estratégias competitivas e de negócios.

Além disso, as visões de Drucker foram se modificando ao longo dos anos. Por exemplo, em *Managing for Results*, Drucker defendeu uma combinação de Especialização e Diversificação quando afirmou: "Todo negócio precisa de um núcleo – uma área na qual seja líder. Portanto, todo negócio precisa se especializar. No entanto, todo negócio precisa também tirar o máximo de sua especialização. Precisa se diversificar." E acrescentou: "Uma empresa deve ser diversificada em produtos, mercado e usos finais e altamente concentrada em sua área básica de conhecimento; ou deve ser diversificada em suas áreas de conhecimento e altamente concentrada em seus produtos, mercados e usos finais. Qualquer coisa entre um extremo e outro provavelmente será insatisfatória."[56]

Aproximadamente uma década depois, escreveu, em relação às multinacionais: "A multinacional é complexa em sua própria estrutura. É multicultural, é multinacional, é multimercado e também multigerencial. Acrescentar a isso uma diversidade de negócios torna a empresa inadministrável." Concluiu então que "as multinacionais devem resistir à tentação de diversificar, por maior que seja, em qualquer hipótese. O conglomerado multinacional é abominável".[57] Drucker nos deixou indecisos aqui ao discutir como a multinacional deveria ser estruturada em termos de gestão estratégica. Aqui, expressou uma opinião ao afirmar: "Uma estratégia multinacional que considera apenas a empresa em geral está condenada à futilidade." E depois, por outro lado, comentou: "Porém, a estratégia multinacional descentralizada, ou seja, uma estratégia que considera cada unidade e cada mercado um negócio autônomo, está igualmente condenada à futilidade." Por fim, aparentemente jogando a toalha, disse: "É impossível – tanto na teoria quanto na prática – prever qual a estratégia mais adequada a uma dada situação: se a abordagem geral, aplicável à empresa como um todo, ou a abordagem mercado a mercado."[58] Esse provavelmente é um bom exemplo da lacuna deixada por Drucker, que exigiu a complementação de outros teóricos para aplicar seus conceitos referentes a estratégia. Entre eles está Porter, com suas Cinco Estratégias Competitivas Genéricas, bem como as estratégias globais.

As Cinco Estratégias Competitivas Genéricas de Porter

Michael Porter, em sua discussão sobre as estratégias competitivas, propôs que o número de estratégias competitivas existentes equivalha ao número de concorrentes. Ele tentou resumir esse conceito afirmando: "No entanto, quando eliminamos os detalhes e chegamos ao âmago da questão, as estratégias competitivas maiores e diferentes, e também as mais importantes, resumem-se a: (1) se o mercado-alvo da empresa é grande ou pequeno; (2) se a empresa busca uma vantagem competitiva associada a baixo custo ou à diferenciação do produto."[59] Com base nesses critérios, formulou seu famoso conceito das Cinco Estratégias Competitivas Genéricas.[60]

1. A *estratégia de liderança em custo* atrai um grande número de clientes para a empresa, que oferece produtos ou serviços baratos. As empresas que utilizam essa estratégia são excepcionalmente eficientes em encontrar maneiras de reduzir os custos (por exemplo, a Southwest Airlines).

Continua

2. A *estratégia de diferenciação ampla* tenta diferenciar o produto da empresa dos produtos dos demais concorrentes de maneiras atraentes e os oferece a um amplo espectro de compradores. As abordagens mais atraentes à diferenciação são aquelas que são muito caras ou difíceis de serem reproduzidas pelos concorrentes. Concorrentes engenhosos (a China, por exemplo) com o passar do tempo podem clonar praticamente qualquer produto, característica ou atributo (como a Mercedes, a BMW).

3. A *estratégia do fornecedor de melhor custo* oferece aos clientes mais valor em troca do dinheiro, incorporando ao produto atributos que vão de bons a excelentes por um custo menor do que os rivais; o objetivo é ter os custos e preços mais baixos comparados aos dos rivais e, ao mesmo tempo oferecer produtos com atributos comparáveis (como o Lexus, da Toyota).

4. A *estratégia do foco (ou nicho de mercado)* baseada no baixo custo concentra-se em um segmento específico de compradores servindo a esse nicho por um custo menor do que os rivais (como a Motel 6).

5. A *estratégia do foco (ou nicho de mercado) baseada na diferenciação* concentra-se em um segmento restrito de compradores oferecendo-lhes atributos personalizados que atendem melhor as suas necessidades e gostos pessoais do que os produtos dos rivais (como o Ritz-Carlton).

A Diversificação Segundo Drucker e a Lei de Drucker

Drucker escreveu extensamente sobre diversificação como estratégia tanto em *Managing for Results* quanto em *Management*. Nesse último livro, ele argumentou o seguinte: "Quanto menos diverso um negócio, mais gerenciável ele será. Simplicidade gera clareza." Acrescentou ainda: "Quanto menos complexo for o negócio, menor a quantidade de coisas que poderão dar errado." A partir daí, desenvolveu a Lei de Drucker, na qual afirmou: "Se uma coisa der errado, todo o resto também dará errado, e ao mesmo tempo."[61]

Depois de longas discussões em *Management* sobre as pressões contra e a favor da diversificação, tentou resumir o que considerava diversificação certa ou errada. "A diversificação certa produz empresas cuja capacidade de desempenho é quase igual à das empresas com desempenho superior entre empresas altamente concentradas que atuam em um único mercado ou com tecnologia única, enquanto a diversificação errada produz empresas que apresentam mau desempenho como empresas de um único mercado ou tecnologia única que são altamente concentradas no negócio errado." A conclusão, segundo Drucker, é a seguinte: "A diferença é sempre o fato de que a empresa diversificada com bom desempenho tem um *núcleo comum de unidade* em seus negócio ou negócios."[62] A explicação de Drucker a respeito de um núcleo comum de unidade poderia incluir qualquer coisa, como tecnologia, processos e clientes comuns, e entra em jogo na nossa discussão mais adiante, quando considerarmos fusões e aquisições como parte de uma estratégia de crescimento.

Estratégia, Concentração e Decisão de Posicionamento no Mercado

Em *Management*, Drucker comentou: "Se os objetivos são 'estratégia', a decisão de concentração é 'política'."[63] Nesse ponto, Drucker complica ainda mais a pergunta "Qual é o nosso negócio?" Essencialmente, com uma Missão bem definida, a organização pode se concentrar ou *concentrar* os seus recursos no mercado e no setor que deseja e é capaz (competências essenciais) de perseguir.

Com relação à decisão permanente de mercado, Drucker sugere: "É preciso decidir em qual segmento do mercado, com que produtos, serviços e valores se deseja ser líder."[64] Estende-se um pouco mais sobre os problemas do fornecedor marginal e sua vulnerabilidade, especialmente em uma economia em declínio. Isso também se aplica a setores fragmentados que vimos sendo consolidados tanto nos Estados Unidos quanto na China. Drucker seguiu em frente, explicando que obter o posicionamento duradouro desejado no mercado exige uma estratégia de mercado, sem explicar qual deveria ser essa estratégia – mais uma lacuna deixada por Drucker. Podemos esclarecer esse ponto voltando às Cinco Estratégias Competitivas de Porter que descrevem posição no mercado *versus* posicionamento de mercado de Drucker.

A Estrutura Segue a Estratégia – O que Vem Primeiro? James O'Toole escreveu um artigo para a *New Management* a respeito de diversos feitos de Drucker: "Ele foi o primeiro a mostrar que a estrutura segue a estratégia."[65] No entanto, Drucker foi influenciado por outros ao declarar, em *Managing for Results*: "Dois livros recentes documentaram a relação entre estrutura organizacional e a capacidade de uma empresa de produzir resultados e crescer. A estrutura, demonstra o professor Alfred Chandler, segue a estratégia." Drucker comenta, em uma nota de rodapé na mesma página, "Reconheço aqui o estímulo e *insight* encontrados em seu trabalho".[66] O trabalho de Chandler relativo a estratégia e estrutura[67] também foi citado por Fremont E. Kast e James E. Rosenzweig no livro *Organization and Management: A Systems and Contingency Approach*, onde declararam: "Chandler afirma que, à medida que as empresas desenvolvem novas estratégias em resposta às mudanças sociais e no ambiente econômico, é necessário realizar mudanças básicas na estrutura."[68] Chandler escreveu sobre o conceito pela primeira vez em 1962, dois anos antes de Drucker ter escrito *Managing for Results*.[69] Drucker voltou a escrever, em *Management*, que "a estrutura segue a estratégia", voltando a fazer referência ao trabalho de Chandler.[70] Dedicou uma discussão considerável à estrutura no clássico *The Practice of Management*, mas não discutiu nenhuma relação, na época, entre estratégia e estrutura. Sua argumentação principal foi a seguinte: "Melhorar a estrutura organizacional – por meio do máximo de descentralização federal e da aplicação do princípio da descentralização a atividades funcionalmente organizadas – sempre melhorará o desempenho."[71]

Mais tarde, em *Management*, Drucker tentou esclarecer o conceito afirmando: "Somente uma definição clara da missão e finalidade do negócio permite objetivos de negócios claros e realistas. É o alicerce para prioridades, estratégias, planos e tarefas. É o ponto de partida para a concepção de cargos de gerência e, acima de tudo, para a concepção de estruturas gerenciais. A estratégia determina quais são as atividades principais de qualquer dado negócio."[72]

Mas por que isso é tão importante? A questão aqui é a necessidade de eliminar algumas lacunas deixadas por Drucker em diversos casos, a fim de apoiar ou reforçar suas visões, conforme ilustradas aqui, e esclarecer quais eram as visões de Drucker a respeito de estratégia e estrutura.

Parte Dois: Vendas e Marketing Segundo Drucker

Os livros anteriores de Drucker, como *Managing for Results* e *Management*, incluíram inúmeras discussões sobre vendas e marketing e vários de seus conceitos. Eu os reuni aqui na ordem dos "4 Ps do Mix de Marketing" (Produto, Preço, Praça e Promoção) para fins de discussão sempre que possível, embora Drucker não os tenha rotulado da mesma maneira.

Marketing Segundo Drucker

Em primeiro lugar, as visões iniciais de Drucker sobre marketing, como as contidas em *Managing for Results*, sugeriram que poucas pessoas realmente entendem o conceito de marketing. Lá ele escreveu: "O termo 'marketing' virou moda. Mas um coveiro será sempre um coveiro, mesmo que o chamem de 'sepultador' – a única coisa que sobe é o custo do sepultamento. Muitos gerentes de vendas são chamados hoje de 'vice-presidentes de marketing' – mas a única coisa que mudou foi seu salário." Ele continuou sua crítica acrescentando: "Grande parte do que chamamos de marketing hoje é, na melhor das hipóteses, a venda organizada e sistemática, na qual as principais tarefas – da previsão de vendas à publicidade e armazenagem – são reunidas e coordenadas. Mas o ponto de partida continua sendo *nossos* produtos, *nossos* clientes e *nossa* tecnologia. O ponto de partida continua sendo o interior."[73]

Vendas versus *Marketing*

A diferença entre marketing e vendas é mais do que semântica. O termo vendas concentra-se nas necessidades do vendedor, e marketing, nas necessidades do comprador. As vendas preocupam-se com a necessidade do vendedor de converter seu produto em dinheiro; o marketing tem a ver com a ideia de satisfazer as necessidades do cliente por meio do produto e de todo o resto associado à criação, à entrega e ao consumo final.[74]

Theodore Levitt

Em citação foi extraída do artigo clássico de Theodore Levitt, de 1960, publicado na *Harvard Business Review* com o título "Marketing Myopia", que estabelecia a diferença entre o conceito de venda e o conceito de marketing. Trata-se de um dos artigos mais famosos da área de negócios, mencionado com frequência na moderna literatura sobre marketing. Foi escrito quatro anos antes de *Managing for Results* de Drucker.

Pesquisa de Marketing e Análise de Marketing

Aparentemente, as visões de Levitt sobre marketing podem ter influenciado o pensamento de Drucker: quando se refere à pesquisa de mercado, escreveu: "Análise de marketing é muito mais do que a pesquisa de mercado comum ou a pesquisa junto ao cliente. Tenta analisar primeiro o negócio inteiro. E, em segundo lugar, tenta olhar não *nosso* cliente, *nosso* mercado, *nossos* produtos, mas sim o mercado, o cliente, suas compras, sua satisfação, seus valores, suas compras e seus padrões de gasto e sua racionalidade."[75] A seguir estão algumas outras áreas a serem investigadas ou perguntas a serem feitas na análise de mercado, como sugerido por Drucker.

Três Dimensões Externas e Outras Perguntas para uma Análise de Mercado[76]

1. Quem compra?
2. Onde o produto é adquirido?
3. Qual a finalidade da compra?
4. Quem é o não cliente? Por que ele não compra nossos produtos?
5. O que o cliente compra, de um modo geral?
6. Que parte dos gastos totais do cliente – sua renda disponível, sua renda discricionária ou seu tempo discricionário – é dedicada aos seus produtos, e essa proporção está aumentando ou diminuindo?
7. O que os clientes – e não clientes – compram de outros concorrentes? Que satisfação conseguem e que não é possível obter com nossos produtos?
8. O produto ou serviço supriria áreas de satisfação de real importância – tanto aquelas que servimos atualmente e aquelas que poderíamos servir?
9. O que permitiria que o cliente passasse sem nosso produto ou serviço? *(Observação:* Isso está mais relacionado a produtos substitutos – por exemplo, o preço da gasolina forçando as pessoas a adquirirem automóveis menores *versus* utilitários, a usarem mais os transportes públicos etc.)
10. Quem são nossos não concorrentes – e por quê? (*Observação:* Quem mais poderia ingressar no setor e tornar-se nosso concorrente?)
11. Com quem não concorremos? (*Observação:* Possivelmente identificando oportunidades fora de nosso setor.)

Mais uma vez, vemos Drucker concentrando-se no mercado consumidor aqui. Muitas dessas questões lidam com aquilo que é importante para o cliente e o não cliente e identificam atributos que têm importância.

O Primeiro P: O Produto

Com referência ao produto e à análise de mercado mencionada anteriormente, Drucker comentou: "A análise das áreas de resultado tem que começar com produtos (ou serviços) e, em particular, com uma definição de 'produto'."[77] A literatura de marketing clássica em discutir o marketing mix e o produto normalmente inclui discussões sobre a variedade de produtos, qualidade, design, recursos, marca, embalagem, tamanhos, serviços, garantias e devoluções,[78] que são os seguintes, selecionados de citações de Drucker com algumas breves observações de outros.

"O cliente raramente compra o que a empresa acredita estar lhe vendendo. Um motivo para isso é que, naturalmente, não é o 'produto' que as pessoas compram. O que elas compram é satisfação. Entretanto, ninguém pode produzir ou fornecer satisfação como tal – na melhor das hipóteses, só é possível vender e entregar os meios para obtê-la."[79] Talvez essa seja uma generalização por parte de Drucker, que precisa ser investigada, como sugeriu ele ao afirmar: "É muito mais provável que o que as pessoas na empresa acreditam saber sobre os clientes e o mercado esteja mais errado do que certo. Apenas perguntando ao cliente, observando-o e tentando entender seu comportamento é que podemos descobrir quem ele é, o que faz, quais são seus hábitos de compra, como usa o que comprou, quais são as suas expectativas, o que ele valoriza e assim por diante."[80] Isso tem a ver com o "buscar fora da empresa" de Drucker, mas, ao mesmo tempo, deixa muitas lacunas quanto ao que devemos fazer ao realizar essa busca. Por exemplo, "Sr. não cliente, gostaria de lhe perguntar por que você não compra o nosso produto".

Resposta do não cliente: "O produto de vocês é muito caro." E agora, o que fazer? O problema é realmente o preço aqui? Quais outros atributos são importantes para o não cliente que o nosso produto não oferece? A lacuna precisa ser eliminada oferecendo-se uma variedade de ferramentas de pesquisa de mercado contidas em numerosos textos sobre o assunto, inclusive métodos como pesquisa secundária e exploratória, pesquisa descritiva, pesquisa causal, coleta de amostras e outras aplicações de pesquisas de mercado das quais Drucker nunca tratou. Quando os profissionais de marketing resolvem fazer essa busca externa (fisicamente ou por meio de outros métodos), eles devem ter uma ideia do que vão perguntar e dos métodos que usarão para coletar as informações de marketing necessárias aos processos decisórios.

Outra observação feita por Drucker que poderia estar fazendo alusão a produtos substitutos foi a seguinte: "Um corolário é o fato de os bens ou serviços que o fabricante vê como concorrentes diretos raramente definem adequadamente a concorrência. Abrangem ao mesmo tempo muito e pouco demais."[81] Explicou mais detalhadamente a questão ao escrever: "Como o cliente compra satisfação, todos os bens e serviços competem intensamente com bens e serviços que aparentam ser completamente diferentes, parecem servir a funções inteiramente diferentes, são produzidos, distribuídos e vendidos de maneira diferente – mas são meios alternativos para que o cliente obtenha a mesma satisfação."[82] Mais uma vez, isso parece se aplicar mais a bens de consumo – qual seria a melhor opção, comprar uma casa de campo, fazer uma viagem ao redor do mundo ou comprar um *timeshare* no Havaí? O que é satisfação para mim? O tópico será analisado no Capítulo 5.

O Segundo P: Preço

No Capítulo 4, ao discutirmos os cinco pecados capitais dos negócios, analisaremos a questão do preço mais detalhadamente; por isso, nossa discussão sobre preço aqui será breve. No livro *Management*, Drucker escreveu: "O preço, porém, é apenas parte do valor. Há uma série de considerações a respeito da qualidade que não são expressas no preço: durabilidade, postura do fabricante, assistência pós-venda etc."[83] Roger Best aborda essa questão na discussão sobre benefícios econômicos e criação do valor, na qual identifica o custo total de compras como sendo composto de custos de eliminação, custos de propriedade, custos de manutenção, custos de utilização, custos de aquisições e o preço pago pelo produto.[84] Drucker omitiu as discussões dos outros elementos que normalmente são incluídos na discussão sobre preço, como preço de lista, descontos, prazo e condições de pagamento, e outros conceitos tais como elasticidade, agrupamento e assim por diante.

O Terceiro P: Praça

Esse elemento do mix de marketing geralmente é composto de canais, cobertura, variedade, local, estoque e transporte. Drucker não abordou todos esses elementos em detalhes e focou nos canais de distribuição. Um interessante comentário foi o seguinte: "O fato de uma empresa receber pelo produto é tão óbvio que jamais é esquecido. Entretanto, embora seja algo igualmente evidente, muitas vezes nos esquecemos de que é preciso haver um mercado para o produto. É preciso haver também canais de distribuição para levar o produto do produtor até o mercado. Porém, muitos profissionais de negócios – especialmente os fabricantes de produtos industriais – desconhecem o fato de utilizarem canais de distribuição, sem falar no fato de dependerem deles."[85]

Acredito que nossos especialistas questionariam se as empresas realmente negligenciam o mercado para seus produtos, uma vez que o mercado-alvo faz parte do mix de marketing da empresa e vem sendo enfatizado há anos. Trabalhei para a maior distribuidora de metais da Alcoa nos Estados Unidos na década de 1970, e não havia dúvida nenhuma por parte da empresa de como seus produtos (extrusões, chapas e lâminas de alumínio) eram vendidos aos usuários finais, as empresas do setor aeroespacial em Los Angeles.

Drucker continuou a insistir em seus primeiros escritos sobre marketing que os canais de marketing e, em particular, a distribuição industrial não eram bem entendidos, como evidenciam as seguintes citações:

"O mercado e o canal de distribuição muitas vezes são mais fundamentais do que o produto." Temos que concordar que, se não houver mercado nenhum, é difícil vender um produto, independentemente de qual seja ele. Comentou então: "É muito mais difícil controlar essas duas áreas, exatamente porque são externas à empresa. A gerência pode solicitar uma modificação do produto; não pode solicitar uma modificação no mercado ou nos canais de distribuição."

Com relação aos canais de distribuição, há mais uma complicação que torna essa uma área de resultados ao mesmo tempo difícil e crucial. Não há canal de distribuição que não seja, ao mesmo tempo, também um cliente.

O cliente de um produto de bens industriais, portanto, desempenha uma dupla função: é ao mesmo tempo cliente e canal de distribuição. Em ambas as funções, ele é fundamental para o produtor.

Por fim, em uma economia moderna, os canais de distribuição mudam rapidamente – mais rapidamente, em geral, do que as expectativas de tecnologia ou as expectativas do cliente e do valor. Na verdade, nunca vi uma decisão relativa aos canais de distribuição que tenha ficado obsoleta cinco anos depois, necessitando urgentemente de mudanças fundamentais. Os mercados e os canais de distribuição merecem muita atenção e estudo – muito mais do que costumam receber."[86]

Estou convencido de que a maioria dos nossos especialistas discordará das visões de Drucker a respeito dos canais de distribuição e de marketing expressas nessas poucas citações. Existe literatura considerável sobre os canais de marketing e o trabalho realizado por esses canais. Michael Marks, fundador na Flórida do grupo de consultoria Indian River, é especializado no campo da distribuição industrial há mais de 30 anos e é, sem dúvida, a principal autoridade sobre distribuição nos Estados Unidos. Seu livro, *Working at Cross-Purposes: How Distributors and Manufacturers Can Manage Conflict Successfully,* oferece inúmeros *insights* sobre como esses canais podem ser projetados, gerenciados e modificados, se necessário.[87] Drucker também acrescentou em 1962 que "Sabemos hoje pouco mais sobre distribuição do que os contemporâneos de Napoleão sabiam sobre o interior da África. Sabemos que existe, sabemos que é importante; e só".[88]

O Quarto P: Promoção

O elemento promocional do mix de marketing consiste, em geral, em promoção de vendas, publicidade, força de vendas, relações públicas, mala-direta, telemarketing e a Internet. Drucker teceu comentários a respeito de alguns desses elementos ao longo dos anos.

A Visão de Drucker sobre Propaganda No que diz respeito à publicidade, Drucker escreveu em *Managing for Results:* "Há inúmeros indícios de que a propaganda nacional, embora aparentemente dirigida ao consumidor, é mais eficaz junto ao varejista; na verdade, é a melhor maneira de levá-lo a promover uma marca. Mas há também inúmeros indícios – ao contrário de tudo o que se diz sobre 'persuasores ocultos' – de que os distribuidores, por maior que seja o apoio que recebem da propaganda, não conseguem vender um produto que o consumidor, por qualquer motivo, não aceite."[89] Drucker, ao tecer comentários sobre os "persuasores ocultos", referia-se a um famoso livro da década de 1950, *The Hidden Persuaders*, de Vance Packard, que discutia diversas técnicas de publicidade com base em pesquisas motivacionais que Packard acreditava serem manipuladoras.[90] O que Drucker estava descrevendo nessa citação, no entanto, pode ser considerado hoje as estratégias de comunicação de marketing conhecidas como *"push versus pull"*. Roger Best descreveu essas duas estratégias ao escrever que "os objetivos das comunicações de marketing *pull-through* são desenvolver a conscientização, a atração e a lealdade, bem como reduzir os custos de busca. Quando as comunicações de marketing *pull* são bem-sucedidas, os clientes buscam determinados produtos ou serviços e, em essência, pelo interesse que criam, puxam (*pull*) o produto ao longo do canal. Uma estratégia de *pull* exige que os intermediários de canal ofereçam determinados produtos ou marcas para atrair e satisfazer os clientes-alvo". Ele descreve uma estratégia de *push* como "estratégias de comunicação direcionadas aos intermediários de canal. O objetivo, nesse caso, é motivar os intermediários de canal a oferecer uma determinada marca de produto e, dessa forma, torná-lo mais disponível para os clientes".[91] A estratégia de *pull* aqui se refere à observação de Drucker a respeito da propaganda direcionada ao consumidor para criar a demanda, enquanto a estratégia de *push* é direcionada ao canal para estocar o produto e torná-lo disponível. Essencialmente, Drucker estava à frente de seu tempo ao descrever essas estratégias de comunicações de marketing, mas infelizmente não expandiu o conceito em seus últimos anos.

Uma observação adicional em *The Hidden Persuaders* mencionou os resultados de um estudo realizado por uma empresa de consultoria que concluiu que aceitar a palavra de um cliente a respeito do que ele deseja é o sinal "menos confiável" que o fabricante pode ter quanto ao que deve fazer para conquistar clientes. Packard continua, "Primeiro eles (profissionais de marketing) concluíram que você não pode partir do pressuposto de que pessoas sabem o que querem".[92] Isso obviamente impõe um dilema aos profissionais de marketing, como Drucker concluiu: "É preciso partir do pressuposto de que os clientes são racionais. Cabe ao fabricante ou ao fornecedor descobrir por que o cliente se comporta de uma maneira que parece ser irracional."[93]

A Visão de Drucker sobre Vendas e Marketing   Outro elemento da promoção é a venda pessoal. Talvez Drucker tenha sido um pouco idealista quando escreveu sobre marketing eliminando a necessidade de vender se a função fosse bem executada. Em *Management*, ele escreveu: "Sempre haverá necessidade de vender um produto ou serviço. No entanto, o objetivo do marketing é tornar a venda supérflua. O objetivo do marketing é conhecer e entender tão bem o cliente que o produto ou serviço lhe são tão adequados que se vendem sozinhos." Ele prossegue afirmando: "O ideal é o marketing gerar um cliente que esteja pronto para comprar. Portanto, bastaria tornar o produto ou serviço disponível, ou seja, mais logística e menos venda, mais distribuição estatística e menos promoção."[94]

A Figura 3. 3 mostra a eficácia de custo das diversas ferramentas promocionais disponíveis ao profissional de marketing, inclusive a venda pessoal. Como podemos ver, a venda pessoal continua sendo a ferramenta mais eficaz em termos de custo para se conseguir o pedido, ao lado da promoção de vendas.[95]

Os estudiosos de marketing diferenciam os modos de utilização das várias ferramentas promocionais, dependendo do alvo do profissional de marketing: o consumidor ou o mercado empresarial. Com relação ao mercado consumidor, os profissionais de marketing utilizam, em ordem de prioridade, promoção de vendas, propaganda, venda pessoal e relações públicas; para o mercado empresarial, utilizam venda pessoal, promoção de vendas, publicidade e relações públicas. Eles também observaram que a venda pessoal é usada com mercadorias mais complexas, caras e arriscadas e em mercados com os vendedores maiores e menos numerosos, ou seja, mercados empresariais.[96] Retornando à citação inicial de Drucker, portanto, não sabemos se, por mais eficaz que seja uma função de

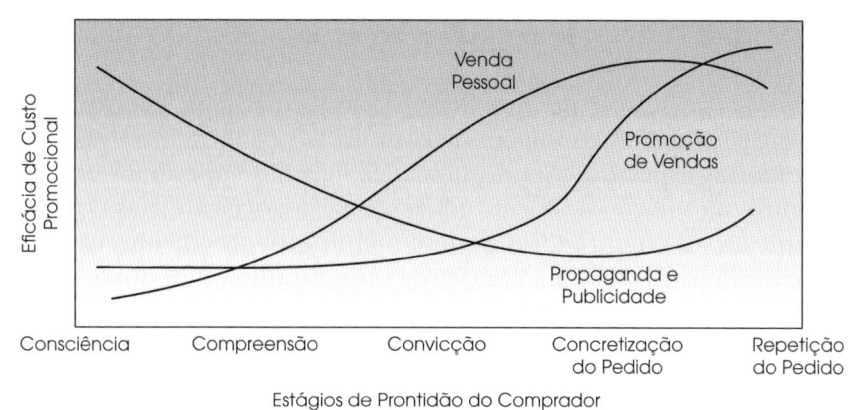

Figura 3.3 Eficácia de Custo de Diferentes Ferramentas Promocionais
Adaptado de Philip Kotler, *Marketing Management*, 11.ª ed. (Upper Saddle River, NJ; Pearson Education, Inc., 2003), p. 581.

marketing, ela não eliminará a necessidade da vendas pessoal, particularmente no mercado empresarial ou industrial.

A Decisão de Compra Segundo Drucker Drucker observou que pode haver várias pessoas envolvidas na decisão de compra, em especial no mercado empresarial. Por exemplo, ele escreveu, em *Managing for Results*: "Todas as declarações até agora implicam que sabemos quem é o cliente. No entanto, a análise de marketing tem que partir do pressuposto de que uma empresa normalmente não sabe, mas precisa descobrir. Não 'quem' paga, mas sim 'quem toma a decisão de compra'." Drucker prossegue afirmando: "Haverá sempre no mínimo dois clientes com impacto decisivo na decisão de compra: o comprador final e o canal de distribuição."[97]

Porém, mais adiante, em *Management*, Drucker admitiu que "em geral há pelo menos duas pessoas – às vezes mais".[98] Philip Kotler ampliou as observações de Drucker, identificando os participantes no processo de compra empresarial. São eles:

1. *O Iniciador:* Pessoa que primeiramente sugere ou tem a ideia de comprar um determinado produto ou serviço. Pode ser um usuário ou outra pessoa na organização.
2. *O Usuário:* Pessoa que utilizará o produto ou serviço. Em muitos casos, o usuário inicia a proposta de compra e ajuda a definir as exigências do produto.
3. *O Influenciador:* Pessoa cujos pontos de vista ou conselhos têm algum peso na tomada de decisão de compra final. Muitas vezes, ajuda a definir especificações e também fornece informações para a avaliação de alternativas. O pessoal técnico assume um papel importante como influenciador.
4. *O Tomador de Decisão:* Pessoa que determina em parte ou totalmente uma decisão de uso, quais são as exigências do produto e quem serão os fornecedores.

5. *O Aprovador:* Pessoa que autoriza as ações propostas pelo Tomador de Decisão ou Comprador.

6. *O Comprador:* Pessoa que tem autoridade formal para selecionar o fornecedor e negociar as condições da compra. Os compradores podem ajudar a moldar as especificações do produto, mas desempenham um papel importante na seleção de fornecedores e na negociação. Nas compras mais complexas, os compradores podem incluir gerentes de alto nível.

7. *Porteiros:* Pessoas que têm o poder de impedir que vendedores ou informações cheguem aos membros do círculo de compra. Por exemplo, agentes de compra, recepcionistas e telefonistas podem impedir os vendedores de entrar em contato com usuários ou tomadores de decisão.[99]

Embora não se tenha referido à estimativa de Drucker a respeito do número de pessoas envolvidas na decisão de compra, Kotler comentou: "O número médio de pessoas envolvidas em uma decisão de compra varia de cerca de três (para serviços e produtos utilizados em operações do dia a dia) a quase cinco (para compras na área de trabalho de construção e equipamentos pesados)." Reforçando as visões de Drucker, no entanto, ele afirmou: "Para direcionar seus esforços corretamente, os profissionais de marketing têm que descobrir:

- Quem são os principais participantes do processo de decisão?
- Que decisões eles influenciam?
- Qual é o seu nível de influência?
- Que critérios de avaliação utilizam?"[100]

Resumo

Em geral, grande parte do trabalho do Drucker sobre estratégia e marketing é relevante, se considerarmos o tempo que ele dedicou a essas reflexões. No entanto, embora possa ter assumido uma posição de vanguarda com relação a muitas das suas visões, ele não se baseou em suas obras anteriores e acabou sendo suplantado por outros que vieram depois.

Notas

1. Roger J. Best, *Market-Based Management: Strategies for Growing Customer Value and Profitability*, 3.ª ed. (Upper Saddle River, NJ: Pearson Education, Inc., 2004), 17.

2. Ibid.,?

3. Ibid, 15.

4. Ibid, 19.

5. A. J. Strickland III e Arthur A. Thompson, Jr., *Strategic Management: Concepts & Cases*, 13.ª ed. (Nova York: McGraw-Hill Companies, Inc., 2003), 33.

6. Peter Rea, Ph.D. e Harold Kerzner, Ph.D., *Strategic Planning: A Practical Guide* (Nova York: John Wiley & Sons, Inc., 1997), 35.

7. Peter F. Drucker, *Managing for Results* (Londres: William Heinemann Ltd., 1964), 47-53.

8. Roger J. Best, *Market-Based Management: Strategies for Growing Customer Value and Profitability*, 3.ª ed. (Upper Saddle River, NJ: Pearson Education, Inc., 2004).

9. Philip Kotler, *Marketing Management*, 11.ª edição (Upper Saddle River, NJ: Prentice Hall, 2003), 38.

10. Michael E. Porter, "What Is Strategy?" *Harvard Business Review* (novembro-dezembro de 1996).

11. Michael E. Porter, *Competitive Strategy: Techniques for Analyzing Industries and Competitors.* (Nova York: Free Press, 1980), Capítulos 3-33.

12. Peter F. Drucker, *Managing in a Time of Great Change* (Nova York: Truman Talley Books, 1998), 30-31.

13. Jack Welch, *Jack Straight From the Gut* (Nova York: Warner Books, Inc., 2001).

14. Peter F. Drucker, *Managing in a Time of Great Change* (Nova York: Truman Talley Books, 1998), 32.

15. Ibid., 34-35.

16. A. J. Strickland III e Arthur A. Thompson, Jr., *Strategic Management: Concepts & Cases,* 13.ª ed. (Nova York: McGraw-Hill Companies, Inc., 2003), 117.

17. Ibid. *Strategic Management,* 116-117.

18. Peter Rea, Ph.D. e Harold Kerzner, Ph.D., *Strategic Planning: A Practical Guide* (Nova York: John Wiley & Sons, Inc., 1997), 59-60.

19. Peter F. Drucker, *Managing for Results* (Londres: William Heinemann Ltd., 1964), 34-39.

20. Ibid., 224-227.

21. A. J. Strickland III e Arthur A. Thompson, Jr., *Strategic Management: Concepts & Cases,* 13.ª edição (Nova York: McGraw-Hill Companies, Inc., 2003), 34.

22. Philip Kotler, *Marketing Management,* 11.ª ed. (Upper Saddle River, NJ: Prentice Hall, 2003), 90.

23. A. J. Strickland III e Arthur A. Thompson, Jr., *Strategic Management: Concepts & Cases,* 13.ª ed. (Nova York: McGraw-Hill Companies, Inc., 2003), 6.

24. Peter F. Drucker, *Managing in the Next Society* (Nova York: Truman Talley Books, 2002), 81.

25. Elizabeth, Haas Edersheim, *The Definitive Drucker* (Nova York: McGraw-Hill, 2007), 209.

26. Philip Kotler, *Marketing Management,* 11.ª ed. (Upper Saddle River, NJ: Prentice Hall, 2003), 92.

27. A. J. Strickland III e Arthur A. Thompson, Jr., *Strategic Management: Concepts & Cases,* 13.ª ed. (Nova York: McGraw-Hill Companies, Inc., 2003), 265.

28. Henry Minzberg e J. A. Waters, "Of Strategies, Deliberate and Emergent", *Strategic Management Journal* (1985) 6(3): 257-272.

29. A. J. Strickland III e Arthur A. Thompson, Jr., *Strategic Management: Concepts & Cases,* 13.ª ed. (Nova York: McGraw-Hill Companies, Inc., 2003), 10-11.

30. Peter F. Drucker, *Management: Tasks, Responsibilities, Practices* (Nova York: Harper & Row, 1973), 88-91.

31. Ibid., 99.

32. Ibid., 99.

33. A. J. Strickland III e Arthur A. Thompson, Jr., *Strategic Management: Concepts & Cases,* 13.ª ed. (Nova York: McGraw-Hill Companies Inc., 2003), 6-20.

34. Ibid., 10.

35. Ibid., 10.

36. Ibid., 10.

37. Peter F. Drucker, *Management: Tasks, Responsibilities, Practices* (Nova York: Harper & Row, 1973), 137.

38. Ibid., 122.

39. Peter F. Drucker, *Managing in a Time of Great Change* (Nova York: Truman Talley Books, 1998), 137.

40. Jack Welch, *Jack Straight from the Gut* (Nova York: Warner Books, Inc., 2001) 109.

41. Ibid., 109.

42. Ibid., 109.

43. Peter F. Drucker, *Managing for Results* (Londres: William Heinemann Ltd., 1964), 67-85.

44. Peter F. Drucker, *Managing for Results,* 153-198.

45. Peter F. Drucker, *Managing for Results* (Londres: William Heinemann Ltd., 1964), 227-229.

46. Ibid., 228-229.
47. Peter F. Drucker, *Managing in a Time of Great Change* (Nova York: Truman Talley Books, 1998), 43.
48. C. K. Prahalad e Gary Hamel, "The Core Competence of the Corporation", *Harvard Business Review*, 68.
49. Peter F. Drucker, *Managing for Results* (Londres: William Heinemann Ltd., 1964), 148-149.
50. Ibid., 18.
51. Ibid., 232.
52. Ibid., 232.
53. Ibid., 233.
54. Peter F. Drucker, *Managing in a Time of Great Change* (Nova York: Truman Talley Books, 1998), 133.
55. Peter F. Drucker, *Managing for Results* (Londres: William Heinemann Ltd., 1964), 241.
56. Ibid., 238.
57. Peter F. Drucker, *Management: Tasks, Responsibilities, Practices* (Nova York: Harper & Row, 1973), 743.
58. Ibid., 742.
59. Michael E. Porter, *Competitive Strategy: Techniques for Analyzing Industries and Competitors* (Nova York: Free Press, 1980), 35-39, 44-46.
60. Ibid., 35-40.
61. Peter F. Drucker, *Management: Tasks, Responsibilities, Practices* (Nova York; Harper &: Row, 1973), 681.
62. Ibid., 692-693.
63. Ibid., 104-105.
64. Ibid., 105-107.
65. James O. O'Toole, "Peter Drucker: Father of the New Management," *New Management,* 2 (inverno de 1985); 4.
66. Peter F. Drucker, *Managing for Results* (Londres: William Heinemann Ltd., 1964), 245.
67. Alfred D. Chandler Jr., *Strategy and Structure: Chapters in the History of the American Industrial Enterprise* (Cambridge, MA: M.I.T. Press, 1962).
68. Fremont E. Kast e James E. Rosenzweig, *Organization and Management: A Systems and Contingency Approach* (Nova York: McGraw-Hill, Inc., 1979), 217.
69. Alfred D. Chandler Jr., *Strategy and Structure: Chapters in the History of the American Industrial Enterprise* (Cambridge, MA: M.I.T. Press, 1962).
70. Peter F. Drucker, *Management: Tasks, Responsibilities, Practices* (Nova York: Harper & Row, 1973), 523.
71. Peter F. Drucker, *The Practice of Management* (Nova York: Harper & Row, Publishers, Inc., 1951), 226.
72. Peter F. Drucker, *Management: Tasks, Responsibilities, Practices* (Nova York: Harper & Row, 1973), 75.
73. Peter F. Drucker, *Managing for Results* (Londres: William Heinemann Ltd., 1964), 112-113.
74. Theodore Levitt, "Marketing Myopia", *Harvard Business Review* (1960).
75. Peter F. Drucker, *Managing for Results* (Londres: William Heinemann Ltd., 1964), 131.
76. Ibid., 120-131.
77. Ibid., 31.
78. Philip Kotler, *Marketing Management*, 11.ª ed. (Upper Saddle River, NJ: Prentice Hall, 2003), 16.
79. Peter F. Drucker, *Managing for Results* (Londres: William Heinemann Ltd., 1964), 113.
80. Ibid., 113.
81. Ibid., 114-115.
82. Ibid., 114-115.
83. Peter F. Drucker, *Management: Tasks, Responsibilities, Practices* (Nova York: Harper & Row, 1973), 85-86.

84. Roger J. Best, *Market-Based Management: Strategic for Growing Customer Value and Profitability*, 3.ª ed. (Upper Saddle River, NJ: Pearson Education, Inc., 2004), 88-91.

85. Peter F. Drucker, *Managing for Results* (Londres: William Heinemann Ltd., 1964), 34.

86. Ibid., 35-38.

87. Michael Marks, *Working at Cross-Purposes: How Distributors and Manufacturers Can Manage Conflict Successfully* (Washington, DC: National Association of Wholesale-Distributors, Distribution Research and Education Foundation, 2006).

88. Ibid., 11.

89. Peter F. Drucker, *Managing for Results* (Londres: William Heinemann Ltd., 1964), 118.

90. Vance Packard, *The Hidden Persuaders* (Nova York: David McKay Company, 1957).

91. Roger J. Best, *Market-Based Management: Strategies for Growing Customer Value and Profitability*, 3.ª ed. (Upper Saddle River, NJ: Pearson Education, Inc., 2004), 255-257.

92. Vance Packard, *Hidden Persuaders* (Nova York: David McKay Company, 1957), 8-9.

93. Peter F. Drucker, *Managing for Results* (Londres: William Heinemann Ltd., 1964), 116.

94. Peter F. Drucker, *Management: Tasks, Responsibilities, Practices* (Nova York: Harper & Row, 1973), 65-66.

95. Philip Kotler, *Marketing Management*, 11.ª ed (Upper Saddle River, NJ: Prentice Hall, 2003), 581-582.

96. Ibid., 581.

97. Peter F. Drucker, *Managing for Results* (Londres: William Heinemann Ltd., 1964), 117-118.

98. Peter F. Drucker, *Management: Tasks, Responsibilities, Practices* (Nova York: Harper & Row, 1973), 80-81.

99. Philip Kotler, *Marketing Management*, 11.ª ed, (Upper Saddle River, NJ; Prentice Hall, 2003), 221.

100. Peter F. Drucker, *Managing for Results* (Londres: William Heinemann Ltd., 1964), 220-221.

Os Cinco Pecados Capitais dos Negócios

Não há desculpa para a gerência ser condescendente com os cinco pecados capitais de um negócio.[1]

Introdução

O artigo de Drucker sobre os cinco pecados capitais dos negócios, "Five Deadly Business Sins", foi publicado no *Wall Street Journal* em agosto de 1993. Depois dele, Drucker não voltou a escrever muito mais sobre o conceito, que foi mencionado apenas *en passant*, sem grandes elaborações, em um de seus últimos livros, *The Daily Drucker*. Uma empresa de treinamento licenciou o conceito e o transformou em um programa interativo em vídeo, acompanhado de um livro de exercícios que simplesmente reformatou o artigo original de Drucker. Em um livro de 1985, *Innovation and Entrepreneurship*, Drucker escreveu sobre os cinco maus hábitos das organizações, hábitos esses que correspondem aos cinco pecados, particularmente no que diz respeito a suas visões sobre a definição do preço de novos produtos. Os cinco pecados poderiam bem ser considerados uma contribuição adicional de Drucker ao Preço, um dos quatro Ps do mix de marketing.[2]

Os Cinco Pecados Capitais dos Negócios

Drucker comentou que não existe uma fórmula para o sucesso do negócio, pois empresas e setores são diferentes uns dos outros. Cada empresa precisa de políticas e estratégias que lhe sejam apropriadas, mas existem cinco pecados mortais que as empresas precisam evitar a qualquer custo (vide Tabela 4.1). Se for cometido qualquer um desses pecados, os efeitos para a empresa podem ser desastrosos.

Primeiro Pecado Capital: Culto às Altas Margens de Lucro e ao Preço Alto

O culto às altas margens de lucro não é somente uma falácia perigosa – é o culto a um deus falso.[4]

Tabela 4.1   Os Cinco Pecados Capitais dos Negócios

Primeiro pecado capital: Culto às altas margens de lucro e ao preço alto
Segundo pecado capital: Fixar erradamente o preço de um novo produto, cobrando aquilo que
  o mercado irá suportar
Terceiro pecado capital: Fixar preços com base nos custos
Quarto pecado capital: Sacrificar a oportunidade do amanhã no altar de ontem
Quinto pecado capital: Alimentar problemas e matar de fome as oportunidades[3]

Segundo Drucker, "Lucro e margem de lucro não são sinônimos. O lucro é a margem multiplicada pelo giro do capital. Portanto, a lucratividade máxima e o fluxo de lucro máximo são obtidos pela margem de lucro que produz a posição de mercado ideal com o giro do capital ideal."[5] (Observe que Drucker não definiu "ideal".) Drucker observou também que um dos motivos do problema é que uma margem de lucro alta é uma ilusão contábil. Para ele, esse raciocínio examina o custo de fabricar um produto, mas não leva em consideração o custo de vendê-lo ou oferecer assistência, muito embora esses custos geralmente sejam muito mais altos para os produtos com margens altas do que para os produtos com margens baixas. O conceito de Contribuição Líquida do Marketing, de Roger Best, tende a sustentar as visões de Drucker nesse sentido.

Segundo Drucker, o culto às altas margens de lucro apresenta uma oportunidade para que os concorrentes dominem o mercado. A seguir, apresento dois exemplos.

Caso Um: Xerox

A Xerox inventou a primeira copiadora capaz de fazer cópias em papel comum (baseada na inovação da xerografia por Chester Carlson). Poucas inovações de negócios seriam tão bem sucedidas quanto as primeiras copiadoras Xerox 813 e 914. No início da década de 1960, a Xerox detinha mais de 80% de fatia de mercado (mais de 85% no final de 1980), e até os dias de hoje fazer uma cópia e "tirar xerox" são sinônimos, independentemente da máquina em que a cópia estiver sendo feita. Por acaso, fui gerente regional de marketing da Xerox no final da década de 1960 e testemunhei o foco contínuo da empresa na vanguarda do mercado, estratégia que gerou altas margens de lucro e preços altos, bem como o acréscimo de outros recursos dispendiosos a suas copiadoras velozes e robustas, algo que os clientes menores não desejavam. Isso também encarecia e dificultava a assistência técnicas às máquinas. Além disso, o sistema de remuneração pelas vendas estimulou as vendas das copiadoras de maior volume em detrimento das copiadoras menores. Os vendedores gravitam em torno do ponto de menor resistência quando se trata de ganhar dinheiro e a Xerox ganhou teve sucesso – pelo menos no sentido de obter os resultados desejados da força de trabalho.

Ignorando o mercado de produtos mais baratos, entretanto (o consumidor menor no qual a Xerox inicialmente baseou sua estratégia), e com o vencimento das

(Continua)

patentes da xerografia, a japonesa Canon rapidamente conseguiu produzir versões de baixa qualidade das copiadoras Xerox baratas, vendendo-as a preços módicos. Em poucos anos, a Canon conquistou o mercado norte-americano de copiadoras (a fatia de mercado da Xerox caiu para menos de 15% em 1985). É interessante notar que em 2006 a Xerox adquiriu por US$1,5 bilhão a Global Imaging Systems, fabricante de impressoras e copiadoras para empresas de pequeno e médio portes, com o objetivo de voltar ao segmento de pequenas copiadoras que perdera originalmente para a Canon. Ao fazê-lo, a Xerox adquiriu 200 mil clientes e o acesso a um mercado de US$44 bilhões de empresas de pequeno e médio portes.[6]

Por outro lado, a entrada da Canon nesse mercado pode não ter sido resultado do foco total da Xerox nas altas margens de lucro, mas talvez seja um melhor exemplo de tecnologias destruidoras.

Caso Dois: Kodak

A Kodak permitiu que a Fuji tomasse a liderança do mercado mundial de filmes devido ao seu foco nas altas margens de lucro. Além disso, a Kodak não detectou a mudança no mercado de filme para digital. Sua marca ajudou a recuperar uma fatia significativa no mercado de fotografia digital, mas para tanto teve que sacrificar seu lucro.

Exemplos Incompletos de Drucker   Seria possível argumentar que a Xerox perdeu participação de mercado para a Canon por diversos outros motivos, além do citado por Drucker. Entre eles estão a malfadada incursão no ramo de PCs que iria desafiar a Apple no final da década de 1970, aliada à aquisição, no momento errado, de uma empresa de computadores científicos de grande porte (a Scientific Data Systems (SDS)), fechada vários anos depois, a um custo de várias centenas de milhões de dólares, quando o maior cliente da empresa, o governo, não teve mais dinheiro para gastar com esses caríssimos "brinquedos". Outra investida no ramo de seguros por meio de outra aquisição provou-se igualmente desastrosa.

Os problemas dos Três Grandes fabricantes de automóveis, bem como os da Xerox, poderiam ser atribuídos à não compreensão das mudanças nas necessidades do cliente em determinados segmentos de mercado.

Talvez existam outras exceções às visões de Drucker sobre preços. Por exemplo, um Rolex pode custar entre US$5.000 a US$10.000. Mesmo assim, a empresa consegue atrair um segmento de mercado disposto a pagar um preço alto não para ver a hora, mas por aquilo que usar um relógio dessa marca significa para os outros (*status*, prestígio, riqueza). O Roll-Royce é outro exemplo de se cobrar um preço alto (embora hoje seja fabricado pela BMW); o mesmo se aplica a outros sofisticados e caros carros esportivos italianos. Será que isso não seria um exemplo melhor de marketing de nicho e de identificar segmentos-alvo dispostos a pagar um preço mais alto e, assim, não estimular a concorrência? Sendo assim, talvez a cobrança de preços altos nem sempre seja um pecado, como sugere Drucker.

Segundo Pecado Capital: Fixar Erradamente o Preço de Um Novo Produto, Cobrando Aquilo que o Mercado irá Suportar

A maneira certa de definir um preço para um novo produto ou serviço é fazê-lo imediatamente segundo o preço que será vendido daí a três anos, quando seus custos tiverem caído. Obviamente, isso significa não ter lucros muito altos nos primeiros anos. Pode até significar prejuízos inicialmente.[7]

Esse pecado está intimamente relacionado ao primeiro – tentar fixar um preço de um novo produto cobrando aquilo que o mercado irá suportar. Segundo Drucker, a política correta para a fixação do preço de um novo produto baseia-se na curva de aprendizado. Segundo o conceito de curva de aprendizado, o custo da produção de um novo produto diminuirá à medida que a empresa adquirir mais experiência em sua fabricação. Segundo Drucker, não é incomum esses custos diminuírem mais de 40% dentro de três anos.[8] Assim, três anos após o lançamento de um produto, os custos de sua fabricação terão sido reduzidos a quase metade do que eram à época de seu lançamento. Peter Rea e Harold Kerzner, consultores da área de estratégia, atribuem essa redução dos custos aos seguintes fatores:

- Eficiência da mão de obra (mais importante)
- Especialização do trabalho e melhoria dos métodos (especialização de tarefas: a Administração Científica de Taylor)
- Novos processos de produção
- Melhor desempenho dos equipamentos de produção (maior produtividade, por exemplo, a capacidade de uma unidade de craqueamento catalítico em geral aumenta aproximadamente 50% ao longo de um período de 10 anos)
- Mudanças no mix de recursos (recursos mais baratos usados ao longo do tempo: a mão de obra pouco especializada substitui a mão de obra cara, automatização etc.)
- Padronização do produto
- Redesenho do produto
- Incentivos ou desincentivos (remuneração)[9]

Drucker defendia que o novo produto deveria ter seu *preço inicial definido* de acordo com o preço pelo qual seria vendido daí a três anos como provável resultado da venda de novos produtos concorrentes, ou substitutos, por preços mais baixos. Essa estratégia inicial de preços, segundo ele, dificulta a entrada de produtos concorrentes ou substitutos no mercado.

A Figura 4.1 é um exemplo da utilização da curva de aprendizado pela Texas Instruments (TI) nas estratégias de definição de preços de sua calculadora eletrônica. Como podemos ver, o custo da empresa para produzir as calculadoras diminui com o volume, chegando a US$8, enquanto o custo do concorrente A é de US$9 e o custo do concorrente B é de US$10. Se a TI definisse seu preço de acordo

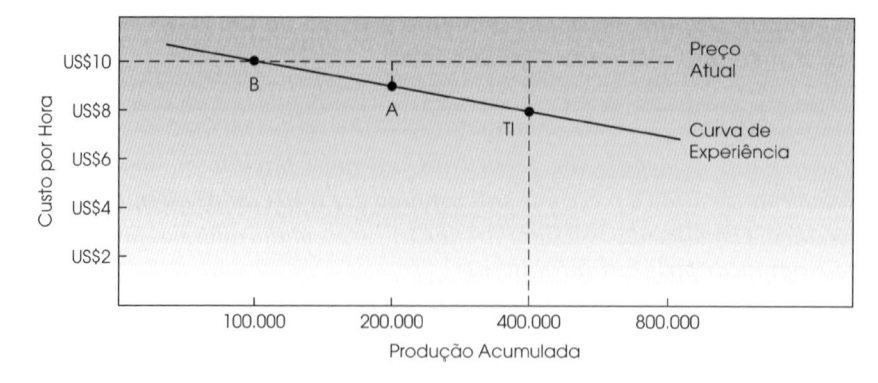

Figura 4.1*   Curva de Aprendizado/Experiência da TI

*Adotado de Philip Kotler, *Marketing Management*, 11.ª ed. (Upper Saddle River, NJ: Pearson Education, Inc., 2003), p. 447.

com a sugestão de Drucker, colocaria o preço a US$9, tirando A do mercado, pois A perderia US$1 em cada venda e B provavelmente também acabaria tendo que sair do mercado, pois só chegaria a um ponto de equilíbrio se tentasse equiparar seu preço ao da TI. A TI conseguiu implementar essa estratégia com relação aos semicondutores e, assim, impediu a concorrência de entrar no mercado.

O exemplo a seguir demonstra o que pode acontecer em setores que fixam erradamente o preço de um novo produto, cobrando aquilo que o mercado irá suportar.

Caso Três: A Indústria Farmacêutica

Um setor no qual é praxe fixar erradamente o preço de um novo produto, cobrando aquilo que o mercado irá suportar, é a indústria farmacêutica. Cobram-se preços altíssimos por novas drogas com o argumento de que as empresas têm que recuperar os custos de pesquisa e desenvolvimento. Quando as patentes expiram e medicamentos genéricos são lançados no mercado por preços muitíssimo inferiores, a estratégia de fixar o preço do novo produto cobrando o que o mercado irá suportar deixa de funcionar. Isso reduz a lucratividade da empresa, o que gera nos mercados financeiros preocupação com o desempenho da empresa, particularmente com o preço das ações. Isso, segundo Drucker, motivou muitas "fusões desesperadas" entre essas empresas nas décadas de 1980 e 1990.

Esses problemas continuarão assolando a indústria farmacêutica nos próximos anos. Até o final de 2006, até um quarto das vendas de medicamentos registradas em 2006 terá sofrido erosão ocasionada pelos medicamentos genéricos – estima-se que da ordem de US$25 bilhões. Quatorze medicamentos enfrentaram o vencimento da patente apenas em 2007, com um total de US$11 bilhões em jogo.

(Continua)

Especialistas do setor preveem que o percentual de receitas de medicamentos genéricos suba para 75% em 2011, partindo de 56% atualmente.[10] As empresas do setor estão tentando combater o problema lançando genéricos próprios como extensões de linha, e a época de fixar erradamente o preço de um novo produto cobrando aquilo que o mercado irá suportar parece estar rapidamente se aproximando do fim. O segundo pecado capital abriu as portas à competição gerada pelos genéricos.

Exemplos Incompletos de Drucker   É importante observar que os novos produtos que são "novos no mundo", como o videocassete original, constituem apenas 10% de todos os novos produtos lançados no mercado. Os novos produtos, em sua maior parte, são aperfeiçoamentos de produtos antigos e extensões de linhas de produtos. Isso sugere que as visões de Drucker a respeito desse pecado têm aplicação apenas limitada aos gerentes de marketing ou de produto em suas decisões de definição de preços de novos produtos.

Drucker também se contradiz em *Innovation and Entrepreneurship*, onde discutiu várias estratégias para introduzir uma inovação. Na discussão da estratégia Primeiro com Mais que visa à liderança de mercado (uma estratégia que funciona apenas para "grandes" inovações), ele afirmou que "O empreendedor que atingiu a liderança sendo o Primeiro com Mais tem que ser aquele que reduz sistematicamente o preço de seus próprios produtos ou processo."[11] Isso levanta a seguinte questão – reduzir os preços a partir de que nível? Isso sugere que o empreendedor cobrou um preço que não era necessariamente o preço da curva de aprendizado três anos após o lançamento do produto – ou quem sabe tenha sido um preço alto demais? Eis outra lacuna deixada por Drucker.

Visões de Outros Especialistas   Peter Rea e Harold Kerzner acreditam que Drucker fez vista grossa para diversas limitações associadas à fixação do preço na curva de aprendizado:

- A curva de aprendizado não continua indefinidamente. A queda percentual em horas/dólares necessários para a fabricação do produto diminui com o tempo.
- O conhecimento da curva de aprendizado adquirido a respeito de um produto talvez não possa ser aplicado a outros produtos, a não ser que existam experiências compartilhadas.
- Os dados sobre custo talvez não estejam disponíveis para que se construa uma curva de aprendizado significativa. Podem ocorrer outros problemas caso se acrescentem os custos indiretos aos custos diretos de mão de obra, ou caso os códigos contábeis não possam separar os segmentos de trabalho a fim de identificar os elementos que realmente demonstram os efeitos da experiência.

- Os descontos por quantidade podem distorcer os custos e os benefícios percebidos das curvas de aprendizado.
- A inflação precisa ser expressa em dólares constantes. Caso contrário, os ganhos obtidos com a experiência podem ficar neutralizados.
- As curvas de aprendizado são mais úteis em horizontes de longo prazo (anos). Em horizontes de curto prazo, os benefícios percebidos podem não resultar das curvas de aprendizado.
- Influências externas como limitações de materiais, patentes ou até mesmo regulamentações governamentais podem restringir os benefícios das curvas de aprendizado.
- A produção anual constante (ou seja, a ausência de crescimento) pode ter um efeito limitador da experiência depois de alguns anos."[12]

Terceiro Pecado Capital: Fixar Preços com Base nos Custos

Os clientes não acreditam que seja dever seu garantir que os fabricantes gerem lucros.[13]

As empresas cometem o pecado de fixar preços com base nos custos calculando o total de custos e depois somando o lucro para chegar ao preço a ser cobrado do cliente. Por outro lado, a fixação de preço com base no custo define o produto ou serviço. O exemplo a seguir ilustra cada uma dessas abordagens.

Caso Quatro: Exemplo de Fixação do Preço com Base nos Custos: Control Data *versus* IBM

Quando os computadores se popularizaram, no início da década de 1960, a Control Data tinha o que na época se considerava o computador mais avançado do mundo. O preço que definiu para o computador na época correspondia ao custo de produção mais o lucro. Resultado, o preço ficou alto demais para o público em geral, e, embora os potenciais clientes concordassem que era o melhor computador disponível, as vendas não se materializaram.

A IBM, por outro lado, perguntou: "Quanto as empresas estão dispostas a pagar por um computador?"[14] Em seguida, projetou um computador que tecnicamente era inferior ao da Control Data, mas cujo preço foi fixado com base no custo, e o resto é história (basta ver a posição que as duas empresas ocupam hoje).

Caso Cinco: Exemplo de Custo Baseado no Preço: Henry Ford

Muitos historiadores creditam a Henry Ford a invenção da linha de montagem para a produção do Modelo T da Ford, vendido a US$500. Na verdade, Henry Ford foi o

(Continua)

primeiro a usar a abordagem do custo baseado no preço. Ele perguntou: "Quanto o cliente médio está disposto a pagar por um automóvel básico que vem em uma só cor, preto?" Segundo suas pesquisas de marketing, US$500 eram o preço certo, que ainda era alto naquela época, portanto ele instruiu seus engenheiros a encontrarem uma maneira de fabricar o automóvel e ainda assim gerar lucros vendendo-o por US$500.[15]

Quarto Pecado Capital: Sacrificar a Oportunidade do Amanhã no Altar de Ontem

Até o ano 2020, é praticamente certo que os negócios sobreviventes serão aqueles que não cometerem o pecado de sacrificar no altar de ontem a nova oportunidade – ou seja, o comércio eletrônico, seja ele B2B (business-to-business) ou B2C (business-to-consumer).[16]

As empresas não raro tentam manter os produtos atuais quando acreditam ter ainda alguns bons anos pela frente, embora as vendas estejam caindo e as preferências do cliente e o mercado estejam mudando. Drucker falou sobre isso no conceito de Abandono Planejado – quando abandonar um produto e lançar novos produtos. Na tentativa de preservar o ontem, perdem-se oportunidades para o futuro. Drucker argumentou também que muitas vezes as pessoas que melhor desempenho têm em uma organização são alocadas a esses problemas, em vez de se concentrarem nas oportunidades.

Caso Seis: A General Motors e o Saturn

O Saturn, automóvel projetado no Japão mas fabricado em uma planta de alta tecnologia nos Estados Unidos com inovadores programas de incentivos na remuneração dos empregados e sem sindicatos de trabalhadores, tornou-se um sucesso imediato no mercado de automóveis dos Estados Unidos. Ao mesmo tempo, as vendas de modelos anteriores da General Motors, o Buick e o Oldsmobile, estavam caindo em decorrência de mudanças nas preferências do consumidor.

Em vez de continuar investindo no Saturn, a estratégia da GM foi tentar salvar esses antigos modelos moribundos. Resultado: o Saturn não é mais competitivo no mercado norte-americano, o Buick é um fracasso, embora tenha tido sucesso excepcional na China, tornando-se o segundo lugar em vendas de automóveis em 2006, e a GM suspendeu a fabricação do Oldsmobile. A GM continua na batalha – com um prejuízo superior a US$10 bilhões em 2005 e os mesmos enormes prejuízos em 2006-2008 – e vem se concentrando nos problemas, no fechamento de plantas, em reduções significativas na força de trabalho e assim por diante, mas ainda não definiu as oportunidades que perseguirá.

Caso Sete: IBM e Dell Computer

A IBM tomou o poder da Apple Computer (empresa que inventou a indústria de PC) quando incluiu um sistema operacional (DOS) em um computador que era inferior ao da Apple. Apesar desse sucesso, a IBM preocupava-se por acreditar que, ao se concentrar nos PCs, perderia seu negócio de computadores de grande porte – *mainframes* – (produto do passado) para clientes maiores. Ao desviar seus recursos para a preservação do passado, a IBM permitiu que, em pouco mais de 12 anos, a Dell Computer se tornasse o maior fabricante mundial de PCs em termos de faturamento. Em 2004, a IBM finalmente abandonou o negócio de PCs vendendo essa divisão para a Lenovo, fabricante chinesa de computadores.

Quinto Pecado Capital: Alimentar Problemas e Matar de Fome as Oportunidades

O quarto e quinto pecados capitais estão intimamente relacionados. Basicamente, o quinto pecado lida com a tentativa de preservar o passado e ignorar o futuro, mas de uma perspectiva ligeiramente diferente. O problema é agravado pelo sistema de a organização se concentrar nos problemas e nos pontos em que os objetivos não estão sendo cumpridos, em geral apresentados na primeira página do relatório gerencial mensal. As oportunidades que uma organização deve perseguir não estão listadas aqui e, se estivessem, estariam encobertas em algum lugar do relatório.

Drucker comentou que as organizações com melhor desempenho alocam seus melhores funcionários à busca de oportunidades de crescimento. Além disso, seus relatórios gerenciais são compostos de duas páginas: uma delas é a típica página de problemas e outra, a página de oportunidades. Drucker continuou a enfatizar, ao longo dos anos, que as organizações que não inovarem não sobreviverão. Portanto, a identificação de oportunidades e a alocação de recursos (orçamento para inovações e pessoal com melhor desempenho) são essenciais à sobrevivência da organização.

Resumo

Drucker aconselhou evitar esses cinco pecados capitais para que a empresa sobreviva e cresça. As lições que podemos extrair deste capítulo giram basicamente em torno das seguintes questões:

1. *Estratégias de fixação de preços*: Qual é a estratégia mais apropriada para o lançamento de um novo produto? Drucker sugere o preço baseado no custo e na curva de aprendizado.
2. *Inovação*: A necessidade de inovação, que será abordada com mais detalhes no Capítulo 5.

Com relação à fixação de preço, a curva de aprendizado de Drucker é apenas uma das estratégias que a organização pode considerar, dependendo de diversas variáveis. Kotler expandiu os pecados capitais de Drucker sugerindo que existem outros erros cometidos nas decisões de definição de preços. São eles:

1. A definição dos preços baseia-se excessivamente nos custos.
2. O preço não é revisado com frequência suficiente para tirar proveito das mudanças de mercado.
3. O preço é definido independentemente do mix de mercado, e não como um elemento intrínseco da estratégia de posicionamento no mercado.
4. O preço não é suficientemente variado para diferentes produtos, segmentos de mercado, canais de distribuição e ocasiões de venda.[17]

Kotler também forneceu detalhes sobre os passos necessários para a definição do preço. São eles:

1. Seleção do objetivo de preço
2. Determinação da demanda
3. Estimativa de custos
4. Análise dos custos, preços e ofertas da concorrência
5. Seleção do método de definição de preços
6. Seleção do preço final[18]

Segundo Kotler, os objetivos de determinação de preços podem variar da mera sobrevivência do negócio à conquista de liderança na qualidade do produto. Ele classificou cinco objetivos de determinação de preços:[19]

1. *Sobrevivência*: Aplica-se à empresa que enfrenta excesso de capacidade, intensa concorrência ou mudanças nos desejos do cliente. Se o preço pode cobrir custos fixos e variáveis, a empresa pode continuar no negócio. Kotler considerou essa uma estratégia de curto prazo, e, se a empresa não puder agregar valor, terminará por enfrentar a extinção.
2. *Maximização dos lucros atuais*: Maximiza os lucros atuais, o fluxo de caixa ou a taxa de retorno sobre o investimento. Essa estratégia pressupõe que a empresa pode determinar as funções de demanda e custo. Enfatizando o desempenho atual, pode sacrificar o desempenho no longo prazo ao ignorar os efeitos de outras variáveis do mix de marketing, como as reações dos concorrentes ou as restrições legais de preço.
3. *Maximização da fatia de mercado*: Há quem acredite que um maior volume de vendas equivale a menor custo unitário e, assim, maiores lucros no longo prazo. A estratégia consiste em definir o preço mais baixo pressupondo que o mercado é sensível ao preço (elástico). A Texas Instruments (TI) pratica a determinação de preço segundo a penetração no mercado: constrói uma planta grande, define um preço baixo para ganhar fatia de mercado e reduz o preço novamente (efeitos da curva de aprendizado). Essa estratégia desestimula a concorrência de entrar no mercado, como foi descrito por Drucker.
4. *Nata do mercado (Market skimming)*: Aplica-se a empresas que introduzem novas tecnologias. Um exemplo é a Sony e a primeira televisão de alta definição: o preço era de US$43.000 em 1990, quando foi lançada, em 1993

o preço caiu drasticamente, chegando a US$6.000, e em 2001 despencou para US$2.000. Um exemplo pessoal foi quando comprei uma calculadora HP por US$500 para usar em meus cursos de MBA na Pepperdine University, em meados da década de 1970. Quase 40 anos depois, uma calculadora capaz de realizar as mesmas funções, e outras mais, pode ser adquirida por menos de US$5. Kotler sugere que a estratégia de nata do mercado funciona quando existem compradores suficientes e alta demanda atual, o custo unitário de produzir em baixo volume não é alto demais, o alto preço inicial não atrai outros concorrentes para o mercado e o preço alto transmite uma imagem de produto superior. Essa estratégia está relacionada ao segundo pecado capital, qual seja, fixar erradamente o preço de um novo produto, cobrando aquilo que o mercado irá suportar.

5. *Liderança na qualidade do produto*: Essa estratégia tenta vender o valor e outros recursos a fim de convencer os clientes de que o produto vale o preço adicional. Por exemplo, a definição de preços da Xerox, comparada à da concorrência quando foi introduzida no final da década de 1950, concentrava-se no uso do papel comum *versus* papel cuchê e na combinação de qualidade da cópia e facilidade de uso comparada com as cópias em papel cuchê existentes. Além disso, a estratégia inicial de cobrar pela cópia, em vez de ter que comprar a copiadora (o que a Xerox inicialmente não fazia) foi uma abordagem singular que permitiu à empresa alcançar seu objetivo inicialmente.

Segundo Roger Best, existem diversas estratégias de determinação de preços baseadas no custo e no mercado, dependendo de onde o produto se encontrar em seu ciclo de vida.[20] As estratégias de preço baseada em custo variam do preço básico até o preço máximo enquanto as estratégias baseadas no mercado variam do preço estimado até o preço de mais de um.

O conceito de "elasticidade" também precisa ser considerado na determinação do preço (segundo passo de Kotler). O uso do "agrupamento" e "desagrupamento" como estratégias de determinação do preço bem como o impacto da canibalização causada pelo lançamento de novos produtos foram negligenciados nas discussões de Drucker aqui apresentadas e criam outras lacunas que precisam ser eliminadas. Não incluímos aqui uma discussão detalhada dessas estratégias e outras considerações a respeito da determinação do preço, mas diversos livros de marketing podem eliminar essas lacunas.

Notas

1. Peter F. Drucker, "The Five Deadly Business Sins", *Corpedia Education, Corpedia 8108 On-line Program* (2001).
2. Robert W. Swaim, Ph.D., " The Drucker Files: The Five Deadly Business Sins", *Business Beijing* (dezembro de 2002).
3. Peter F. Drucker, "Five Deadly Business Sins". MTS Video No. 3, Ahead of Change Series. Londres: MTS Publishers, Ltd. (1999).
4. Peter F. Drucker, "The Five Deadly Business Sins". *Corpedia Education, Corpedia 8108 On-line Program* (2001).

5. Ibid.
6. R. M. Schneiderman, "Xerox Turns to Burns for Growth", *Forbes.com* (4 de abril de 2006).
7. Peter F. Drucker, "The Five Deadly Business Sins," *Corpedia Education, Corpedia 8108 On-line Program* (2001).
8. Ibid.
9. Peter Rea, Ph.D. e Harold Kerzner, Ph.D., *Strategic Planning: A Practical Guide* (Nova York: John Wiley & Sons, Inc., 1997), 133–135.
10. Matthew Herper, "The Generic Onslaught", *Forbes.com* (23 de junho de 2006), e "Threat of Substitute Products Real", *Forbes.com* (7 de julho de 2006).
11. Peter F. Drucker, *Innovation and Entrepreneurship* (Nova York: Harper & Row, 1985), 217.
12. Peter Rea, Ph.D., e Harold Kerzner, Ph.D., *Strategic Planning: A Practical Guide* (Nova York: John Wiley & Sons, Inc., 1997), 141–142.
13. Peter F. Drucker, "The Five Deadly Business Sins", *Corpedia Education, Corpedia 8108 On-line Program* (2001).
14. Ibid.
15. Theodore Levitt, "Marketing Myopia: What Ford Put First, " *Harvard Business Review* (setembro-outubro de 1960): 187-188.
16. Peter F. Drucker, "The Five Deadly Business Sins", *Corpedia Education, Corpedia 8108 On-line Program* (2001).
17. Philip Kotler, *Marketing Management*, 11.ª ed. (Upper Saddle River, NJ: Pearson Education, 2003), 471.
18. Ibid., 473.
19. Ibid., 474-475.
20. Roger J. Best, *Market- Based Management* 3.ª ed. (Upper Saddle River, NJ: Prentice Hall, 2004).

Inovação e Espírito Empreendedor

O empreendedor está sempre em busca de mudança, responde a ela e explora a oportunidade.[1]

Parte Um: Estratégias de Crescimento Orgânico Continuado

Introdução

Durante meu doutorado, em Claremont, tive a oportunidade de ter várias aulas com Drucker. Lembro-me de uma ocasião em que ele perguntou à turma: "Que invenção revolucionou as guerras?" Drucker parecia ter um certo prazer em rebaixar os alunos que tentavam responder a uma de suas perguntas. Lembro-me de um único aluno, em um período de quase dois anos, ter dado uma resposta satisfatória a uma de suas perguntas. Foi o que aconteceu quando a turma apresentou respostas como "a pólvora", "o morteiro", "a bomba atômica". Nenhuma delas o satisfez. Finalmente, a turma desistiu e esperou a resposta. "O estribo", disse Drucker. E passou a explicar que, antes da invenção do estribo, os soldados montados não tinham nenhuma vantagem real sobre os soldados que lutavam a pé, que os derrubavam com um simples golpe da lança. Com a invenção do estribo, o soldado que lutava a pé tinha uma dificuldade muito maior para derrubar o soldado montado. Isso, por sua vez, levou à expansão dos regimentos de cavalaria, que, segundo Drucker revolucionaram a guerra.[2] Duvido, sinceramente, que você encontre essa informação em seus escritos, até mesmo em *Innovation and Entrepreneurship,* que ele escreveu em 1985 e que explica como as organizações podem crescer organicamente. Este capítulo enfoca alguns dos pontos principais da inovação e empreendedorismo segundo Drucker.

Definição de Empreendedor e Empreendedorismo

O empreendedor costuma ser definido como alguém que monta um negócio ou uma empresa. No entanto, Drucker observou que "nem todas as pequenas empresas têm espírito empreendedor ou o representam". O casal que abre um restaurante em um bairro residencial de Pequim certamente corre risco. Mas será que o casal é empreendedor? O que eles fizeram já foi feito inúmeras vezes antes. Estão apostando na crescente popularidade dos restaurantes na região, mas não geraram um novo tipo de satisfação do cliente ou uma nova demanda. Nessa perspectiva, segundo Drucker, certamente não são empreendedores, embora estejam abrindo um novo negócio. Talvez o estejam fazendo apenas para deixar de ter um patrão, como o fazem tantos proprietários de pequenas empresas. Ou seja, o faturamento e o lucro líquido de pequenas empresas podem não ser muito maiores do que o salário que teriam trabalhando para uma empresa. Por outro lado, Drucker citou o McDonald's como exemplo de empreendedorismo, por meio da aplicação de conceitos e processos administrativos, como a padronização do "produto".[3]

Segundo Drucker, o empreendedorismo é uma característica bem definida de uma pessoa ou organização. Além disso, a organização não precisa ser pequena e nova para ser um empreendimento, pois o empreendedorismo está presente em empresas de grande porte e que, não raro, têm anos de estrada, como é o caso da 3M, que Drucker citou como uma das mais inovadoras empresas existentes, por ter desenvolvido mais de 60 mil novos produtos. Sendo assim, o empreendedorismo, segundo Drucker, "é um 'comportamento', e não um 'traço' de personalidade cujo alicerce está no conceito e na teoria, e não na intuição. As pessoas empreendedoras veem a mudança como a norma e como algo saudável. Em geral, não são elas que provocam a mudança pessoalmente. Entretanto, isso distingue o empreendedor do empreendedorismo – o empreendedor está sempre em busca de mudança, responde a ela e explora a oportunidade".[4]

Definição de Inovação

Drucker continuou enfatizando que a finalidade da empresa é criar um cliente. Portanto, na sua visão, a empresa tem duas – e somente duas – funções básicas: *marketing* e *inovação*. A segunda função da empresa é a inovação, a oferta de uma satisfação econômica diferente.

Drucker definiu inovação como "a tarefa de dotar recursos humanos e materiais com uma capacidade de produção de riqueza nova e maior". E expandiu o conceito: "Os gerentes precisam transformar as necessidades da sociedade em oportunidades de negócios lucrativos. Isso também é uma definição de inovação."[5] Isso está coerente com os passos citados no *Processo de Gestão Estratégica* descrito no Capítulo 2 e na avaliação do meio externo da organização com o objetivo de identificar oportunidades de inovação e crescimento.

Um exemplo citado por ele foi o do fungo *Penicillium*. Tratava-se de uma praga, não de um recurso. Os bacterologistas se esforçaram ao máximo para proteger as culturas de bactéria contra a contaminação pelo fungo até que, na década de 1920, um médico de Londres percebeu que o fungo produzia substância bactericida que os especialistas tanto procuravam. O fungo tornou-se um valioso recurso.[6] Finalmente, Drucker sugeriu: "Inovação não é o mesmo que invenção. Inovação é um termo da economia, não da tecnologia."[7]

Tipos da Inovação e Suas Exigências

Drucker disse: "Não basta a empresa oferecer bens e serviços; é preciso que ela ofereça bens e serviços melhores e mais econômicos." Ele observou: "A inovação mais produtiva é um produto ou serviço diferente que cria uma nova satisfação potencial, e não uma melhoria."[8] Um estudo realizado pela firma de consultoria Booz, Allen e Hamilton, na década de 1980, identificou os tipos de inovação como consistindo em novas linhas de produtos, melhorias ou revisões de linhas de produtos existentes (que, segundo o estudo, é onde a atividade mais inovadora acontece), reposicionamento de produtos, reduções de custo e produtos totalmente inovadores, que, ainda segundo o estudo, consistiam em mais de 10% de todas as inovações.[9] Grande parte do foco de Drucker estava voltada para os produtos totalmente inovadores, embora ele tenha mencionado várias outras oportunidades inovadoras.

A inovação também pode consistir em encontrar novos usos para antigos produtos como o uso do bicarbonato de sódio da Arm & Hammer como produto para retirar o odor de alimentos da geladeira e como pasta de dente. A Tabela 5.1 resume as exigências de inovação de Drucker.

Tabela 5.1   Exigências das Inovações

Produtos e serviços melhores e mais econômicos
Um produto diferente (totalmente inovador) – e não uma melhoria de produtos existentes
Novos usos para antigos produtos[10]

Identificação das Fontes de Inovação: O Primeiro Princípio de Drucker

Drucker sugeriu que a inovação sistemática e intencional começa pela análise das oportunidades e classificou Sete Fontes de Oportunidade de Inovação, conforme mostra a Tabela 5.2.[11] Ele classificou essas fontes dentro da empresa ou do setor como as que lidam com as mudanças externas à empresa ou ao setor.

Tabela 5.2   Fontes de Inovação

Fontes dentro do negócio ou do setor	Mudanças externas à empresa ou ao setor
1. Sucessos ou fracassos inesperados	1. Mudanças demográficas
2. Incongruências	2. Mudanças no significado ou na percepção
3. Necessidades de processos	3. Novos conhecimentos
4. Mudanças no setor e na estrutura de mercado	

Segundo Drucker, "as quatro primeiras encontram-se dentro da empresa ou do setor. São basicamente 'sintomas', mas são indicadores confiáveis de mudanças que já ocorreram ou que podem vir a ocorrer com pouco esforço". A seguir, apresento uma breve discussão dessas fontes.

Sucessos e Fracassos Inesperados[12]   Drucker sugeriu que a melhor fonte potencial de inovação vem dos sucessos e fracassos inesperados. Explorar tais sucessos e fracassos requer simples análise, pois um sucesso inesperado é um sintoma. Suponhamos que o desempenho de um produto específico da linha de produtos da empresa esteja superando as expectativas da gerência em comparação com outros produtos. Por que isso está acontecendo? Um concorrente está tendo um sucesso inesperado em um determinado segmento de mercado. A gerência precisaria descobrir por que isso está acontecendo e se perguntar como seria se eles explorassem isso. Um exemplo clássico remonta à época em que o Marriott ainda era uma cadeia de restaurantes, antes de ingressar no ramo hoteleiro. A gerência observou que um de seus restaurantes em Washington, D.C. tinha o desempenho melhor do que todos os outros da cadeia em termos de faturamento mensal. Ao investigar um pouco mais, descobriu que o restaurante estava localizado perto do Hoover Field, primeiro aeroporto da cidade. Isso foi antes de as companhias aéreas servirem refeições nos aviões. O Marriott descobriu que os passageiros dos aviões paravam no restaurante e compravam sanduíches e salgados para levar no voo. A gerência do Marriott reuniu-se com a Eastern Airlines e ofereceu-se para fornecer as refeições que seriam servidas no avião – iniciando assim o serviço de *catering* para aviões.

Os fracassos inesperados também podem levar a outras oportunidades de inovação, como sugere a citação a seguir de um ex-CEO da Johnson & Johnson, outra empresa inovadora na opinião de Drucker.

O fracasso é nosso produto mais importante.

R.W. Johnson, Jr., ex-CEO da Johnson & Johnson

Em outro exemplo, a Ford Motor Company desenvolveu um novo automóvel, o Edsel, em 1957. O *design* do automóvel supostamente era baseado em uma extensa pesquisa de mercado a respeito das preferências do cliente em aparência e estilo, mas o Edsel tornou-se um fracasso total imediatamente após seu lançamento – um dos maiores fracassos da história da indústria automobilística.

Em vez de culpar o "consumidor irracional", a gerência da Ford concluiu que estava acontecendo alguma coisa que simplesmente não estava alinhada com os pressupostos da indústria automobilística a respeito do comportamento do consumidor. Depois de reinvestigar o mercado, a empresa descobriu um novo "segmento de estilo de vida", ao qual reagiu rapidamente, produzindo o modelo Thunderbird, de *design* e fabricação esmerados e um dos maiores sucessos da indústria automobilística dos Estados Unidos. Talvez a Ford devesse revisitar essa experiência hoje, juntamente com os outros dois fabricantes de automóveis do país, em sua tentativa de sobreviver ao desafio cada vez maior da indústria automobilística japonesa.

Podemos aprender com o sucesso, mas é preciso trabalhá-lo; aprender com o fracasso é muito mais fácil.

Lewis Lehr, ex-CEO, 3M Corporation

Um exemplo clássico é o dos bloquinhos Post-It da 3M, hoje espalhados pelos escritórios ao redor do mundo. O produto foi desenvolvido originalmente para ser usado como aplicação industrial, mas fracassou. Mais tarde, um cientista da 3M que levou parte do material para casa descobriu que a filha havia cortado algumas dessas folhas e as usava para afixar mensagens na porta da geladeira, lembrando à mãe o que comprar no supermercado. Desse fracasso surgiu um produto que a 3M vende há décadas. A sua empresa teve algum sucesso ou fracasso que talvez pudesse ser mais bem investigado?

Incongruências Drucker descreveu incongruência como uma discrepância, uma dissonância entre o que é e o que "deveria" ser, ou entre o que é e o que todos imaginam ser. Como um evento inesperado, seja ele um sucesso ou um fracasso, uma incongruência é um sintoma de uma mudança que já ocorreu, ou uma possível mudança.[13]

Segundo Drucker, existem vários tipos de incongruências:

- Uma incongruência entre as realidades econômicas de um setor
- Uma incongruência entre a realidade de um setor e os pressupostos a respeito dela
- Uma incongruência entre os esforços de um setor e os valores e expectativas de seus clientes[14]
- Uma incongruência no ritmo ou na lógica de um processo

Incongruência entre as Realidades Econômicas de um Setor Drucker observou que, se a demanda de um produto ou serviço estava aumentando continuamente, seu desempenho econômico também teria que melhorar continuamente. O produto ou serviço deveria ser facilmente lucrativo em um setor com demanda continuamente crescente, pois acompanharia o movimento da maré. A falta de lucratividade em tal setor sugere a existência de uma incongruência entre as realidades econômicas.

Esse tipo de incongruência geralmente ocorre dentro de um setor como um todo ou em um setor de serviço, e constitui uma ótima realidade de inovação para uma empresa pequena ou uma nova empresa, um novo processo ou um novo serviço altamente focado. Além disso, o inovador que explora essa incongruência terá poucos concorrentes durante um bom tempo antes de acordar para o fato de terem concorrentes novos e perigosos. Uma minissiderúrgica é um exemplo da exploração exitosa de uma incongruência antes de a gerência das grandes siderúrgicas integradas nos Estados Unidos perceberem o que estava acontecendo no setor. Que incongruências podem ser exploradas nos vários setores que você observou?

Incongruência entre a Realidade de um Setor e os Pressupostos a Respeito Dele Esse tipo de incongruência ocorre quando a gerência de um setor tem um conceito equivocado a respeito da verdadeira situação no setor e, por isso, parte de pressupostos equivocados, gerando esforços mal direcionados. Segundo Drucker, eles se concentram na área em que não existem resultados e oferecem uma oportunidade para inovadores capazes de detectá-la e explorá-la.

Drucker citou um exemplo dessa incongruência no setor de navios de carga, que, na década de 1950, se acreditava estar em extinção. O principal pressuposto a respeito do setor era que a principal despesa do navio ocorria durante o trajeto do ponto A para o ponto B. Direcionaram-se esforços consideráveis para aumentar a eficiência e rapidez dos navios, diminuir o número de tripulantes e assim por diante, a fim de reduzir os custos. Um inovador concluiu que esses pressupostos a respeito do setor estavam equivocados e que os maiores custos ocorriam quando o navio estava ocioso no porto, esperando o desembarque de carga e o carregamento de nova carga.

O resultado foi a inovação do contêiner de carga. Os custos gerais tiveram uma redução de 60%, e o setor vem crescendo rapidamente desde então. Na verdade, o contêiner de carga foi desenvolvido por Malcolm McLean no final da década de 1950, sendo usado originalmente pelo governo americano para enviar suprimentos durante a Guerra do Vietnã.

Incongruência entre os Esforços de um Setor e os Valores e Expectativas de Seus Clientes De todas as incongruências, essa talvez seja a mais comum. Produtores e fornecedores muitas vezes se enganam ao avaliar o que o cliente realmente compra. Pressupõem que o que consideram "valor" é também "valor" para o cliente, cujas expectativas e valores normalmente são diferentes. O cliente raramente percebe que o que está comprando é a mesma coisa que o produtor ou fornecedor oferece.

Embora produtores e fornecedores possam se queixar do comportamento "irracional" do consumidor, existem possibilidades de inovação altamente específicas e focadas. Inúmeros são os exemplos de pessoas que tiram proveito dessa incongruência com inovação de sucesso. Como exemplo, a Edward Jones Company, empresa de serviços financeiros que explorou as percepções equivocadas de empresas maiores do mercado financeiro a respeito dos valores do cliente. A empresa identificou um segmento de mercado: o de agricultores e pessoas prestes a se aposentar com vontade de efetuar um investimento seguro antes da aposentadoria, em contraste com o foco usual dos corretores de Wall Street. Resultado: tornou-se uma das maiores empresas de serviços financeiros dos Estados Unidos.[15]

Incongruência no Ritmo ou na Lógica de um Processo Essa incongruência busca algo que está ausente em um determinado processo, especificamente em como um consumidor pode utilizar um produto. A inovação da Scotts Spreader, que permite que se espalhe fertilizante uniformemente, é um exemplo de aproveitamento de uma oportunidade propiciada por essa incongruência.

Necessidades do Processo Inovações nas necessidades do processo buscam essencialmente detectar um elo fraco ou ausente em um processo existente. Existem oportunidades de inovação quando há uma necessidade reconhecida de concluir o processo. Talvez se sinta que, para fazer uma coisa, existe um "jeito melhor", o qual os usuários acolherão com entusiasmo. Aqui, Drucker observou que a inovação nessa área começa com o trabalho a ser feito e aperfeiçoou um processo já existente.[16]

Segundo Drucker, as inovações bem-sucedidas baseadas nas necessidades do processo exigem cinco critérios básicos, como mostra a Tabela 5.3.

Tabela 5.3 Critérios para Inovações nas Necessidades do Processo

1. Um processo independente.
2. Um elo fraco ou ausente.
3. Uma definição clara do objetivo.
4. Possibilidade de definir com clareza especificações para a solução.
5. Consenso de que "deve haver uma melhor maneira de fazer isso".[17]

Drucker acrescentou que é preciso entender melhor a necessidade. Um exemplo clássico dessa fonte de inovação é um inventor canadense pouco conhecido, chamado Elijah McCoy. Em 1870, McCoy formou-se em engenharia, mas, por ser negro, o único emprego que conseguiu foi o de mecânico, na Michigan Central Railroad. Na época, os trens precisavam fazer paradas frequentes para serem lubrificados manualmente. McCoy concluiu que deveria haver uma forma melhor de fazer isso e desenvolveu um dispositivo revolucionário que permitia a aplicação de lubrificante às partes móveis sem que as máquinas tivessem de ser desligadas. Sua inovação logo se tornou um sucesso. Nenhum equipamento pesado era considerado completo se não tivesse o mecanismo lubrificante McCoy.

Mudanças no Setor e na Estrutura de Mercado[18] As mudanças no setor e na estrutura de mercado normalmente resultam de mudanças nas preferências, gostos e valores do cliente. Além disso, o rápido crescimento de um determinado setor é um indicador confiável de mudanças na estrutura do setor. Na década de 1970, a penetração japonesa no mercado de automóveis nos Estados Unidos, com carros menores e mais econômicos, permitiu tirarem vantagem da mudança de preferência do consumidor, motivada em grande parte por enormes aumentos nos preços da gasolina (o preço de automóveis *usados* com maior eficiência de combustível, como Hondas e Toyotas, havia aumentado consideravelmente em meados de 2008 como resultado do preço da gasolina de mais de US$4 por galão).

Para Drucker, o segundo conjunto de fontes de oportunidade de inovação envolvia mudanças externas ao negócio ou setor.

Mudanças Demográficas[19] Drucker acreditava que mudanças demográficas (faixa etária, grau de instrução, renda disponível, mudanças geográficas e assim por diante) são um dos mais confiáveis fatores de previsão do futuro e oferecem oportunidades de inovação. Quem atua na China deve explorar as oportunidades de inovação oferecidas pelo envelhecimento da população, pelas famílias com um único filho ou pelo aumento da renda disponível no país.

Mudanças no Significado e na Percepção[20]   A discussão anterior a respeito dos sucessos e fracassos inesperados demonstrou que muitas vezes existe indicação de mudanças na percepção e no significado. O sucesso do Thunderbird da Ford e o fracasso do Edsel, também do mesmo fabricante, foram atribuídos a mudanças na percepção. O mercado automobilístico, que sempre foi segmentado por grupos de renda, era visto pelos clientes como segmentado por estilos de vida. A identificação das oportunidades de inovação nessa categoria requer oportunidade e julgamento; será que estão de fato ocorrendo mudanças na percepção ou serão apenas modismos passageiros?

Novos Conhecimentos (Científicos e Não Científicos)[21]   Os novos conhecimentos podem ser uma fonte de oportunidades de inovação, mas, segundo Drucker, são a fonte que tem o maior prazo entre todas as fontes de inovação. Existe um enorme tempo decorrido entre o surgimento de novos conhecimentos e sua aplicação à tecnologia – e mais tempo ainda para que a nova tecnologia se transforme em produtos no mercado. Outra característica das inovações baseadas no conhecimento é o fato de elas quase nunca serem baseadas em um único fator, e sim na convergência de vários tipos diferentes de conhecimento. Um exemplo clássico do tempo necessário para que o conhecimento ganhe aplicação comercial é o motor a jato, patenteado originalmente em 1930. Seu primeiro teste militar ocorreu em 1942, e o primeiro avião comercial foi o Comet, criado em 1952. A Boeing acabou desenvolvendo o 707, que, em 1958, se tornou operacional, 28 anos após a patente. O desenvolvimento do novo avião exigiu a convergência de tecnologias de aerodinâmica, novos materiais e combustíveis.

Finalmente, é importante que a inovação baseada no conhecimento esteja clara na definição de uma posição estratégica (liderança) diante dos outros e que tenha um foco claro no mercado. Drucker citou a DuPont, que só comercializou o náilon bem depois de seu desenvolvimento. Primeiro a empresa criou um mercado de consumo para meias de náilon e um mercado para pneus de automóvel usando náilon. Só então a Dupont vendeu o náilon aos fabricantes para a produção de artigos para os quais já havia criado demanda.

Drucker também comentou sobre as Ideias Brilhantes como uma das principais fontes de patentes. Mas poucas chegaram ao estágio de desenvolvimento de produtos e lançamento no mercado. Ele concluiu que as Ideias Brilhantes são a mais arriscada e menos bem-sucedida fonte de oportunidades de inovação.[22]

Os Princípios da Inovação

Drucker formulou seus Princípios de Inovação:

1. Analise as fontes de inovação em busca de oportunidades.
2. Identifique as necessidades, desejos e expectativas do cliente.
3. A inovação deve ser simples e focada.
4. A inovação deve começar pequena.
5. A inovação deve almejar a liderança.[23]

Segundo Drucker, as inovações que são simples e focadas devem ser direcionadas a uma aplicação específica e clara, devendo ser focadas em uma necessidade específica capaz de satisfazer o resultado final específico que produz. Essa é uma exigência razoável. Se o consumidor não entender o que o produto faz, o produto inovador não será vendido.

Além dos princípios, ele citou também diversas coisas que não devem ser feitas em relação à inovação.

1. *Não tente bancar o esperto*: Drucker sugeriu que a inovação não deve ser sofisticada demais, pois, afinal, a "incompetência é a única fonte abundante e que nunca falha".[24]
2. *Não diversifique seus esforços*: Concentre-se no esforço inovador e não corra atrás de muitas oportunidades ao mesmo tempo.
3. *Não inove para o futuro*: A inovação deve ter aplicação imediata. No entanto, acrescentou Drucker, "as oportunidades de inovação às vezes têm um prazo muito longo. Nas pesquisas farmacêuticas, dez anos de pesquisa e desenvolvimento não são, de modo algum, incomuns ou um período particularmente longo. E, no entanto, nenhuma indústria farmacêutica sonharia em iniciar um projeto de pesquisa de algo que, se obtivesse sucesso, não tivesse aplicação imediata, como uma droga para o tratamento de uma doença existente".[25]

Embora nem todas essas ideias de Drucker tenham criado lacunas, vale a pena expandir essas questões, oferecendo um resumo das visões de Philip Kotler.

Características da Adoção da Inovação: Outra Perspectiva[26]

Alguns produtos caem imediatamente no gosto do público, enquanto outros demoram mais a conquistar sua aceitação. Cinco características influenciam o ritmo de adoção de uma inovação.

A primeira é a *vantagem relativa* – até que ponto a inovação parece ser superior aos produtos existentes.

A segunda é a *compatibilidade* – até que ponto a inovação corresponde aos valores e experiências dos indivíduos.

A terceira é a *complexidade* – até que ponto a inovação é relativamente difícil de entender e usar.

A quarta é a *divisibilidade* – até que ponto a inovação pode ser testada de maneira limitada.

A quinta é a *comunicabilidade* – até que ponto os resultados benéficos do uso são observados e podem ser descritos aos outros.

Outras características que influenciam o ritmo de adoção são custo, custo e incerteza, credibilidade científica e aprovação social. O profissional responsável pelo marketing do novo produto precisa pesquisar todos esses fatores e dar aos mais importantes a máxima atenção ao desenvolvimento de novos produtos e seu programa de marketing.

Com relação à visão de Drucker de que a inovação deve começar pequena, mais uma vez a 3M provavelmente ilustra melhor esse princípio ao afirmar: "Faça um pouco, venda um pouco" ["*Make a little, sell a little*"].[27]

Drucker expandiu o conceito de que a inovação deve almejar a liderança: "Se uma inovação não almejar a liderança desde o início, é pouco provável que seja suficientemente inovadora e, portanto, capaz de se estabelecer."[28] Em seguida, ele esclareceu isso indicando que a liderança poderia ser em um determinado mercado ou em um nicho de mercado, o que é mais realista do que tentar conquistar o mundo com um produto novo.

Parte Dois: Inovação e Empreendedorismo

Estratégias Empreendedoras

A Parte Dois discute as várias *estratégias* que Drucker sugeriu para lançar uma inovação no mercado. A Tabela 5.4 apresenta as estratégias em termos de cada um de seus objetivos e dos elementos que a compreendem. A tabela identifica os dois objetivos sugeridos por Drucker para uma inovação: as estratégias para alcançar esses objetivos e os elementos ou subconjuntos dessas estratégias.

Tabela 5.4 Estratégias para Introduzir uma Inovação

Objetivo	Estratégia	Elementos da estratégia
Liderança e domínio de mercado	Primeiro com mais	Imitação criativa
	Atinja-os onde eles não estão	Judô empresarial Estratégia do pedágio
Controle de mercado e monopólio	Estratégias de nicho altamente lucrativas	Estratégia da habilidade especializada Estratégia do nicho de mercado especializado

Objetivo de Liderança e Domínio de Mercado

Um conjunto de estratégias lida com o objetivo de conquistar a liderança e o domínio do mercado com a introdução da inovação:

Primeiro com mais: Essa estratégia busca conquistar a liderança do mercado. Para tanto, o novo produto (inovação) que está sendo lançado precisa ser mais do que uma mera melhoria. Precisa oferecer uma grande diferenciação e ser tanto novo no mercado quanto novo para o cliente. Exemplos de empresas que tiveram sucesso na implementação dessa estratégia e rapidamente conquistaram a liderança do mercado são o Wang Laboratories, com o lançamento do primeiro processador de textos, e a Apple Computer, com o lançamento do primeiro computador pessoal.[29] A Sony talvez seja um dos melhores exemplos da utilização dessa estratégia, se considerarmos as inovações introduzidas pela empresa que a tornaram líder do mercado, com o primeiro gravador de fita magnética, em 1950, o primeiro rádio *all transistor* em 1955, o primeiro rádio de bolso, em 1964, e o Sony Walkman, em 1979.

Atinja-os onde eles não estão (imitação criativa): Essa estratégia almeja a liderança do mercado ou do setor, mas sem o risco de criar o mercado. Destina-se a superar o líder pela imitação criativa, melhorando algo criado por alguém. Exemplos da implementação bem-sucedida dessa estratégia são a IBM, que lançou o IBM PC depois que a Apple criou o mercado, e a japonesa Seiko, que lançou relógios digitais para substituir os relógios suíços mais tradicionais. As duas empresas, por meio da imitação criativa, rapidamente conquistaram a liderança de mercado.[30]

Judô empresarial: Judô é uma técnica de luta que usa a força e o peso de um oponente contra ele mesmo com vários golpes para jogá-lo no chão. O judô empresarial pesquisa o que os atuais líderes do mercado consideram seus pontos fortes e em seguida formula suas estratégicas de inovação usando-os como base. Tipicamente, esses líderes concentram-se na camada mais alta do mercado, a mais rentável. Buscam oferecer tudo em um pacote simples e acreditam que a qualidade é definida por eles, não pelo consumidor – bons exemplos dos pecados capitais citados por Drucker. O judô empresarial presume que os líderes continuarão a se comportar conforme estabelecido em modelos de comportamento previsíveis, e que se recusarão a mudar, mesmo que sejam repetidamente derrotados. A Canon, fabricante japonês de copiadoras, ao utilizar o judô empresarial e avaliar o comportamento da Xerox, na época líder do mercado, conseguiu conquistar uma grande fatia do mercado de copiadoras da Xerox, partindo do segmento menos sofisticado e, ao longo do tempo, chegando ao segmento mais sofisticado do mercado. Outro exemplo dessa estratégia é a utilização, pela MCI and Spring, do sistema de precificação da AT&T para conquistar um grande percentual do mercado de ligações telefônicas de longa distância nos Estados Unidos.[31]

Controle de Mercado e Objetivo de Monopólio (Estratégias de Nicho de Alto Lucro)

O objetivo dessas estratégias é obter controle do mercado e tornar-se um monopólio em um determinado nicho de mercado altamente lucrativo. O objetivo é ser tão diferente que, mesmo tornando o produto ou serviço indispensável, ninguém ingressará no mesmo nicho e tentará concorrer com você.

Estratégia do pedágio: Essa estratégia envolve desenvolver um produto ou serviço que constitua uma parte indispensável de um processo maior. A estratégia só funciona onde alguma etapa existente em um processo está desalinhada com todas as outras etapas e exige ações radicalmente diferentes, tornando irrelevante o custo da utilização do produto. A inovação propiciada pelo sistema de prevenção de fluxo descontrolado de óleo (*blow-out preventer*) para poços de petróleo *offshore* é um exemplo clássico dessa estratégia. O custo do equipamento é irrelevante *versus* o custo da limpeza de um grande derramamento de óleo no oceano, obviamente uma enorme preocupação das empresas responsáveis pela perfuração de poços de petróleo. Outra exigência dessa estratégia é que o mercado precisa ser tão limitado que quem ocupar esse nicho primeiro conseguirá impedir a entrada de outros. Por outro lado, o risco dessa estratégia está no fato de ela oferecer potencial de crescimento limitado, uma vez que o crescimento futuro depende da expansão do processo como um todo. Se as empresas petrolíferas não estiverem perfurando poços de petróleo *offshore*, o potencial de crescimento das vendas do sistema de prevenção de fluxo descontrolado de óleo será limitado.[32]

Estratégia da habilidade especializada: Essa estratégia envolve a avaliação de oportunidades em uma nova tendência do mercado ou do setor e o desenvolvimento de um produto ou serviço altamente especializado para servir ao mercado. Uma vez que o mercado comece a crescer, o inovador terá uma posição significativamente vantajosa em relação aos possíveis concorrentes e tornando-se fornecedor do setor. Um exemplo clássico dessa estratégia é o de empresas que produzem pedais para freio, circuitos elétricos ou lâmpadas e que resolvem se arriscar na fabricação e montagem de automóveis. Essas empresas, conhecidas por poucas pessoas, são fornecedores da indústria automobilística há décadas e chegam cedo com a estratégia das habilidades especializadas. Mais uma vez, o possível risco dessa estratégia está na necessidade de depender de terceiros para gerar um mercado para o produto básico do setor.[33]

Estratégia do nicho de mercado especializado: Segundo Drucker, essa é a mais lucrativa das estratégias de nicho de mercado. O objetivo é criar um nicho de mercado especializado que seja grande o suficiente para ser lucrativo, mas pequeno o bastante para impedir o ingresso de potenciais concorrentes.

Um exemplo dessa estratégia foi a inovação dos American Express Travelers Checks para executivos e turistas em férias, que eliminava o risco de levar dinheiro em espécie em viagens. A American Express dominou esse nicho de mercado durante décadas, até os bancos começarem a oferecer o serviço aos seus clientes gratuitamente. Um exemplo mais recente foi o taco de golfe Big Bertha, de madeira e cabeça longa, desenvolvido pela Callaway Golf, voltado para os praticantes de golfe amadores e eventuais, que durante anos foi extremamente bem sucedido, até que outras empresas, como a TaylorMade, entraram no mercado com produto semelhante.[34]

A Visão dos Sábios e a Eliminação das Lacunas Deixadas por Drucker

Em nossa discussão a respeito das possíveis lacunas deixadas por Drucker no que diz respeito à inovação, perguntamos se a Imitação Criativa, o Judô Empresarial, o Nicho de Mercado etc. são realmente "estratégias" ou perguntas a serem feitas durante o desenvolvimento do produto quanto ao seu posicionamento – uma decisão de marketing. Por exemplo, uma vez identificada uma oportunidade de inovação (as Fontes de Inovação de Drucker), que tipo de produto deve ser desenvolvido, e onde ele deve ser posicionado no mercado? O "como" introduzido no mercado na verdade é a "estratégia", que inclui preço, marca, canal e outras decisões que não foram mencionadas por Drucker.

Outras Contribuições

Embora Drucker tenha discutido diversas estratégias para o lançamento de uma inovação, suas estratégias deixaram de abordar muitas questões que precisam ser consideradas quando há o lançamento de um novo produto que tipicamente se enquadra na categoria dos Quatro Ps do marketing. Decisões relacionadas a marca, preço, seleção dos canais apropriados e assim por diante estão ausentes da discussão de Drucker, embora ele tenha enfatizado a importância do marketing como uma das duas "únicas" funções de uma organização, ao lado da inovação. Assim, foi necessário incluir em nossos programas uma discussão mais abrangente do marketing e suas ferramentas. Para tanto, baseamo-nos nas contribuições de Philip Kotler e Roger Best para suplementar as visões de Drucker sobre o elemento de marketing, como mencionamos no Capítulo 3.

Acrescentei também outros elementos da inovação que Drucker não abordou, como a discussão sobre a velocidade de adoção da inovação e o conceito de Tecnologia Disruptiva de Clayton Christensen e também outras fontes de inovação.

As Funções da Gerência e o "Grande E"

A fim de reforçar a importância da inovação e do empreendedorismo em nossos programas, recorri ao excelente trabalho de Ichak Adizes e sua teoria dos Papéis Gerenciais.[35]

No livro *Managing Corporate Lifecycles* (1999), Adizes descreve os quatro papéis gerenciais necessários em uma organização, sendo P (Produzir), A (Administrar), I (Integrar) e E (Empreender). A Figura 5.1 apresenta esses papéis e seu foco.

Adizes descreve também qual ou quais deles deve predominar em uma organização durante seu ciclo de vida (vide Figura 5.2).[36]

À medida que a organização cresce, predomina o Papel E nas fases da "Infância" e "Decolagem" do ciclo de vida da organização. Uma fase essencial no ciclo de vida é a "Adolescência", na qual a organização precisa parar de correr atrás de todas as oportunidades que identificou e adotar uma abordagem mais organizada e sistemática para o negócio. Isso, em geral, implica a contratação de um diretor financeiro ou outros diretores administrativos (Papel A), que define controles, políticas e procedimentos adicionais e assim por diante. Trata-se de uma função desprezada pelo Papel E, em que a pessoa que assume esse papel só enxerga oportunidades, e a que desempenha o Papel A vê apenas problemas, o que predispõe ao conflito entre os dois papéis. Se A se mantiver por muito tempo em uma posição de poder (PAei), o E pode acabar sendo expulso da organização. A Figura 5.2 mostra a importância do Papel E.

PAPÉIS GERENCIAIS	FOCO
PAPEL "P" **P**RODUZIR	**S**atisfazer as necessidades dos clientes. **P**roduzir os resultados com os quais a organização se comprometeu. **O**ferecer o desempenho esperado.
PAPEL "A" **A**dministrar	**A**dministrar – sistematizar, programar e organizar.
PAPEL "E" **E**mpreender	**E**mpreender – prever as mudanças necessárias no futuro e posicionar *proativamente* a organização para esse futuro.
PAPEL "I" **I**ntegrar	**I**ntegrar – desenvolver uma cultura de interdependência e afinidade, estimulando uma cultura corporativa singular.

Figura 5.1   Os Quatro Papéis Gerenciais

Fonte: Ichak Adizes, *Managing Corporate Lifecycles* (Paramus, NJ: Prentice Hall, 1999), pp. 193-204.

Quando a pessoa no desempenho do Papel E enfraquece ou sai da organização, esta perde seu elemento criativo e inovador. Sem novos produtos, como mostra a Figura 5.2, a organização começa a envelhecer no sentido negativo e, a não ser que a tendência se reverta, acaba morrendo.

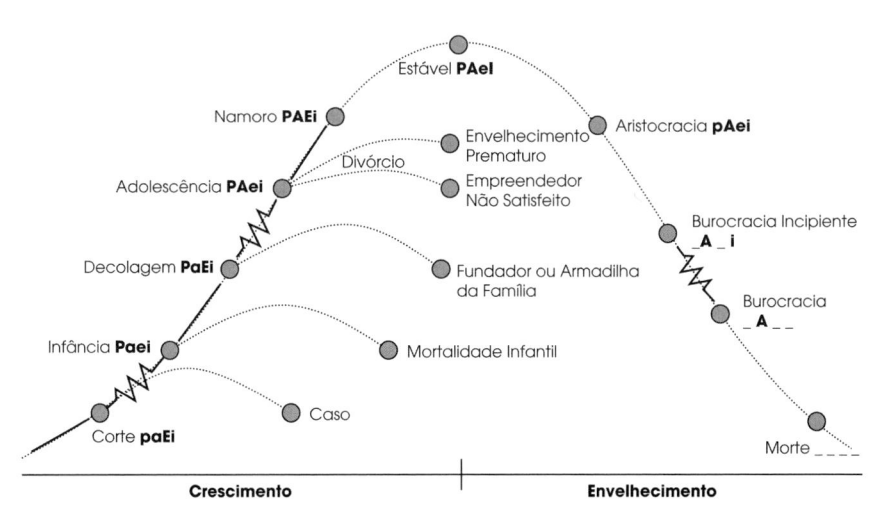

Figura 5.2   Ciclos de Vida das Organizações e Papéis Gerenciais

Adaptação autorizada de Ichak Adizes, *How to Solve the Mismanagement Crisis* (Los Angeles: Adizes Institute Publications, 1980), p. 93.

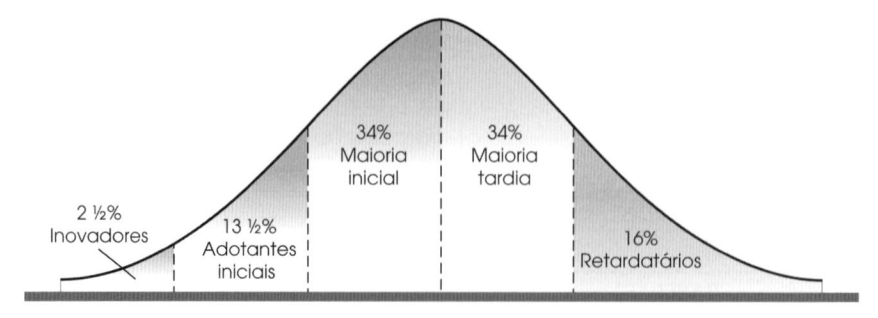

Figura 5.3 Adoção de Inovações ao Longo do Tempo*

*Fonte: Philip Kotler, *Marketing Management*, 11.ª ed. (Upper Saddle River, NJ: Pearson Education, Inc., 2003), p. 377, reproduzido em Everett M. Rogers, *Diffusion of Innovation* (Nova York: The Free Press, 1983). Reprodução autorizada pela Pearson Education, Inc. (27 de agosto de 2008).

Processo de Adoção de Novos Produtos

A Figura 5.3 apresenta a visão tradicional do processo de adoção de inovações e as categorias daqueles que adotam as inovações ao longo do tempo, dos Inovadores, os primeiros a aceitar o novo produto, aos Retardatários, os últimos a aceitá-lo.

Produto e Inovação

Para complementar as visões de Drucker a respeito da inovação e eliminar algumas lacunas deixadas por ele, temos que ser mais específicos em relação ao produto em si e ao que o cliente deseja em termos de inovação, com base no trabalho de Clayton Christensen. Isso inclui uma breve discussão da funcionalidade, confiabilidade e conveniência do produto.[37]

1. *Funcionalidade*: O produto faz o que deveria fazer.
2. *Confiabilidade*: O produto sempre faz o que deveria fazer.
3. *Conveniência*: O produto é fácil de encontrar (comprar) e usar.
4. *Preço*: O produto cria Valor *versus* Custo.

Com base nessas exigências para novos produtos ou necessidades do cliente, a adoção do processo de inovação pode ser vista da perspectiva do cliente, como mostra a Figura 5.4.

A seguir, apresento uma rápida revisão das necessidades satisfeitas para os diversos adotantes da inovação, dos Adotantes Iniciais aos Retardatários.

Inovadores e Adotantes Iniciais

- Precisam da *funcionalidade* do novo produto
- Estão dispostos a tolerar, até certo ponto, a pouca confiabilidade e inconveniência do produto
- Os produtos com melhor desempenho justificam um preço maior

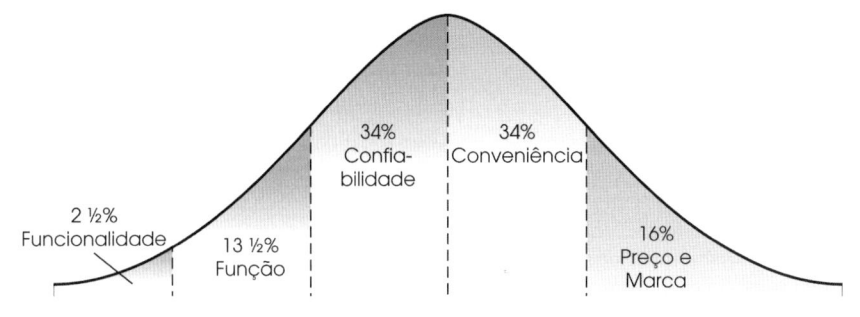

Figura 5.4   Adoção de Inovações.

Fonte: Adaptado de Clayton Christensen, *Innovation and the General Manager* (Nova York: McGraw-Hill Companies, Inc. 1999), pp. 135-136.

Maioria Inicial

- A demanda de *funcionalidade* foi atendida
- Necessidade de *confiabilidade*

Maioria Tardia

- A demanda de *funcionalidade* e *confiabilidade* foi atendida
- Necessidade de *conveniência*

Retardatários

- Todas as outras demandas foram supridas, necessidade de *preço*

Tecnologias Sustentadoras e Disruptivas: Outra Fonte de Inovação

A Tabela 5.5 resume a distinção feita por Christensen entre duas classes de inovação: as Tecnologias Sustentadoras e as Tecnologias Disruptivas.

O segredo para identificar as Tecnologias Disruptivas em geral está em seu mau desempenho inicial comparado ao das Tecnologias Sustentadoras. Em função desse desempenho, essas tecnologias não atraem os clientes que precisam de certa funcionalidade.

Características das Tecnologias Disruptivas   Segundo Christensen, as Tecnologias Disruptivas têm as seguintes características:

- *Têm desempenho inferior.* As Tecnologias Disruptivas têm um desempenho inferior segundo as métricas tradicionais de funcionalidade, em comparação com os produtos das Tecnologias Sustentadoras.
- *São mais baratas:* Custam menos do que os produtos das Tecnologias Sustentadoras.
- *Seu uso é mais simples e mais conveniente:* De um modo geral, os produtos das Tecnologias Disruptivas são menos complicados, comparados aos produtos das Tecnologias Sustentadoras, e seu uso é mais conveniente.

Tabela 5.5   Tecnologias Sustentadoras e Tecnologias Disruptivas[38]

Tecnologias sustentadoras	Tecnologias disruptivas
Inovações mantêm uma trajetória de melhoria do desempenho que foi estabelecida no mercado.	As inovações disruptivas têm atributos diferentes do valor para o cliente tradicional.
Proporcionar aos clientes atributos melhores e mais numerosos que eles já valorizam. Exemplo: Ajudar os circuitos integrados a processar maior quantidade de informação com maior velocidade.	Os produtos têm pior desempenho em várias dimensões importantes para esses clientes, o que inviabiliza seu uso. Valorizados apenas em mercados e aplicações pouco sofisticados. Por exemplo, a Sony e os rádios transistorizados de bolso.

- *Têm posição segura no mercado pouco sofisticado ou emergente:* Os produtos das Tecnologias Disruptivas entram no mercado menos sofisticado ou emergente. Por exemplo, a entrada da Canon no segmento de copiadoras de mesa, ignorado pela Xerox.
- *Apresentam melhoria tecnológica acelerada:* Os produtos das Tecnologias Disruptivas são rapidamente aperfeiçoados e acabam tendo qualidade suficientemente boa para entrar no mercado tradicional. Mais uma vez, a Canon é um bom exemplo de entrada no mercado de copiadoras de maior volume, "roubando" uma fatia de mercado da Xerox.

Melhoria Tecnológica e Necessidades do Cliente   Até que ponto um produto precisa ser melhor para continuar atraindo clientes com recursos novos e aperfeiçoados? A Figura 5.5 mostra as interseções entre as trajetórias de Melhoria Tecnológica, Necessidades do Cliente e Tecnologia Disruptiva. As inovações típicas (melhorias de produtos e a categoria maior de produtos inovadores) seguem a

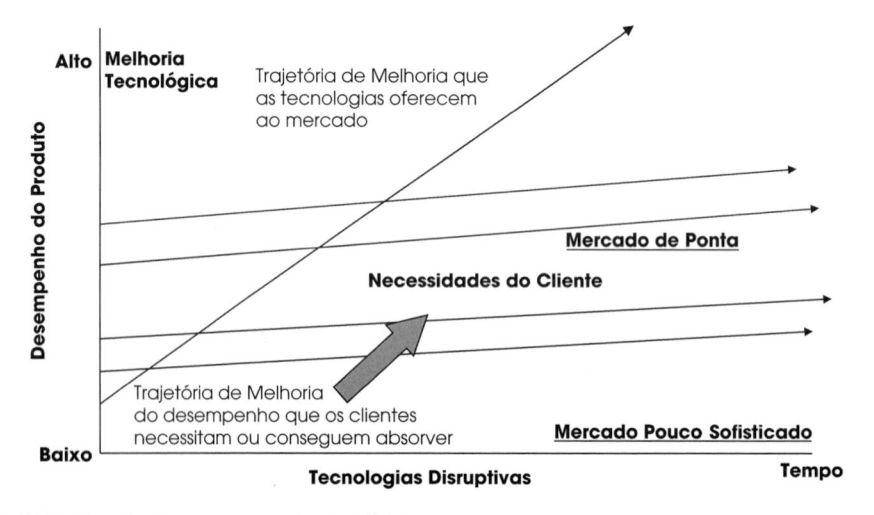

Figura 5.5   Interseções entre Trajetórias

Fonte: Adaptado de Clayton Christensen, *Innovation and the General Manager* (Nova York: McGraw-Hill Companies, Inc. 1999), p. 7.

linha de melhoria tecnológica ao longo do tempo. Isso geralmente é direcionado aos melhores clientes da empresa e ao mercado sofisticado, no qual as margens de lucro são mais altas. Portanto, é nelas que recai o foco dos esforços e recursos inovadores da organização.

Com relação às necessidades do cliente, como podemos ver, o desenvolvimento tecnológico pode exceder ou absorver o que o cliente precisa, a não ser que a funcionalidade do produto esteja ausente. Por exemplo, a Xerox continuou produzindo copiadoras de altos volumes mais velozes, com vários acessórios. Resultado: normalmente vemos que a trajetória de melhoria tecnológica é maior do que a trajetória de necessidades do cliente, uma vez que os gerentes empurram produtos para níveis mais altos com margens maiores.

As Tecnologias Disruptivas abordam um mercado menos sofisticado ou um mercado que não está inteiramente desenvolvido, como podemos constatar na Figura 5.5. São mercados nos quais a funcionalidade dos produtos não é uma necessidade, como nos mercados de ponta. Por outro lado, seguem trajetória ascendente. Os fabricantes de automóveis japoneses também utilizaram essa abordagem, oferecendo automóveis mais baratos, porém com maior eficiência de combustível, ao mercado menos sofisticado, estratégia que acabou por lhes valer uma parcela significativa do mercado de automóveis dos Estados Unidos.

Por que Não Enxergamos as Ameaças Iminentes   A visão de Clayton Christensen a respeito dos motivos pelos quais empresas como a Xerox ou as Três Grandes de Detroit muitas vezes não conseguem enxergar as ameaças iminentes das Tecnologias Disruptivas (produtos) complementa as visões de Drucker sobre os motivos pelos quais o Judô Empresarial normalmente dá certo como estratégia:

- *Complacência*: Bom desempenho resulta em complacência – estamos nos saindo bem, não há motivo para preocupação.
- *Diferenciação de Produtos*: Temos produtos superiores – ninguém consegue se equiparar a nós(Xerox e GM).
- *Proteção de Patentes*: Somos protegidos por patentes – mas a concorrência pode dar um jeito nisso (China e direitos de propriedade intelectual), e um dia a validade das patentes acaba (Xerox e drogas patenteadas).
- *Satisfação do Cliente*: Nossos clientes estão satisfeitos. Mas será que temos lhes perguntado recentemente (por meio de pesquisas) se estão mesmo satisfeitos? E quanto aos não clientes e os que estão na outra extremidade da Curva da Taxa de Adoção?
- *Tecnologias Disruptivas Ignoradas*: O PC não tem memória; não passa de um brinquedo (IBM).

Por que as Tecnologias Disruptivas são Ignoradas   Christensen aprofunda-se no último motivo pelo qual as Tecnologias Disruptivas (produtos) são ignoradas, atribuindo o fato ao atual modelo de negócios e aos processos adotados pelas empresas. Essencialmente, as empresas concentram-se no tamanho do mercado e nas necessidades do cliente, investindo no desenvolvimento de produtos com maior valor agregado que possam ser vendidos com margens de lucro mais altas. Isso leva a mudança na média ponderada das vendas de produtos em níveis cada vez mais altos do mercado – margens brutas mais altas em mercados mais sofisticados *versus* mercados menos sofisticados. Esse modelo influencia quais propostas de inovação serão adotadas e receberão recursos e quais serão ignoradas.

Christensen também atribui a ignorância em relação às Tecnologias Disruptivas ao Dilema da Voz do Cliente. O instinto da boa administração, como enfatiza Drucker, é ouvir as necessidades do cliente e reagir a elas. Resultado: clientes importantes são sondados a respeito de novas ideias e solicitados a avaliar o valor de produtos inovadores (grupos de foco ou de discussão). Como os clientes da empresa também tentam manter-se à frente dos concorrentes para melhorar o desempenho de seus produtos, continuam demandando o mais alto desempenho de seus fornecedores. Christensen conclui que os clientes de vanguarda são precisos para avaliar o potencial de Tecnologias Sustentadoras, mas são imprecisos para avaliar o potencial das Tecnologias Disruptivas. Para ele, "São as pessoas erradas a se sondar".[39]

Nintendo e o Wii Segundo Christensen, o Wii da Nintendo é um exemplo de tecnologia disruptiva. Enquanto a Sony e a Microsoft concentraram-se em jogadores *hard-core* ou, como foram descritos certa vez, "adolescentes aficionados com polegar veloz", o Wii da Nintendo visou não jogadores que consideravam os sistemas de videogames existentes complexos demais (compradores por conveniência). A estratégia da Nintendo consistiu, portanto, em desenvolver um sistema fácil de usar, que permitisse até aos novatos em videogames sair jogando em questão de minutos. Com o Wii sendo vendido a US\$250 (o que também atraiu consumidores focados na Marca e no Preço), a Nintendo hoje não consegue atender à demanda do produto, cujo desempenho de vendas ultrapassa em muito o do PS3 e do Xbox 360.[40]

Inovação e a Lacuna Deixada por Drucker No livro *Innovation and Entrepreneurship*, Drucker menciona *en passant* a Federal Express, na discussão sobre as fontes de inovação atribuídas às mudanças na estrutura do setor e a lenta resposta de um líder do setor a um desafio imposto por um inovador. Comentou: "Durante muitos anos, o United States Postal Service não reagiu aos inovadores que aos poucos lhe roubavam grandes partes do serviço mais lucrativo. Primeiro, a United Parcel Service lhe tomou o serviço de encomendas postais comuns; depois, a Emery Air Freight e a Federal Express capturaram um segmento ainda mais lucrativo: a entrega de mercadorias e correspondências urgentes e de alto valor. O que tornou o United States Postal Service tão vulnerável foi seu rápido crescimento. O volume cresceu tão rápido que a empresa negligenciou o que, em sua visão, eram categorias menores, o que funcionou praticamente como um convite aos inovadores."[41]

Resumo

Segundo Drucker, existem muitas estratégias a considerar para o lançamento de uma inovação no mercado. Drucker sugeriu veementemente que a inovação deveria visar a liderança do mercado. As estratégias discutidas aqui se destinam a conquistar a liderança ou domínio do mercado ou a tornar-se um monopólio em um nicho de mercado caracterizado por altas margens de lucro. A estratégia de ser o Primeiro com Mais oferece, potencialmente, as maiores recompensas, mas também é a que envolve os mais altos riscos. Segundo Drucker, o inovador precisa estar certo desde o começo, pois não haverá uma segunda oportunidade, embora não tenha oferecido exemplos disso.

Drucker sugeriu também que uma das melhores estratégias a considerar para o lançamento de uma inovação é atacar um mercado que já foi criado por outros com a Imitação Criativa. Nesse caso, porém, há sempre o risco de o inovador original desenvolver sua própria imitação criativa e derrubar o novato em seu próprio jogo.

É preciso tomar muitas decisões difíceis quanto à estratégia a ser adotada para o lançamento de uma inovação no mercado, mas é essencial que a organização continue inovando.

O essencial é considerar as Fontes de Inovação e, em particular, os Fracassos Inesperados. É preciso haver certa tolerância aos erros e fracassos na organização para que se crie um ambiente empreendedor, no qual as pessoas possam correr riscos.

As Estratégias de Drucker devem ser consideradas ao se escolher como posicionar um novo produto no mercado, uma vez identificada a oportunidade. Entretanto, para eliminarmos as lacunas deixadas por Drucker no que diz respeito à inovação, precisamos lançar mão de um arcabouço mais detalhado de informações sobre marketing, em especial nas áreas de marca, preço e canal.

Ferramenta de Aplicação

Apresento a seguir uma ferramenta desenvolvida com o objetivo de permitir aos estudantes identificar possíveis fontes de inovação para suas organizações.

Matriz de Potenciais Fontes de Inovação

Instruções

1. Examine as possíveis fontes de inovação na Coluna Um da Tabela 5.6.
2. Indique o que você observou em relação a cada possível fonte de inovação na Coluna Dois. Existe alguma oportunidade de inovação?
3. Descreva resumidamente um potencial produto ou serviço que possa aproveitar essa oportunidade e fonte de inovação na Coluna Três.

Nossa empresa literalmente "tropeçou" em alguns de seus novos produtos. Mas nunca se esqueça: só tropeça quem está em movimento.

Richard P. Carlton, ex-CEO, 3M Corporation

Tabela 5.6   Matriz de Inovação

Potencial fonte de inovação	Suas observações em relação à fonte	Potencial produto/serviço
Sucesso Inesperado (Próprio ou dos Concorrentes)		
Fracasso Inesperado (Próprio ou dos Concorrentes)		
Incongruências (Especifique os Tipos)		
Necessidades de Processos		
Mudanças na Estrutura de Mercado e no Setor		
Mudanças Demográficas		
Mudanças no Significado e na Percepção		
Novo Conhecimento		
"Ideia Brilhante"		

Notas

1. Peter F. Drucker, *Innovation & Entrepreneurship* (Nova York: Harper & Row, 1985), 28.
2. Durante aula na Claremont Graduate School, outono de 1977.
3. Peter F. Drucker, *Innovation & Entrepreneurship* (Nova York: Harper & Row, 1985), 21.
4. Ibid., 28.
5. Peter F. Drucker, *The Essential Drucker* (Nova York: HarperCollins, 2001), 22-23.
6. Reg Jennings, Charles Cox e Cary L. Cooper, *Business Elites: the Psychology of Entrepreneurs and Intrapreneurs* (Londres: Routledge, 2004), 37.
7. Peter F. Drucker, *The Essential Drucker* (Nova York; HarperCollins, 2001), 22.
8. Ibid., 22.
9. Booz, Alien & Hamilton, *New Products Management for the 1980s.* (Nova York: Booz, Alien & Hamilton, 1982).
10. Peter F. Drucker, *The Essential Drucker* (Nova York; HarperCollins, 2001), 22.
11. Peter F. Drucker, *Innovation & Entrepreneurship* (Nova York: Harper & Row, 1985), 35.
12. Ibid., 37-56.
13. Ibid., 57-68.
14. Ibid., 57-68.
15. "Edward Jones." Boston: *Harvard Business School* 9-700-009, Rev. 15 de junho de 2000.
16. Peter F. Drucker, *Innovation & Entrepreneurship* (Nova York: Harper & Row, 1985), 69.
17. Ibid., 73.
18. Ibid., 76.
19. Ibid., 88.
20. Ibid., 99.
21. Ibid., 107.
22. Ibid., 130-132.
23. Ibid., 134-136.
24. Ibid., 136.
25. Ibid., 137-138.
26. Philip Kotler, *Marketing Management.* 11.ª ed. (Upper Saddle River, NJ: Pearson Education, Inc., 2003), 378.

27. Earnets Gundling, *The 3M Way to Innovation* (Tóquio: Kondansha International Ltd., 2000), 46.

28. Peter F. Drucker, *Innovation & Entrepreneurship* (Nova York: Harper & Row, 1985), 136.

29. Ibid., 209-219.

30. Ibid., 220-225.

31. Ibid., 225-232.

32. Ibid., 233-236.

33. Ibid., 236-240.

34. Ibid., 240-242.

35. Ichak Adizes, Ph.D., *Managing Corporate Lifecycles* (Paramus, NJ: Prentice Hall, 1999), 193-217.

36. Ibid., 237-260.

37. Clayton M. Christensen, *Innovation and the General Manager* (Nova York: McGraw-Hill, 1999), 135-136.

38. Ibid., 8-9.

39. Ibid., 19.

40. Clayton M. Christensen e Scott D. Anthony, "What Should Sony Do Next?" *Forbes.com,* (1.º de agosto de 2007).

41. Peter F. Drucker, *Innovation & Entrepreneurship* (Nova York: Harper & Row, 1985), 86.

Livrando-se do Passado

Parte Um: O Conceito de Abandono Planejado de Peter Drucker

Introdução

Este capítulo amplia o conceito de Abandono Planejado de Drucker, introduzindo um elemento adicional e uma ferramenta prática para a aplicação do conceito.

Livrando-se do Passado: O Primeiro Passo do Pensamento e Planejamento Estratégicos

Em muitos de seus livros, Peter Drucker enfatiza que o primeiro passo para o pensamento e planejamento estratégicos bem como para o desenvolvimento de uma visão para o futuro de uma organização é "livrar-se do passado".[1] Muitas organizações, segundo Drucker, continuam investindo recursos organizacionais – dinheiro e pessoas – à "preservação do passado", quando deveriam alocá-los à "criação do futuro". A primeira parte deste capítulo descreve o conceito de Abandono Planejado de Drucker e explica como aplicá-lo a sua organização. A segunda parte do capítulo apresenta uma ferramenta útil para a aplicação do conceito. Tanto o conceito de Drucker quanto sua aplicação serão exemplificados em um estudo de caso composto de duas partes, "Shanghai Industrial Lubricants".

O Conceito de Abandono Planejado[2]

Além de ter uma visão do futuro, Drucker enfatizou que "a gerência precisa realizar uma análise sistemática de seus negócios e produtos atuais. O velho, que não mais se ajusta à finalidade e à missão do negócio, não mais proporciona satisfação aos clientes e não mais oferece contribuição significativa". Ele argumentou que esses produtos, serviços ou processos moribundos sempre exigem grande cuidado e os maiores esforços e retêm as pessoas mais produtivas e capazes. Drucker recomendou a necessidade de avaliação regular de todos os produtos, serviços, mercados, usuários finais e canais de distribuição existentes. Observou também que, ao se manter um produto, serviço, mercado ou processo decadente, o pro-

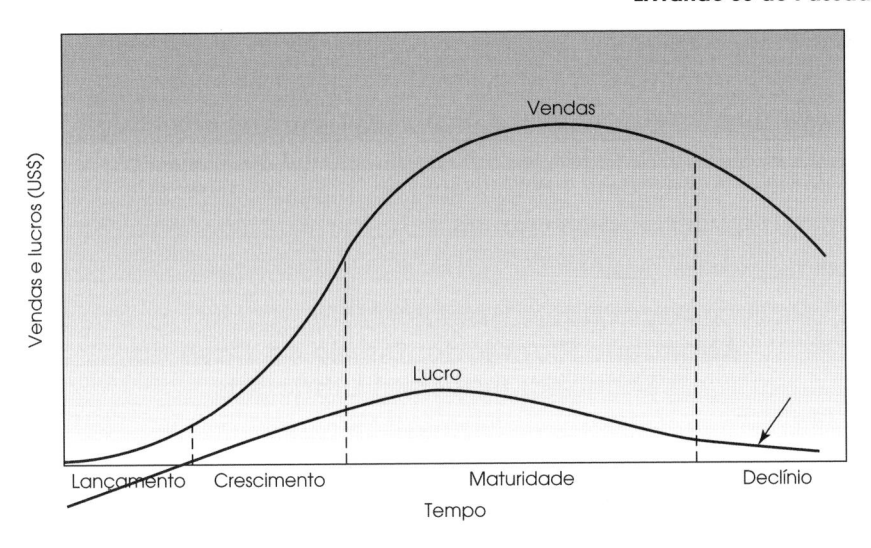

Figura 6.1   Ciclo de Vida do Produto e Lucratividade

Fonte: Figura adaptada e modificada por R.W. Swaim a partir de Philip Kotler, *Marketing Management*, 11.ª ed. (Upper Saddle River, N.J: Pearson Education, Inc. 2003), Figura 11.3, p. 328.

duto ou mercado novo em crescimento acaba sendo tolhido ou negligenciado. A questão foi exemplificada pelo caso da General Motors, que, embora tenha acertado brilhantemente com o Saturn, continuou investindo recursos em linhas de produtos moribundos, como o Oldsmobile, em vez de investi-los no Saturn. O conceito de Abandono Planejado precisa ser implementado, argumentou Drucker, mesmo que o produto existente, porém moribundo, ainda esteja gerando lucro, como mostra a Figura 6.1. Drucker sugeriu também que, ao se avaliar um produto no estágio de Declínio, não se deve esperar até que ele deixe de gerar lucro, mas sim pensar em abandoná-lo antes que chegue a tal ponto. A seta na Figura 6.1 sugere o momento, no ciclo de vida do produto, em que se deve pensar em abandoná-lo.

Aplicação à Sua Organização

Drucker enfatizou as principais perguntas que precisam ser feitas sobre o abandono de antigos produtos ou serviços:

1. Eles continuam sendo viáveis?
2. Têm probabilidade de se manter viáveis?
3. Ainda proporcionam valor ao cliente?
4. Têm chance de continuar fazendo-o no futuro?
5. Continuam sendo adequados às realidades da população e dos mercados, da tecnologia e da economia?
6. Se não forem, qual a melhor maneira de abandoná-los – ou pelo menos de parar de investir neles recursos e esforços organizacionais?[3]

Por fim, outra pergunta importante sugerida por Drucker: "Se ainda não fazemos isso, seguiríamos esse caminho agora?" A pergunta diz respeito à avaliação de um setor ou mercado no qual a organização atue no momento e que talvez devesse ser abandonado também. Isso pode resultar na venda de uma subsidiária. O Apêndice A apresenta a Ferramenta de Avaliação de Atratividade do Setor, que ajuda a responder a essa pergunta.

Abandono Planejado: Estudo de Caso da Shanghai Industrial Lubricants

A seguir, apresento um breve estudo de caso que ilustra maneiras certas e erradas de usar o conceito de Abandono Planejado proposto por Drucker.

Situação

A *Shanghai Industrial Lubricants* tem um volume de vendas de US$125 milhões, com cinco linhas de produtos. De um modo geral, a empresa é lucrativa, mas duas de suas linhas de produtos não tiveram bom desempenho. Por isso, a gerência sênior da empresa se reuniu para analisar o desempenho de suas linhas de produtos. Como preparação para a avaliação das linhas de produto pela alta gerência, o diretor financeiro preparou um resumo da lucratividade, apresentado na Tabela 6.1.

Tabela 6.1 Lucratividade das Linhas de Produtos da Shanghai Industrial Lubricants

Desempenho (em milhões de dólares)	Óleos hidráulicos	Graxas industriais	Óleos lubrificantes	Óleos sintéticos	Fluidos refrigerantes	Total
Receita das Vendas	US$60,00	US$25,00	US$15,00	US$10,00	US$15,00	US$125
Custo das Mercadorias Vendidas	US$37,50	US$16,00	US$7,50	US$8,00	US$11,00	US$80
Lucro Bruto	US$22,50	US$9,00	US$7,50	US$2,00	US$4,00	US$45
Despesas Operacionais	US$17,00	US$7,00	US$4,00	US$3,00	US$4,00	US$35
Lucro Líquido (antes dos Impostos)	US$5,50	US$2,00	US$3,50	(US$1,00)	US$0,00	US$10

Fonte: Caso extraído e modificado de Roger Best, *Marketing-Based Management*, 3.ª ed. (Upper Saddle River, NJ: Pearson Education, Inc., 2004), pp. 35–39.

(Continua)

Com base nessa informação, o diretor financeiro argumentou o seguinte:

Estamos desperdiçando nossos recursos nas linhas de óleos sintéticos e fluidos refrigerantes. Uma delas não gera lucro nenhum (fluidos refrigerantes) e a outra gera prejuízo (óleos sintéticos). Recomendo o abandono das duas linhas de produtos e o redirecionamento de nossos esforços de marketing para as linhas lucrativas. São produtos moribundos, e seu abandono está de acordo com o conceito de Abandono Planejado proposto por Drucker.

Perguntas

1. A recomendação do diretor financeiro seria uma boa decisão? Por que sim ou por que não?
2. Se as duas linhas de produto fossem abandonadas, qual seria o impacto no lucro líquido futuro? Os lucros aumentariam ou diminuiriam? Por quê?

Conclusões

Se você concordasse com o diretor financeiro nesse caso, aparentemente ele estaria aplicando o conceito de Abandono Planejado de Drucker, portanto você deveria pensar em abrir mão dessas duas linhas de produto. Assim, teoricamente, o lucro líquido antes dos impostos deveria aumentar, chegando a US$11 milhões (abandonando-se uma linha que não gera lucro nem prejuízo e outra que gera prejuízos de US$1 milhão).

As duas conclusões estão *erradas*! Precisamos recorrer a outra ferramenta para aplicar efetivamente o conceito de Drucker, que será apresentado na Parte Dois deste capítulo.

Parte Dois: Aplicando o Conceito de Abandono Planejado

Na Parte Um deste capítulo, revimos o conceito de Abandono Planejado de Peter Drucker. Drucker enfatizou que muitas vezes as organizações investem tempo e pessoal em produtos e negócios em declínio ou moribundos. Drucker sugeriu que há um momento em que todos os produtos, serviços, mercados e processos da organização precisam ser avaliados e, caso não sejam mais viáveis ou não mais contribuam para os resultados, abandonados. Enfatizou também que isso deve ser feito mesmo que o produto ainda gere lucro: os recursos utilizados para manter o produto vivo devem ser alocados às oportunidades futuras e aos novos produtos.

A Lacuna Deixada por Drucker

Como ilustrou o estudo de caso, não basta aplicar aleatoriamente o conceito de Drucker, pois essa medida pode levar a decisões de negócios inadequadas. É preciso recorrer a outras ferramentas para verificar se o abandono planejado de um produto é, de fato, a trajetória correta a ser adotada. Uma excelente ferramenta de marketing pode ser usada aqui para eliminar essa lacuna: o conceito de Contribuição Líquida de Marketing.

Contribuição Líquida de Marketing: Uma Ferramenta de Avaliação do Abandono Planejado de Drucker

A Tabela 6.2 mostra como a empresa do nosso estudo de caso tradicionalmente reporta suas receitas, despesas e lucros. O diretor financeiro (CFO) da empresa recomendou a implementação do conceito de abandono planejado de Drucker, o que levaria a empresa a abandonar as linhas de produtos de óleos sintéticos e fluidos refrigerantes. Concluímos que essa não seria uma boa decisão. Agora, vamos explicar por que outra ferramenta, chamada Contribuição Líquida de Marketing, seria útil para avaliar se essas linhas de produtos deveriam ser abandonadas e como chegamos a essa conclusão. O conceito de Contribuição Líquida de Marketing foi desenvolvido por Roger Best no livro *Marketing-Based Management* e ajuda a aplicar o conceito de Drucker.[4]

Tabela 6.2 Lucratividade das Linhas de Produto da Shanghai Industrial Lubricants

Desempenho (em milhões de dólares)	Óleos hidráulicos	Graxas industriais	Óleos lubrificantes	Óleos sintéticos	Fluidos refrigerantes	Total
Receita das Vendas	US$60,00	US$25,00	US$15,00	US$10,00	US$15,00	US$125
Custo das Mercadorias Vendidas	US$37,50	US$16,00	US$7,50	US$8,00	US$11,00	US$80
Lucro Bruto	US$22,50	US$9,00	US$7,50	US$2,00	US$4,00	US$45
Despesas Operacionais	US$17,00	US$7,00	US$4,00	US$3,00	US$4,00	US$35
Lucro Líquido (antes dos impostos)	US$5,50	US$2,00	US$3,50	(US$1,00)	US$0,00	US$10

Fonte: Caso extraído e modificado de Roger Best, *Marketing-Based Management*. 3.ª ed. (Upper Saddle River, NJ: Pearson Education, Inc., 2004) pp. 35-39.

Um Outro Olhar sobre as Despesas

A Coluna Um da Tabela 6.3 a seguir classifica as despesas de uma empresa em três grandes categorias: *Custo das mercadorias vendidas, Despesas com marketing e vendas* e *Despesas operacionais*. A Coluna Dois descreve os tipos de despesas incluídos nessas categorias.

(Continua)

Tabela 6.3 Custo das mercadorias vendidas, despesas com marketing e vendas e despesas Operacionais

Custo das mercadorias vendidas	O custo total da produção de um produto varia de acordo com o volume vendido
Custo variável	Inclui compra de materiais, mão-custo de mão de obra direta, embalagem, transporte e todos os outros custos associados com a fabricação e expedição do produto.
Despesas gerais de manufatura	Custos alocados baseados no uso da planta de manufatura, equipamento e outras despesas fixas necessárias à operação da produção.
Despesas com Marketing & Vendas*	**Despesas diretas que variam de acordo com a estratégia de marketing adotada**
Gestão de marketing	Despesas associadas à gestão de marketing e recursos necessários à função.
Vendas, serviço e suporte	Despesas associadas à força de vendas, ao serviço ao cliente e aos serviços de suporte técnico e administrativo.
Propaganda & promoção	Todas as despesas associadas ao orçamento de comunicações de marketing.
Despesas operacionais	**Despesas indiretas que não variam segundo a estratégia de marketing adotada**
Pesquisa & Desenvolvimento	Despesas relacionadas ao desenvolvimento de novos produtos e/ou aperfeiçoamento de antigos produtos.
Despesas gerais da empresa	Despesas gerais com o *staff* da empresa, honorários advocatícios, serviços profissionais, propaganda e os salários da alta gerência e sua equipe.

*As despesas com marketing & vendas normalmente são incorporadas às despesas de vendas, gerais e administrativas nos relatórios das empresas.
Fonte: Roger Best, *Marketing-Based Management*, 3.ª ed. (Upper Saddle River, NJ: Pearson Education, Inc., 2004), p. 36.

Contribuição Líquida de Marketing

A contribuição líquida de marketing nos permite medir melhor os elementos da lucratividade e da lucratividade do marketing de uma linha de produtos ou unidade de negócios e nos ajuda a determinar se o conceito de Abandono Planejado de Drucker deve ser aplicado a um determinado produto ou unidade de negócio moribundos ou decadentes. Para ilustrar sua aplicação, vamos voltar ao caso da Shanghai Industrial Lubricants e analisar a linha de produto de óleos sintéticos a partir da abordagem tradicional e, em seguida, a partir da abordagem da contribuição líquida de marketing. Usando a abordagem tradicional que o diretor financeiro usou, vemos que essa linha de produto teve um prejuízo de US$1 milhão antes dos impostos, como mostra a Figura 6.2

Para entender a lucratividade de marketing e sua contribuição para os lucros do negócio, precisamos isolar as despesas com marketing e vendas. Vamos imaginar

(Continua)

que as despesas operacionais totais de óleos sintéticos seja de US$ 3 milhões e as despesas com marketing e vendas sejam de US$ 1 milhão. Usando a abordagem da contribuição líquida de marketing e separando as despesas de marketing e vendas das despesas operacionais, podemos calcular a contribuição líquida de marketing como mostra a Figura 6.3.

Lucros Líquidos antes dos Impostos (Óleos Sintéticos)	= Receita de Vendas	— Custo das Mercadorias Vendidas	— Despesas Operacionais
	= US$10 milhões	— US$8 milhões	— US$3 milhões
	= US$1 milhão		

Figura 6.2   Abordagem Tradicional

Calcula-se a contribuição líquida de marketing deduzindo-se as despesas de marketing e vendas do lucro bruto (receitas de vendas menos custo das mercadorias vendidas), como mostra a Figura 6.3. Aqui, vemos que a contribuição líquida de marketing dos óleos sintéticos é de US$ 1 milhão. Separando as despesas de marketing e vendas para cada linha de produtos, podemos então calcular a contribuição líquida de marketing para cada produto da Shanghai Industrial Lubricants como mostra a Tabela 6.4.

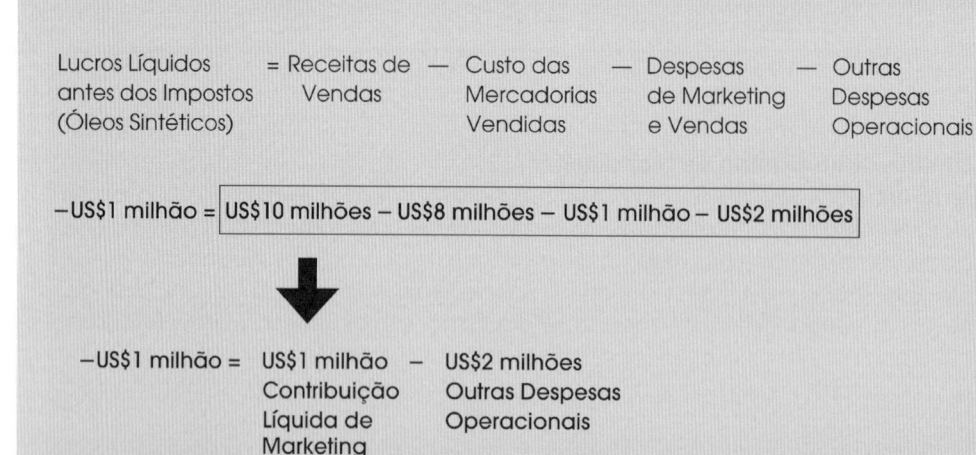

Figura 6.3   Abordagem da Contribuição Líquida de Marketing

(Continua)

Tabela 6.4   Linha de Produto: Contribuição Líquida de Marketing

Desempenho (em milhões de dólares)	Óleos hidráulicos	Graxas industriais	Óleos lubrificantes	Óleos sintéticos	Fluidos refrigerantes	Total
Receita das Vendas	US$60,00	US$25,00	US$15,00	US$10,00	US$15,00	US$125
Custo das Mercadorias Vendidas	US$37,50	US$16,00	US$7,50	US$8,00	US$11,00	US$80
Lucro Bruto	US$22,50	US$9,00	US$7,50	US$2,00	US$4,00	US$45
Despesas de Marketing e Vendas	US$7,00	US$3,00	US$2,00	US$1,00	US$2,00	US$15
Contribuição Líquida de Marketing	US$15,50	US$6,00	US$5,50	US$1,00	US$2,00	US$30
Despesas Operacionais	US$10,00	US$4,00	US$2,00	US$2,00	US$2,00	US$20
Lucro Líquido (antes dos impostos)	US$5,50	US$2,00	US$3,50	(US$1,00)	US$0,00	US$10

Por que Devemos Abandonar as Linhas de Óleos Sintéticos e Fluidos Refrigerantes?

Usando a contribuição líquida de marketing, podemos então calcular o impacto dos lucros líquidos da Shanghai Industrial Lubricants se as duas linhas de produtos fossem abandonadas, como mostra a Tabela 6.5.

Conclusões do Estudo de Caso

1. Cada linha de produto tem uma contribuição líquida de marketing positiva (vide Tabela 6.4).
2. As despesas operacionais não vão mudar com a eliminação das linhas de produtos de óleos sintéticos e fluidos refrigerantes. O CEO e sua equipe ainda precisam receber seus salários, e as outras despesas operacionais não deixarão de existir (vide Tabela 6.5).
3. Poderia haver certa redução nas despesas operacionais se essas duas linhas de produtos forem produzidas em instalações separadas e se fossem fechadas e vendidas, mas nem todas as despesas operacionais da Shanghai Industrial Lubricants serão eliminadas. Elas terão que ser alocadas em alguma parte.

(Continua)

Tabela 6.5 Linha de Produto: Contribuição Líquida de Marketing com a Exclusão dos Óleos Sintéticos e dos Fluidos Refrigerantes

Desempenho (em milhões de dólares)	Óleos hidráulicos	Graxas industriais	Óleos lubrificantes	Óleos sintéticos	Fluidos refrigerantes	Total
Receita das Vendas	US$60,00	US$25,00	US$15,00			US$100
Custo das Mercadorias Vendidas	US$37,50	US$16,00	US$7,50			US$61
Lucro Bruto	US$22,50	US$9,00	US$7,50			US$39
Despesas de Marketing e Vendas	US$7,00	US$3,00	US$2,00			US$12
Contribuição Líquida de Marketing	US$15,50	US$6,00	US$5,50			US$27
Despesas Operacionais	US$11,40	US$5,30	US$3,30	< US$2,00	< US$2,00	US$20
Lucro Líquido (antes dos impostos)	US$4,10	US$0,70	US$2,20			US$7

Observação: US$4 milhões das despesas operacionais das linhas de óleos sintéticos e fluidos refrigerantes foram alocados, um terço cada, a cada uma das linhas de produto restantes: Óleos hidráulicos – US$1,4 milhão; Graxas industriais – US$1,3 milhão; e Óleos lubrificantes – US$1,3 milhão.

4. A eliminação das duas linhas de produto reduziria as vendas em $25 milhões, mas reduziriam os lucros líquidos da empresa de $10 para $7 milhões com a eliminação de sua contribuição líquida de marketing (vide Tabelas 6.4 e 6.5).
5. O conceito de Abandono Planejado de Drucker *não deve* ser aplicado a esses dois produtos.

Resumo

Na Parte Um, aprendemos o conceito de Abandono Planejado de Drucker (*o que* fazer) e a importância de aplicar o conceito ao avaliar os produtos, serviços, mercados, processos e unidades de negócio existentes. O objetivo é interromper ou reduzir o comprometimento de recursos *ao passado* e canalizá-los para oportunidades futuras para o crescimento *do amanhã*. A Parte Dois apresentou uma ferramenta, chamada contribuição líquida de marketing, que ajuda a aplicar o conceito de Drucker para determinar se abandonar um produto ou uma linha de negócios específica seria uma boa decisão de negócios (*como* fazê-lo).

Aplicação

Para aplicar o conceito de Abandono Planejado em sua organização:

1. Agende uma reunião com a alta gerência e desenvolva uma lista de possíveis produtos, serviços, mercados, processos, unidades de negócio etc. que podem estar na fase de declínio em seu ciclo de vida.
2. Responda às perguntas chaves que Drucker sugeriu e que foram apresentadas na Parte Um deste capítulo.
3. Para os produtos em análise, faça uma análise mais detalhada usando a ferramenta contribuição líquida de marketing. Se o resultado for negativo, você já sabe o que precisa fazer – *livre-se do passado.*

Notas

1. Peter F. Drucker, *Management: Tasks, Responsibilities, Practices* (Nova York: Harper & Row, 1973), 93-94.
2. Peter F. Drucker, *Managing for Results* (Londres: William Heinemann Ltd., 1964), 166-167.
3. Peter F. Drucker, *Management: Tasks, Responsibilities, Practices* (Nova York: Harper & Row, 1973), 93-94.
4. Roger J. Best, *Market-Based Management*, 3.ª ed. (Upper Saddle River, NJ: Pearson Education, Inc., 2004), 39-41.

Estratégias de Crescimento Externo

REGRAS DE DRUCKER PARA FUSÕES, AQUISIÇÕES E ALIANÇAS ESTRATÉGICAS

Eu diria que a proporção de aquisições que acabam se revelando erros dispendiosos ou, pelo menos, decepções é de aproximadamente 50%.[1]

Introdução

Os capítulos anteriores abordaram as visões de Drucker e de outros a respeito do crescimento orgânico por meio de vendas, marketing e inovação. Este capítulo lida com o crescimento externo, por meio de fusões, aquisições e outras alianças estratégicas, tanto formais quanto informais. Trabalhei mais de 20 anos na área de fusões e aquisições – tive inclusive uma empresa nessa área –, auxiliando proprietários de empresas privadas a vender seus negócios, vendendo-os para a gerência ou para os funcionários por meio dos planos de opção de compra de ações da empresa pelos funcionários ou levantando capital para crescimento. Minha empresa também oferecia serviços de planejamento de integração em fusões e aquisições, um passo importantíssimo que costuma ser negligenciado no processo de aquisição, vários anos antes de se tornar um tópico mais popular entre os profissionais de recursos humanos. Foi apresentado a fusão e aquisição no início da década de 1980, quando, como diretor de desenvolvimento organizacional do grupo de exploração e produção (E&P) da Occidental Petroleum Corporation (Oxy), coube-me planejar e supervisionar a integração do grupo de E&P da Oxy ao grupo de E&P da Cities Service Company. Foi a segunda maior aquisição da história dos Estados Unidos na época e a maior compra alavancada (US$4,0 bilhões). Contratei Peter Drucker para me auxiliar nessa tarefa; no entanto, ao planejarmos a integração, não tínhamos o benefício das Regras para Fusões e Aquisições de Drucker, que serão abordadas neste capítulo.

A primeira parte deste capítulo baseia-se também em um artigo que escrevi para a revista *Business Beijing* há vários anos, analisando as Regras de Drucker[2] e oferecendo informações básicas sobre fusões e aquisições, bem como os motivos pelos quais elas geralmente não têm êxito (de fato, as pesquisas sugerem que entre 50 e 80% são fracassos financeiros). Embora, mais uma vez, existam referências consideráveis à China, os conceitos aqui apresentados aplicam-se a acordos feitos em qualquer parte.

A segunda parte deste capítulo, que intitulei Espectro das Alianças, lida com alianças estratégicas informais e formais e inclui também as Regras para Alianças Estratégicas de Drucker. Em ambas as partes deste capítulo, incluí uma quantidade considerável de informações de suporte sobre fusões e aquisições para suplementar as Regras de Drucker. Este capítulo, portanto, é diferente dos anteriores, na medida em que desenvolve o alicerce sobre as fusões e aquisições antes de apresentar os *insights* de Drucker.

Tal alicerce inclui como classificar os diversos acordos de fusão e aquisição em termos de suas estratégias de crescimento e da mecânica e processos de elaboração de tais acordos.

Parte Um: Fusões e Aquisições

Definição de Fusão *versus* Aquisição

Vamos deixar uma coisa bem clara: existem na verdade pouquíssimas fusões. O que ocorre, na maior parte das vezes, são aquisições. Por exemplo, imaginemos que uma empresa com faturamento de US$1 bilhão adquira outra com faturamento de US$100 milhões. Para a empresa mais rica, trata-se de uma aquisição. Para a menos rica, trata-se de uma fusão. Como assim? É simples, trata-se mais de uma questão psicológica em termos da descrição da transação, pois poucos gerentes e funcionários da empresa menor estão dispostos a admitir que estão sendo adquiridos, como se estivessem apresentando desempenho ruim ou estivessem em apuros. Portanto, a transação é vista como uma fusão. Essa atitude gera também reações negativas na empresa menor e, na maior parte das vezes, contribui para o eventual fracasso do novo arranjo, como tentarei explicar. A expressão *fusões e aquisições* (*F & A*) geralmente se refere a aquisições e não a fusões, embora os termos costumem ser usados um pelo outro.

Classificação dos Tipos de Fusões e Aquisições

Se pudermos classificar as fusões e aquisições segundo seu tipo, poderemos identificar por que a transação está sendo realizada, o que a está motivando e qual a sua contribuição para a estratégia de crescimento. A Tabela 7.1 mostra as principais classificações e sua motivação.

Fusões e aquisições verticais: Existem dois tipos de F&A verticais, para a frente e para trás. As fusões e aquisições para trás envolvem a aquisição de um fornecedor. É motivada essencialmente pela necessidade de garantir uma fonte de oferta, como uma matéria-prima usada em um processo de manufatura, bem como custos materiais mais baixos. Por exemplo, uma siderúrgica chinesa que adquire uma empresa de extração de minério de ferro australiana. A desvantagem óbvia

Tabela 7.1   Tipos de Fusões e Aquisições

Tipo	Motivação & Estratégia de Crescimento
Vertical	Para Trás (relação com fornecedor)
	Para a Frente (relação com o cliente)
Horizontal	Extensão de Produto
	Extensão de Mercado
	Diversificação
Conglomerado	Estratégia Financeira
Aquisição Hostil	Dominar o Setor ou Capturar um Cliente
	Eliminar um Concorrente

é vender o excesso de capacidade, caso as condições de mercado mudem e a demanda do produto do fabricante (por exemplo, aço) caia. As fusões e aquisições para a frente envolvem a aquisição de uma firma com a qual a empresa tinha uma relação de distribuição, motivada pela necessidade de reduzir os custos de marketing e de canal, bem como aproximar-se dos clientes para melhor entender suas necessidades.

Fusões e aquisições horizontais: As duas aquisições horizontais mais comuns são a aquisição de uma empresa que tem um produto comparável ou uma extensão de produto. A segunda é a expansão geográfica em um novo mercado. Ambas as aquisições integram a estratégia de crescimento do negócio. São os tipos de aquisições que se relacionam com os dizeres de Drucker: "É mais barato comprar do que construir." Esses tipos de aquisição também poderiam fazer parte de uma estratégia de diversificação, por meio da aquisição de um negócio em um setor afim ou em outro setor. Entre diversos exemplos de fusões e aquisições horizontais que ocorreram na China estão a aquisição de fabricantes chineses por diversos fabricantes de cerveja multinacionais (SABMiller, InBev, Anheuser Busch), na tentativa de obter acesso ao mercado chinês. No setor de eletrodomésticos, a Best Buy, uma das maiores empresas do ramo nos Estados Unidos, também entrou na China por meio da aquisição, em 2006, da China Paradise, empresa chinesa que atuava no mesmo ramo.

Conglomerado: Aquisições feitas essencialmente por razões financeiras, sem relação com as outras empresas do portfólio do negócio. Cada negócio é administrado como se fosse uma entidade distinta, exigindo-se a existência de uma forte equipe gerencial, uma vez que os executivos da *holding* não são especialistas no ramo, tampouco têm longa experiência em todos os aspectos do negócio. A GE é um exemplo, pois atua nas áreas de serviços financeiros, motores de avião, equipamentos para diagnóstico por imagem e diversas outras.

Aquisições hostis: Costumam ser raras e só podem ocorrer se a empresa adquirida tiver ações comercializadas em bolsa – é impossível assumir uma empresa de capital fechado. As aquisições hostis são motivadas por estratégias de crescimento que buscam dominar um setor, conquistar um grande cliente ou eliminar um concorrente de peso.

Taxa de Fracasso das Fusões e Aquisições

A história mostra que entre 50 e 80% de todas as fusões e aquisições acabam se revelando fracassos financeiros.[3] Estudos realizados por sólidas instituições acadêmicas e de pesquisas que analisaram o desempenho das fusões e aquisições nas últimas décadas concluíram que haverá:

- Menor produtividade na empresa adquirida devido à diminuição do compromisso da gerência e dos funcionários.
- Maior incidência de conflito recorrente da insensibilidade às diferenças culturais e aos estilos gerenciais e de liderança.
- Perda de gerentes e funcionários eficientes, que em geral ocorre de seis a 12 meses depois de concluída a transação.
- Erosão da base de clientes e da participação no mercado.
- É fato também que um terço de todas as empresas adquiridas é vendido dentro de cinco anos e que 90% das fusões ficam aquém das expectativas.

Os Motivos do Fracasso

Diversos fatores contribuem para a alta taxa de insucesso das fusões e aquisições:

1. Avaliação inadequada da compatibilidade da empresa adquirida em termos de estilo, estrutura e práticas de negócios.
2. O fato de a alta gerência não ter tempo adequado para planejar no período que se segue ao fechamento do negócio.
3. Gerentes (da empresa que está adquirindo) subestimam as reações negativas à aquisição porque em geral elas não são expressas abertamente.
4. Na tentativa de tranquilizar os funcionários da empresa adquirida, a nova gerência muitas vezes diz que nada vai mudar e que não haverá mudanças na gerência. Declarações dessa natureza minam imediatamente a credibilidade da gerência da empresa que está realizando a aquisição.
5. A gerência não avalia o esforço necessário para ganhar credibilidade das pessoas da empresa adquirida.
6. São assumidos compromissos que acabam não sendo honrados, minando assim a confiança na nova gerência.
7. O período de transição é longo demais, e, como as decisões não são tomadas com rapidez suficiente, as reações negativas na empresa adquirida não definem uma "Missão" e "Visão" para a nova combinação de empresas e, assim, não proporcionam uma direção a ser seguida por gerentes e funcionários.
8. O gerente ou a equipe de transição não conseguem ter acesso a informações objetivas e, assim, são forçados a tomar decisões com base em informações equivocadas ou inadequadas.
9. A gerência da empresa que está realizando a aquisição tende a tentar adaptar a nova subsidiária ao seu estilo operacional tradicional, em vez de se adaptar à cultura da empresa adquirida e reconhecer seus méritos e valores.
10. A avaliação das pessoas escolhidas para cargos importantes na nova organização é tendenciosa e privilegia os funcionários da empresa que faz a

aquisição, e não baseada em uma análise objetiva das exigências dos cargos e dos talentos disponíveis em ambas as empresas. Uma atitude muito comum é: "Meus funcionários são mais espertos do que os seus – caso contrário, sua empresa é que nos teria adquirido."

É possível prevenir muitos desses problemas por meio do planejamento adequado da integração da fusão; além disso, é preciso fazer perguntas importantes antes de realizar a aquisição. Drucker ofereceu excelentes *insights* nessa área.

Regras de Drucker para Fusões e Aquisições

O boom de fusões dos últimos anos (década de 1980) não teve motivações de negócios. Trata-se pura e simplesmente de manipulação financeira. Entretanto, uma aquisição precisa fazer sentido empresarial, ou não funcionará nem mesmo como medida financeira. Leva tanto ao fracasso financeiro quanto ao fracasso do negócio.[4]

Drucker disse isso em 1986, mas continua sendo válido até hoje. Ele enumerou as regras que deveriam ser seguidas e as principais perguntas que uma organização deve fazer antes de qualquer aquisição. Inicialmente, ele havia apresentado cinco regras no livro *The Frontiers of Management*, posteriormente acrescentando mais uma ao programa *on-line* para a Corpedia, empresa de treinamento que tinha um contrato com Drucker para converter parte de sua obra em programas de treinamento *on-line*.

Regra Número Um: As Aquisições Devem Basear-se na Estratégia de Negócios, e Não na Estratégia Financeira

Segundo Drucker, "as aquisições baseadas em estratégias financeiras estão praticamente condenadas ao fracasso".[5] Sem uma estratégia de negócios, a firma que faz a aquisição não sabe o que fazer com a empresa que comprou. O sucesso das aquisições baseia-se em planos de negócios, não em análise financeira. Drucker citou a GE Capital como uma das mais bem-sucedidas empresas que se expandiram por meio de aquisições fundamentadas em estratégias de negócios. Devemos observar, porém, que, embora as empresas que estão considerando as aquisições como parte de sua estratégia de crescimento devam basear essa decisão na estratégia de negócios, os grupos de *private equity*, que representam um número significativo das aquisições, em geral baseiam-se em estratégias financeiras. Adquirem ou investem em uma empresa que seja adequada aos seus critérios de investimento e tenha sinergia com as outras empresas de seu portfólio; tentam aumentar o valor por meio de aquisições adicionais e usam uma IPO (oferta pública inicial) ou venda para outro comprador como estratégia de saída. Isso geralmente ocorre ao longo de um período de cinco a sete anos, pois não têm a mesma perspectiva de longo prazo que os compradores estratégicos teriam.

Regra Número Dois: Defina Qual Será a Contribuição da Empresa que Está Realizando a Aquisição

Como não temos competência para administrar o nosso próprio negócio, é melhor procurar outro negócio sobre o qual sabemos menos ainda.[6]

Essa citação referia-se exatamente a aquisições cujo objetivo era a diversificação, que segundo Drucker fracassaria caso o objetivo fosse curar uma fraqueza por parte da empresa que realizava a aquisição. Ele comentou: "A aquisição bem-sucedida baseia-se na contribuição que a empresa que a realiza leva para o processo, e não no inverso. É preciso ser algo além do dinheiro, algo que confira ao negócio adquirido um novo potencial de desempenho. Essa contribuição precisa ser muito bem pensada e planejada com antecedência. E tem que se concretizar de maneira relativamente rápida."[7] Drucker citou a aquisição do Citibank pela Travelers como um bom exemplo dessa regra. A Travelers acrescentou outros serviços que, como banco tradicional, o Citibank não oferecia. Citou também a aquisição da Chrysler pela Daimler-Benz como outro bom exemplo da aplicação dessa regra, com o que considerou ser a contribuição da Daimler-Benz uma "tremenda capacidade de distribuição nos únicos mercados em crescimento do mundo para automóveis: a Ásia, em especial o sul da Ásia, e a América Latina".[8] Essa contribuição acabou se perdendo por outros motivos, quando a Daimler-Benz vendeu a Chrysler para um grupo de *private equity* em 2007 e ajudou a financiar a transação quando o crédito para os grandes acordos foi suspenso.

Regra Número Três: Núcleo Comum de Utilidade

A terceira regra de Drucker afirma que o sucesso da aquisição requer um núcleo comum de utilidade entre a empresa que realiza a aquisição e a empresa que está sendo adquirida. É preciso que elas tenham alguma coisa em comum, em uma área na qual ambas as partes tenham competência. Drucker citou a existência de aspectos em comum, como tecnologias, mercados, clientes e pesquisa e desenvolvimento. Para ele, isso era importante para criar uma linguagem em comum, para que ambos se comuniquem e se entendam. Drucker acrescentou: "Hoje, falamos muito sobre a cultura da empresa. Um núcleo de utilidade é uma cultura comum."[9]

Regra Número Quatro: Respeite o Negócio, os Produtos, os Clientes e os Valores

A empresa que está realizando a aquisição precisa respeitar o negócio da empresa que está adquirindo. Nenhuma aquisição funcionará se as pessoas da empresa adquirente não acreditarem no negócio que estão adquirindo. Elas precisam acreditar que o negócio contribuirá para a empresa em geral e respeitar seus produtos, mercados e clientes. Drucker citou a aquisição de empresas de cosméticos por indústrias farmacêuticas como uma estratégia de diversificação que acabou dando errado por violar essa regra. Segundo Drucker, "Farmacêuticos e bioquímicos são pessoas 'sérias', preocupadas com questões relacionadas a saúde e a doenças. Para eles, batom e maquiagem são superficiais."[10]

Regra Número Cinco: O Papel da Alta Gerência

Drucker acreditava que a aquisição só tem chance de dar certo se a empresa adquirente estiver preparada para oferecer à empresa adquirida uma nova equipe de alta gerência dentro de no máximo um ano. Em muitas aquisições, a empresa que realiza a aquisição é atraída para a compra porque a empresa adquirida é muito bem gerenciada. A empresa que realiza a aquisição acredita que essa gerência estará lá e continuará a administrar a empresa, mas logo descobre que esses profissionais gabaritados acabam saindo da empresa – mesmo quando a recompensa oferecida a eles para permanecer na empresa após a aquisição é vantajosa. Um dos motivos pelos quais isso acontece é que esses profissionais estavam acostumados a mandar; na nova estrutura, eles tornam-se apenas "gerentes de divisão" ou algo do gênero. Drucker acrescentou que, "se essas pessoas tinham alguma participação no capital da empresa, a fusão as deixou tão ricas que elas não precisam mais trabalhar na empresa se não quiserem".[11]

E continuou, na versão atualizada das Regras: "Na verdade, a gerência da empresa adquirida não deveria permanecer, por mais competente que seja. Isso se aplica particularmente aos casos em que o CEO também foi quem originalmente construiu a empresa."[12] Para essa pessoa, a empresa é como se fosse um filho. No momento em que a empresa passa para as mãos de outra pessoa, o CEO – fundador adota uma posição protetora e passa a defender seu filho contra seus novos donos. Inevitavelmente, muitas empresas que realizam aquisições aprenderam que é mais barato pagar a essas pessoas para que elas saiam da empresa, por melhores que sejam, do que ter que competir com elas pelo controle.

Por outro lado, se for uma empresa na qual um grupo de *private equity* tenha feito um investimento e tenha assumido participação majoritária na empresa, elas vão querer que uma boa equipe de gerência permaneça na empresa adquirida e vão oferecer contratos e outros incentivos para mantê-los. As regras de Drucker não consideraram os vários tipos de compradores e investidores que compreendem o meio atual das transações na área de fusões e aquisições. Mais uma vez, isso varia de acordo com o tipo de comprador ou investidor e seus objetivos. Além disso, o nível de integração e consolidação terá um impacto nas exigências de continuidade da equipe gerencial e nas redundâncias.

Regra Número Seis: Promoções em Todas as Linhas

Drucker sugeriu que nos primeiros meses que se seguem à aquisição diversas pessoas dos dois lados deveriam ser promovidas a cargos melhores em todas as linhas de uma das empresas adquiridas para a empresa que realizou a aquisição.[13] O raciocínio aqui, segundo Drucker, é demonstrar que existem oportunidades de progresso, independentemente da empresa em que o funcionário está, e evitar a síndrome do "meus funcionários são mais inteligentes do que os seus". Sem encarar a nova combinação de negócios como uma oportunidade, funcionários-chave, com excelente desempenho, logo sairão em debandada e serão, em geral, contratados pelos concorrentes. Essa foi a política que adotamos na integração da Oxy e Cities, na qual atribuímos à gerência da Cities responsabilidade pelas operações domésticas e P&D, embora a Oxy fosse a empresa que realizava a aquisição e a Cities a empresa adquirida. É importante observar que foi necessário desenvolver um sistema de avaliação comum a ser aplicado a ambas as empresas e selecionar os funcionários mais qualificados para cargos-chave das duas empresas.

Outros *Insights* de Drucker

Drucker sugeriu também que a empresa que está realizando a aquisição faça algumas perguntas antes de concretizar o processo de aquisição:

- Por que estamos fazendo isso?
- A aquisição está de acordo com nossa Missão, Visão e Estratégia?
- Que contribuição daremos para a combinação de empresas?
- Sabemos alguma coisa sobre o negócio?
- Deveríamos mesmo atuar nesse setor? Em qual fase o setor se encontra: crescimento, estabilidade ou declínio?
- O que faríamos com os recursos se não adquiríssemos essa empresa?

Visões Adicionais dos Especialistas e a Lacuna Deixada por Drucker

Drucker não escreveu muito sobre fusões e aquisições. Como as fusões e aquisições vêm crescendo na região da Ásia-Pacífico e da China, foi necessário acrescentar mais conteúdo aos nossos programas de treinamento para melhor preparar nossos alunos, particularmente aqueles provenientes de empresas estatais e setores fragmentados que passam por consolidação na China. Portanto, incluímos uma análise mais abrangente de como comprar e vender negócios e outros aspectos das transações de fusão e aquisição. A Tabela 7.2 mostra as principais perguntas que as organizações precisam responder quando estiverem pensando em fazer uma aquisição. Abordamos esses tópicos em um curso sobre fusões e aquisições no Drucker MBA.

Tabela 7.2 Comprando um Negócio: as Principais Perguntas que se Deve Fazer

Perguntas	Tópicos abordados nos programas
Por que Comprar?	Fatores de Motivação da Aquisição
Quem e Onde Comprar?	Definição de Critérios Estabelecidos
O que Comprar?	Compra de Ativos ou Ações
Quanto Pagar?	Abordagens para Avaliação do Negócio
Como Pagar?	Dinheiro, Ações, Ambos, Outros
Quando Pagar?	Agora, a Prazo, Empréstimos
Quais São as Aprovações Necessárias?	Leis de Fusões e Aquisições Locais e Governamentais
O que Fazer com o Negócio?	Integração de F&A

Fatores que Motivaram a Aquisição

Motivos da Aquisição e Estratégia   A primeira regra proposta por Drucker para aquisições baseadas na estratégia de negócios e a pergunta "Por que estamos fazendo isso?" precisam ser tratadas com mais detalhes. O mais importante aqui é perguntar: A aquisição é adequada à estratégia de crescimento da empresa?

Como e Onde Comprar?   Depois de determinar se a aquisição é adequada à estratégia de negócios da empresa, é preciso desenvolver critérios específicos em termos do candidato ideal à aquisição. Qual a localização da empresa a ser adquirida, caso se trate de uma estratégia de expansão do mercado, e qual deve ser o tamanho da empresa em termos de receita, lucros, funcionários e outros critérios? O próximo passo envolve desenvolver uma lista de empresas candidatas que atendam aos critérios estipulados. As empresas candidatas terão que ser analisadas para que seja possível determinar quais delas estão dispostas a ser compradas, particularmente no caso de empresas privadas.

O que Comprar? Ativos *versus* **Ações**   O que comprar? Pode parecer uma pergunta redundante, mas difere de "quem" vamos comprar em termos da estruturação do negócio. Em geral, o vendedor prefere vender ações enquanto o comprador prefere comprar ativos. A vantagem de vender ações para o comprador é que o comprador adquire o negócio inteiro, incluindo ativos e passivos. O comprador, por outro lado, pode desejar adquirir apenas determinados ativos e assumir uma quantidade limitada de passivos. Um dos principais motivos para se adquirir apenas determinados ativos e certos passivos é evitar "passivos contingenciais" ou passivos ou eventos desconhecidos hoje mas que podem ocorrer no futuro. O exemplo clássico disso foi a aquisição, pela Occidental Petroleum, da Hooker Chemical, em Niagara Falls, Nova York, que vinha despejando resíduos químicos tóxicos no Love Canal durante décadas antes da aquisição pela Oxy, até a Agência de Proteção Ambiental (EPA- Environmental Protection Agency) exigir que a empresa parasse de fazê-lo. O canal acabou sendo aterrado – enterraram-se nele os dejetos químicos –, e a terra foi doada a uma construtora, que ali ergueu um conjunto habitacional. Várias décadas depois, as famílias e os habitantes do local começaram a apresentar doenças graves, a taxa de abortos espontâneos ficou mais alta do que o normal, as crianças nasceram com defeitos congênitos, a incidência de câncer aumentou em comparação com outras áreas etc. Uma investigação concluiu que as doenças estavam sendo causadas pelo vazamento de dejetos químicos tóxicos nos porões das casas. Depois de anos de litígio, os proprietários dos imóveis receberam vultosas indenizações com as quais a Oxy teve que arcar, inclusive com a oferta de novas casas, embora o problema tenha sido criado pela Hooker décadas antes da aquisição pela Oxy. Os danos totais com os quais a Oxy teve que arcar por esse passivo contingencial excederam o custo original da aquisição da Hooker.

Quanto Pagar, Como Pagar e Quando Pagar?   O valor a ser pago depende da determinação de um valor justo de mercado para o negócio ou da utilização de outros critérios financeiros que a empresa pode usar para avaliar investimentos. "Como pagar" envolve determinar se o pagamento será feito em dinheiro, ações da empresa, notas promissórias etc. ou uma combinação dessas diversas formas. "Quando pagar" envolve o pagamento do valor total de uma só vez ou a prazo e o fechamento do negócio. Uma alternativa seria pagar agora ao vendedor um certo percentual do valor da compra e posteriormente um bônus com base na concretização de determinados objetivos de desempenho acordados mutuamente. Trata-se de uma boa técnica para manter o proprietário ativo durante um período, em geral de um ou dois anos, em lugar de sair com o dinheiro todo no bolso no dia em que o negócio for fechado. Todas essas questões obviamente têm de ser negociadas com o vendedor.

Integração do Planejamento em Fusões e Aquisições

Além de seguir as Regras de Drucker e formular as perguntas ora apresentadas antes de realizar a aquisição, é necessário ter um plano de integração da fusão bem desenvolvido antes do fechamento do negócio. Trata-se de uma medida de suma importância que pode ajudar a reduzir bastante a taxa de fracasso de 50 a 80% que assombrou as fusões e as aquisições do passado.

Os objetivos do Plano de Integração são:

1. Desenvolver uma estratégia eficaz de comunicação anunciando a formação da nova entidade para a gerência da empresa, seus empregados e outros atores importantes no meio externo da empresa (clientes, fornecedores, associações comerciais, a comunidade financeira e outros relacionamentos importantes). Isso deve incluir o desenvolvimento de Declarações de Missão e de Valores para o novo negócio.

2. Permitir a integração disciplinada das empresas, de modo a causar o mínimo de distúrbios possíveis e garantir a continuidade das operações. Permitir que as pessoas se concentrem em novos objetivos de desempenho.

3. Reduzir a incerteza, manter o moral dos funcionários e impedir a perda de membros importantes da gerência e do *staff*. A comunicação apropriada e precisa pode reduzir os boatos e desenvolver a confiança na nova gerência.

4. Permitir que a nova entidade aproveite rapidamente as *oportunidades de sinergia* identificadas, que reduzirão custos, aumentarão a eficiência operacional, aumentarão a fatia de mercado, a lucratividade e o valor da ação.

5. Identificar recursos externos que podem ser necessários para implementar vários elementos do Plano (especialistas em gerenciamento de estoque e logística, especialistas em sistemas de computador, especialistas em benefícios para os funcionários etc).

O plano deve ser desenvolvido em conjunto pela gerência sênior e funcionários-chave provenientes tanto da empresa que está realizando a aquisição quanto da empresa adquirida e deve incluir as seguintes áreas:

1. *Fatores que motivaram a aquisição/fusão* – Quais foram os fatores que motivaram essa aquisição? É importante que todos entendam os motivos da transação.

2. *Expectativas* – Quais são as expectativas no curto, médio e longo prazos para o novo negócio? Entre os fatores avaliados devem estar a missão e os objetivos da organização, sua gerência, recursos humanos, estrutura, tecnologia e desempenho do trabalho, bem como as principais áreas funcionais, como vendas e marketing, e o meio externo.

3. *Análise de oportunidades* – Quais foram as oportunidades, em ordem de importância relativa, geradas pela aquisição?

4. *Declaração de missão preliminar* – Uma declaração do propósito, da filosofia, dos valores e das crenças do novo negócio após a fusão/aquisição.

5. *Metas/marcos e obstáculos* – Defina objetivos de desempenho preliminares para o novo negócio e mostre de que forma eles serão medidos. Identifique possíveis obstáculos à concretização dos objetivos.

6. *Avaliação da gerência e do* staff – Avaliação da equipe gerencial e do *staff*-chave de cada empresa e seu possível papel no novo negócio. Segue a Regra de Drucker de seleção das pessoas mais qualificadas das empresas para os cargos importantes.

7. *Análise comparativa das equipes* – Comparação do novo negócio com a concorrência. Mais uma vez, como aproveitar os pontos fortes (competências essenciais) do novo negócio *versus* principais concorrentes.

8. *Redundâncias* – Como lidar com as redundâncias em termos de avaliação, remuneração, apoio, treinamento em habilidade de entrevista, preparação de currículos, serviços via telefone e mala-direta, e "bônus para permanência na empresa" para os que podem ser solicitados a ficar por um determinado período de tempo para auxiliar na integração de sua função.

Venda de um Negócio ou de uma Subsidiária

A venda de um negócio ou de uma subsidiária pode fazer parte da implementação do conceito de Abandono Planejado de Drucker como a estratégia que Jack Welch usou na GE. É um exemplo clássico do que Drucker diz a respeito do *que* fazer, mas exige ir além de Drucker para aprender *como* fazer. Como as empresas estatais chinesas também estão tentando privatizar ou vender diversos negócios e ativos, foi importante abordar o processo de venda de um negócio ou unidade de negócio no programa Drucker MBA. A Tabela 3.7 mostra as principais perguntas que as organizações ou os proprietários de empresas privadas precisam fazer ao considerar a venda de seu negócio.

A seguir, apresento uma breve discussão de algumas das "perguntas-chave" apresentadas na Tabela 7.3, que foram tratadas também no programa Drucker MBA. A venda de uma pequena empresa privada difere um pouco da venda de uma subsidiária de uma empresa pública de maior porte. Assim, este capítulo tratará da discussão do processo de venda da perspectiva desse último tipo de empresa e também como componente da implementação do conceito de Abandono Planejado de Drucker.

Por que Vender?   "O negócio não é mais adequado à nossa estratégia" é um comentário muito comum quando uma empresa decide vender uma subsi-

Tabela 7.3 Vendendo um Negócio: as Principais Perguntas que se Deve Fazer

Perguntas	Tópicos abordados nos programas
1. Por que Vender?	Fatores de Motivação do Vendedor
2. É uma Boa Hora para Vender?	Atividade do Acordo (compradores e vendedores) de Macro e Microeconomias
3. Para Quem Vender?	Definição de Critérios Comprador/Vendedor
4. O que Vender?	Ativos *versus* Preço da Ação
5. Qual o Preço de Venda?	Abordagens para Avaliação do Negócio
6. Qual Será a Forma de Pagamento?	Dinheiro, Ações, Ambos, Outros
7. Quando Vamos Receber?	Agora, a Prazo, Ganhos Extras
8. Quais São as Aprovações Necessárias?	Leis de Fusões e Aquisições Locais e Governamentais
9. O que Fazer em Seguida?	Disposição de Manter o Negócio ou Sair do Ramo

diária ou um negócio. Pode ser atribuído à possível implementação do conceito de Abandono Planejado de Drucker. Por outro lado, se for uma aquisição que a empresa tiver realizado nos últimos cinco anos, seria um sinal de que a empresa não realizou um bom trabalho na integração da aquisição. Na verdade, pesquisas mostram que aproximadamente um terço de todas as aquisições acaba sendo vendido em cinco anos.

Será que É a Hora Certa para Vender? Obviamente, é preciso considerar fatores micro e macroeconômicos, particularmente no que diz respeito à disponibilidade de financiamento da dívida. Existem mais compradores do que vendedores? Como está o clima econômico geral?

A Quem Vender a Fim de Maximizar o Valor (O Preço de Venda)? Qual deve ser a relação entre a subsidiária e a estratégia dos possíveis compradores? Por exemplo, haveria sinergia entre eles? A venda segue as regras de Drucker da perspectiva do comprador? Se fizer parte da estratégia de abandono planejado, a possibilidade de maximizar o preço de venda não seria boa. Provavelmente, o valor da organização após esse processo seria questionável.

Regra Número Um das Fusões e Aquisições

Com relação à maximização do valor, diz a primeira regra para fusões e aquisições que o primeiro a mencionar um número perde. Por exemplo, certa vez li um artigo que dizia que "a empresa contratou a Goldman Sachs como banco de investimento e espera receber US\$2 bilhões pela subsidiária". Tendo estabelecido um teto para o preço de venda, por que um possível comprador ofereceria mais pelo negócio?

A China e as Fusões e Aquisições Globais

Acrescentamos aos nossos programas uma discussão mais abrangente que lidava com a crescente tendência de aquisição de empresas estrangeiras pelas empresas chinesas. A partir de 2004, houve diversas transações desse tipo, inclusive a bem-sucedida aquisição do negócio de PCs da IBM pela Lenovo e a tentativa fracassada da Chinese National Offshore Oil Company (CNOOC) de adquirir a Union Oil Company of California (Unocal). Acrescentamos essas discussões com o objetivo de ajudar os participantes a analisar por que houve tanta oposição ao negócio no Congresso norte-americano e como ele poderia ter sido concluído com êxito por meio de um melhor planejamento e previsão dessas objeções, bem como da utilização de uma estrutura de acordo diferente (ativos *versus* ações).

Resumo da Parte Um

O mais importante a lembrar nessa parte deve ser refletir sobre as Regras de Drucker antes de realizar sua próxima aquisição e também responder à pergunta-chave: Por que estamos fazendo isso – por motivos empresariais ou financeiros?

Não faça aquisições porque surgiu a oportunidade; faça-as porque são a coisa certa a fazer.[14]

Um Negócio só É um Negócio Depois que Você Recebe o Dinheiro

Na época em que Drucker e eu trabalhávamos no projeto de integração entre a Oxy e a Cities, ele me contou uma história sobre uma de suas primeiras experiências na área de fusões e aquisições.

Um de seus primeiros empregos, depois que ele saiu da Alemanha, em 1933, foi em um banco de investimentos em Londres. Atribuíram-lhe a tarefa de ir à Argentina negociar a venda de uma ferrovia de propriedade dos ingleses e vendê-la ao governo argentino. Ao chegar lá, Drucker inspecionou a ferrovia e descobriu que estava em péssimo estado, precisando de muitas reformas. "Estava tudo enferrujado", comentou. Em seguida, acrescentou que negociou com o governo durante vários dias e finalmente definiu um preço para a ferrovia. "Voltei ao hotel e fiquei péssimo."

Por quê? — perguntei.

Porque o preço que negociei era escandalosamente alto para o que a ferrovia realmente valia — retrucou. — Depois, porém, na viagem de volta a Londres, senti-me muito melhor — acrescentou.

Como assim, Peter? — perguntei.

Percebi que, de qualquer forma, o governo argentino nunca pagaria mesmo aos ingleses — respondeu com um sorriso.

Há alguns anos, encontrei com um amigo da Argentina que me confirmou que a Argentina nunca pagou pela ferrovia aos ingleses.[15]

Parte Dois: O Espectro da Aliança Estratégica e as Regras de Drucker para Alianças

Introdução

Empresas ao redor do mundo, inclusive as que atuam na China ou estão tentando ingressar no mercado chinês, vêm formando alianças estratégicas com outras empresas e organizações, como universidades, por diversos motivos. Esta parte descreve em linhas gerais os tipos de alianças formadas ou o "Espectro de Alianças", das mais informais às mais formais, e suas motivações. Tratamos das alianças mais formais, as fusões e aquisições, na Parte Um. Comentei na Parte Um que de 50 a 80% de todas as fusões e aquisições fracassam, e o potencial de fracasso aplica-se também a outras formas de alianças. Portanto, assim como na Parte Um descrevi as Regras de Drucker para fusões e aquisições, a Parte Dois abordará também as Regras de Drucker para alianças e a forma de torná-las mais bem-sucedidas. Em primeiro lugar, vale a pena analisar brevemente os tipos de alianças sugeridas por Drucker.[16]

Parcerias Comerciais (*Non-equity*) e Alianças com Participação Societária (*Equity*)

As alianças enquadram-se em duas categorias principais: as parcerias comerciais (*non-equity*) e as alianças com participação societária (*equity*). Nas parcerias comerciais, as partes envolvidas não entram com dinheiro ao formarem a aliança. Trata-se de uma forma de parceria que não implica direitos de propriedade à aliança. Nas alianças com participação societária, as partes envolvidas na aliança entram com recursos sob a forma de capital, tecnologia ou *expertise* gerencial, e envolve direitos de propriedade à aliança.

O Espectro de Alianças e Tempo, Custo e Risco

As alianças envolvem também um espectro de alianças da perspectiva tridimensional – *tempo, custo* e *risco*. Tempo refere-se à duração da aliança, de um curto acordo de marketing a uma fusão ou aquisição de longo prazo. Custo refere-se ao custo de ingressar no relacionamento – bem como ao custo de sair dela, caso não dê certo. Risco refere-se ao tipo de aliança, das parcerias comerciais informais às alianças formais com participação societária e o risco de não concretizarem todos ou um dos objetivos estabelecidos.

A seguir, apresento uma breve discussão de cada uma dessas alianças e as razões ou objetivos dos parceiros que nelas ingressam. Poderíamos também substituir o termo "aliança" por "acordo" para entender melhor o relacionamento.

Alianças Comerciais Informais (Acordos de Parceria)

Essas alianças incluem: *acordos de comercialização e distribuição, acordos de OEM (Original Equipment Manufacturing), acordos de private label* (vide Figura 7.1). O espectro de alianças posiciona essas alianças nas dimensões de tempo, custo e risco.

Espectro de Alianças

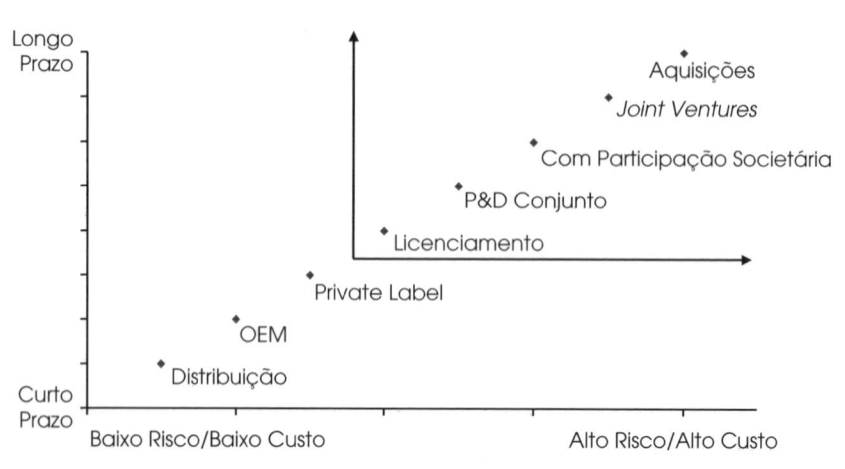

Figura 7.1 O Espectro de Alianças

Acordos de Distribuição e Marketing   Vamos supor que um fabricante em Xangai pretenda vender seus produtos em Xi'an. Uma alternativa seria o fabricante abrir um escritório de vendas em Xi'an, contratar e treinar vendedores e começar a desenvolver clientes para seus produtos – um processo longo e caro. Uma alternativa seria encontrar um distribuidor local que possa estocar e vender seus produtos com sua própria força de vendas e firmar com ele um contrato de distribuição. Não haveria capital envolvido. O distribuidor concorda em adquirir os produtos do fabricante, estocá-los e vendê-los aos clientes na região de Xi'an. Em troca, o fabricante pode conceder ao distribuidor o direito exclusivo (nenhum outro distribuidor será usado pelo fabricante) de vender seus produtos em Xi'an. A duração desse tipo de acordo normalmente é limitada, podendo ser prorrogada, dependendo do desejo de cada uma das partes. O fabricante também pode cancelar o acordo de distribuição se o distribuidor não estiver cumprindo os objetivos de vendas, ou o distribuidor pode cancelá-lo se não estiver satisfeito com os termos do acordo; por exemplo, com os preços cobrados pelo fabricante ou com seu desempenho inadequado em termos de entrega, qualidade do produto, falta de suporte técnico e assim por diante. Em todos os casos, o risco e o custo de participar ou encerrar esse tipo de contrato são muito baixos.

Um exemplo desse tipo de acordo é o de um caso ao qual prestei consultoria na China, um acordo de comercialização e distribuição entre um fabricante chinês de pisos de madeira e um distribuidor de pisos de madeira do Texas. O distribuidor do Texas queria que a empresa chinesa fabricasse laminados de madeira segundo suas especificações. A empresa chinesa queria expandir o mercado para seus produtos nos Estados Unidos. Ambos firmaram um acordo de comercialização e distribuição no qual houve troca de dinheiro uma única vez: quando a empresa do Texas fez um pedido de piso de madeira laminada à empresa chinesa. A empresa do Texas poderia cancelar o acordo se a empresa chinesa descumprisse seus padrões de qualidade, e a empresa chinesa poderia cancelar o acordo se a empresa do Texas não concordasse mutuamente com os objetivos de venda.

Acordos de OEM (*Original Equipment Manufacturer*)   Tenho um cliente nos arredores de Xangai que fabrica produtos industriais para uma empresa na Europa e depois os vende com marca própria. Mais uma vez, o acordo não envolveu dinheiro, tampouco direitos de participação societária.

Acordos de *Private Label*   São semelhantes aos acordos de OEM. Uma empresa muito conhecida é famosa por sua marca. Quando compramos em varejistas populares, em geral temos a opção de comprar um produto de uma marca famosa ou da marca própria do varejista. Como o varejista não tem uma fábrica para produzir esse produto, é muito provável que o produto com a marca do varejista seja produzido pela mesma empresa famosa sob um acordo de *private label*. Esses tipos de acordo são muito comuns em diversos segmentos, de alimentos a itens de vestuário. Mais uma vez, esse tipo de acordo não envolve contribuição de capital nem participação societária.

Acordos de Licenciamento   Esse tipo de acordo geralmente envolve o licenciamento de uma tecnologia em troca de uma taxa. Por exemplo, a Sony licenciou o uso do transistor que foi desenvolvido pela Bell Laboratories nos Estados Unidos para utilização na produção de rádios portáteis menores na década de 1950. O acordo de licenciamento na realidade acabou colocando a Sony no mapa. Em poucos anos, a empresa havia conquistado todo o mercado de rádios portáteis ao redor do mundo. Os fabricantes de computadores pessoais normalmente pagam aos fabricantes de software ou de outros componentes uma taxa de licenciamento quando os incluem em seus produtos. Por exemplo, a 3M Corporation licenciou à Lenovo, fabricante chinesa de PCs, o uso de baterias de íon de lítio usadas em seus laptops. Esses tipos de acordo continuam não envolvendo participação societária, embora exista uma compensação de uma das partes pelo licenciamento à outra.

Acordos de P&D Conjunto   Avançando no espectro das alianças, muitas empresas descobriram que é mais econômico terceirizar seus esforços de pesquisa e desenvolvimento a outras empresas, como uma universidade, por exemplo. Muitas indústrias farmacêuticas formaram alianças com universidades para o desenvolvimento de novas drogas. Essas alianças ou acordos, de um modo geral, não envolvem participação societária, mas pode haver divisão de receitas por meio de *royalties*, uma vez que um novo produto tenha sido desenvolvido e levado ao mercado. A Microsoft firmou um número considerável desses acordos de P&D com empresas chinesas de desenvolvimento de software de pequeno e médio portes.

Alianças Formais com Participação Societária

No outro extremo do espectro de alianças encontram-se as alianças mais formais, com participação societária, como as *joint ventures* e as fusões e aquisições. Já falamos anteriormente sobre as fusões e aquisições e vimos que envolvem compromissos de longo prazo. Envolvem também um risco maior de fracasso, um custo maior de entrada (custos de aquisição) e um custo maior também de saída se as coisas não funcionarem (desinvestimento).

Joint Ventures As *joint ventures* foram o tipo mais comum de alianças usado por empresas estrangeiras para ingressar no mercado chinês no início da década de 1980. Uma das mais antigas *joint ventures* que continua existindo até hoje ocorreu entre a chinesa First Automobile Works (FAW) e a alemã Volkswagen (VW) para fabricação de VWs e Audis. Outra *joint venture* interessante na China envolveu a Sony (Japão) e a Ericsson (Suécia) para a fabricação de telefones celulares na China, em sua maior parte exportados para outros países. Mais recentemente, a Chery (China) formou uma *joint venture* com igual participação com a Fiat (Itália) para a produção de até 175 mil automóveis Chery, Fiat e Alfa Romeo destinados ao mercado chinês e a exportação. Em todos esses exemplos, as partes envolvidas contribuíram com capital, tecnologia ou outros recursos para a *joint venture* e têm participação societária na aliança. É importante observar que a *joint venture* é uma entidade separada, com administração própria, enquanto as partes que formaram a aliança continuam mantendo suas entidades corporativas separadas. Essas são as alianças formais que foram abordadas por Drucker em suas *Regras para Alianças* e se encontram na extremidade do espectro que envolve maior quantidade de tempo e maiores custos.

Regras de Drucker para Alianças

Muitas das *Regras de Drucker para Alianças* (*joint ventures*) também poderiam ser aplicadas a fusões e aquisições na fase de "pensamento estratégico", de responder à pergunta "Por que queremos fazer isso?". Aqui está um breve resumo dessas regras.

> *Formulação da estratégia e objetivos*: Determinar o papel de uma *joint venture* na estratégia de negócios geral da organização e os objetivos que pretende alcançar: expansão para outros mercados, complementação da linha de produtos, obtenção da tecnologia necessária e assim por diante.

> *Critérios de escolha de parceiros*: Desenvolver critérios para a escolha de parceiros, particularmente no que diz respeito aos recursos e capacidades que está se tentando obter. Isso é muito semelhante a definir os critérios para o alvo da aquisição quando as aquisições fazem parte da estratégia. Uma vez identificados os potenciais parceiros, o próximo passo seria entrar em contato com eles e explorar seu interesse em formar uma aliança.

> *Devida diligência (Due diligence)*: Antes de estabelecer uma aliança formal, é essencial realizar uma devida diligência (*due diligence*) relacionada a todos os aspectos dos possíveis parceiros. Eles têm os recursos e capacidades que você busca? Qual é a sua reputação no mercado? Você gostaria de vê-los asso-

ciados ao seu nome? São financeiramente saudáveis? O que se pode dizer a respeito de sua administração, práticas de negócios, estilo de liderança e cultura? Poderia haver algum conflito nessas áreas caso se formasse uma aliança? Certa vez, prestei consultoria à formação de uma *joint venture* na Arábia Saudita envolvendo uma empresa saudita, uma italiana e uma finlandesa. É desnecessário dizer que surgiram inúmeras diferenças culturais, que resultaram na criação de três guetos culturais dentro da organização, o que dificultava as comunicações.

Avaliação das contribuições em ativos das partes envolvidas: Que outra contribuição, além de dinheiro, cada parte traz para a nova *joint venture*? Se for tecnologia ou equipamento, qual o valor dessa tecnologia e equipamento para a *joint venture*? A avaliação inicial desses ativos é importante para o momento em que for necessário dissolver a aliança, a fim de determinar a participação de cada um.

Estrutura e governança: É preciso determinar, antes de formar a aliança, como ela deve ser estruturada da perspectiva organizacional. Além disso, como a aliança será governada em termos de políticas, procedimentos e relação de subordinação?

Administração: A aliança precisa ter sua própria gerência e responsabilizar-se pelos resultados. Não pode ser gerenciada por um comitê de representantes de ambas as partes. A administração da aliança precisa saber também quem deve consultar ao tomar decisões operacionais "importantes", não decisões do dia a dia.

Objetivos da aliança: Que objetivos a aliança pretende alcançar em termos de unidades produzidas, faturamento e assim por diante, e em que prazo? Como e quando serão medidos os resultados? É preciso estabelecer esses objetivos e defini-los de comum acordo antes de formalizar a aliança.

Contribuições para o capital futuro: Como as partes lidarão com as futuras contribuições de capital que podem ser necessárias pela aliança? Sua contribuição para o futuro capital da empresa será igual? Essas questões também precisam ser esclarecidas antes da formação da aliança.

Resolução de conflitos e divergências: Como os parceiros da aliança lidarão com as potenciais divergências e conflitos? As disputas mais sérias serão resolvidas por arbitragem (recomendado) ou por litígio (processo caro)?

Divisão de lucros: Como serão alocados os lucros? Permanecerão na aliança para financiar o crescimento e a expansão futuros ou serão distribuídos entre os parceiros?

Patentes e transferência de tecnologia: Quem será o proprietário das patentes e licenças que forem desenvolvidas na aliança? Como serão protegidas as patentes e tecnologias existentes?

Duração da aliança: Quanto tempo durará a aliança? Haverá oportunidades de prorrogar ou cancelar a aliança antes? Em que condições? Como serão avaliados e distribuídos os ativos depois que a aliança for dissolvida?

Documentação: Como acontece no caso de um acordo de fusão e aquisição, todos os termos e condições anteriores, além de outros aspectos da aliança,
precisam ser formalizados em um contrato.

Motivos para Não Formar uma Aliança

Embora as alianças possam fazer parte da estratégia de crescimento do negócio,
Rudy A. Champa, no livro *Strategic Thinking and Boardroom Debate*,[17] apresentou
diretrizes ou motivos para não formar uma aliança.

1. Não tente corrigir uma fraqueza por meio de uma aliança.
   • A parte que traz a fraqueza para o acordo será, daquele dia em diante,
     parte inferior da aliança.
2. Não forme uma aliança com um parceiro que esteja tentando corrigir uma
   de suas próprias fraquezas.
   • Sua empresa herdará essa fraqueza.
3. A pior aliança ocorre quando:
   • As duas partes estão tentando corrigir suas fraquezas por meio da
     aliança.
   • Essa aliança estará condenada desde o início.

Parte Dois: Resumo

As alianças formam um meio-termo entre a terceirização (contratos de serviço)
e a fusão ou aquisição mais formal. As alianças são uma alternativa a considerar
quando a empresa tem lacunas estratégicas em capacidades diferenciais críticas
cujo desenvolvimento interno é longo e dispendioso demais. As alianças podem
ser vistas em um espectro de tempo, custo e risco e podem ser enquadradas em
duas grandes categorias: as alianças informais (parcerias comerciais) e as alianças
formais que envolvem participação societária. O índice de fracasso é igualmente
alto, e as alianças mais formais, envolvendo participação societária, também podem encontrar dificuldade. Drucker sugeriu algumas regras a respeito de *joint
ventures* e a respeito do trabalho que deve ser realizado antes de formar a aliança
para garantir uma maior probabilidade de sucesso.

Notas

1. Peter F. Drucker, *Management: Tasks, Responsibilities, Practices* (Nova York: Harper & Row, 1973),
   715.
2. Robert W. Swaim, Ph.D., "The Drucker Files: Mergers & Acquisitions", *Business Beijing* (março
   de 2002).
3. Price Pritchett, *After the Merger: Managing the Shockwaves* (Nova York: Dow Jones-Irwin, 1985),
   7-9.
4. Peter F. Drucker, *The Frontiers of Management* (Nova York: Truman Talley Books, 1986), 257-
   260.
5. Peter F. Drucker, "The Successful Acquisition". *Corpedia On-Line Program 8106* (2001).
6. Peter F. Drucker, *Management: Tasks, Responsibilities, Practices* (Nova York: Harper & Row, 1973),
   708.

7. Peter F. Drucker, "The Successful Acquisition". *Corpedia On-Line Program 8106* (2001).
8. Ibid.
9. Ibid.
10. Peter F. Drucker, *The Frontiers of Management* (Nova York: Truman Talley Books, 1986), 258.
11. Ibid., 259.
12. Peter F. Drucker, "The Successful Acquisition". *Corpedia On-Line Program 8106* (2001).
13. Peter F. Drucker, *The Frontiers of Management*, 259; e Drucker, "The Successful Acquisition".
14. Peter F. Drucker, "The Successful Acquisition". *Corpedia On-Line Program 8106* (2001).
15. Conversa com Peter Drucker durante o trabalho de planejamento da integração, abril de 1982.
16. Peter F. Drucker, "Rules for Strategic Alliances". *Corpedia On-Line Program 8106* (2001).
17. Rudy A. Champa, *Strategic Thinking and Boardroom Debate* (Mission Viejo, CA: Critical Thinker Press, 2001), 170.

Gestão de Empresas Familiares

Tanto a empresa quanto a família só sobreviverão e terão sucesso se a família servir à empresa. Nenhuma delas terá sucesso se a empresa for administrada para servir à família. A palavra mais importante na expressão "empresa administrada pela família" não é família. Precisa ser "empresa".[1]

Parte Um: As Regras de Drucker para a Gestão de Empresas Familiares

Introdução

Os capítulos anteriores trataram das opiniões de Drucker sobre estratégias de crescimento orgânicas e externas, além das contribuições de vários estudiosos quando era necessário reforçar seus conceitos ou ir além de Drucker. De um modo geral, as várias estratégias discutidas aplicam-se em vários graus a todos os tipos de empresas, da corporação multinacional que faz parte da lista das 500 mais da revista *Fortune* às empresas de capital fechado. Embora todos esses tipos de empresas devam preocupar-se com o crescimento, um tipo, a empresa familiar, tem outras questões estratégicas que também precisam ser abordadas: sobrevivência e sucessão da propriedade.

Portanto, a Parte Um deste capítulo lida com o tópico da empresa familiar e as regras de Drucker para gestão da empresa familiar. A Parte Dois lida com as questões importantes das estratégias de saída e a sucessão de gestão na empresa familiar. Mais uma vez, como no caso de alguns dos capítulos anteriores, o leitor encontrará diversas referências à China; no entanto, os conceitos em geral se aplicam a muitas empresas familiares.

A Empresa Familiar em Perspectiva

Entre os 25,2 milhões de empresas nos Estados Unidos, mais de 80% são de propriedade familiar ou administradas por famílias. Essas empresas empregam mais de 77 milhões de pessoas, ou aproximadamente seis em cada 10 trabalhadores nos Estados Unidos, pagam 65% de todos os salários e geram 55% do produto interno bruto (PIB) do país. Na década de 1990, as empresas familiares criaram oito de cada 10 novos empregos nos Estados Unidos.[2]

Nem Todas as Empresas Familiares São Pequenas

Ao contrário da crença popular, nem todas as empresas familiares são pequenas, como a equipe formada por marido e mulher dirigindo o restaurante local. Aproximadamente 200 empresas entre as 500 mais da revista *Fortune* (as maiores empresas nos Estados Unidos classificadas pelo faturamento anual) são de propriedade familiar. Mesmo as empresas de capital aberto, como a Ford, ainda são controladas por membros de uma família, como resultado de um tratamento preferencial das ações de propriedade familiar, embora o número de ações que possuem pareça ser uma minoria de todas as ações em circulação. Há também grandes empresas familiares chinesas. Por exemplo: 40% da capitalização de mercado de Hong Kong é controlada por 15 grupos familiares chineses; em Taiwan, 16 das 20 principais empresas em termos de ativos totais são de propriedade familiar e controladas por famílias; na Indonésia, nove entre as 10 principais empresas são de propriedade de famílias chinesas; e na Tailândia, as famílias chinesas são donas de quatro dos maiores bancos do país.[3]

Empresa Familiar e o Porte da Empresa

De acordo com Drucker, "há poucas dúvidas de que, depois que a empresa atinge um determinado porte, não pode mais deixar a gerência nas mãos de membros da família e permanecer viável. Depois que atinge determinado tamanho – e isso em geral significa ultrapassar o médio porte – o crescente fardo da administração da empresa deve ser carregado por gerentes profissionais."[4] Este capítulo apresenta as regras de Drucker para a gestão da empresa familiar e o papel da família e dos gerentes profissionais na empresa familiar. A empresa familiar chinesa pode diferenciar-se consideravelmente das empresas familiares encontradas no Ocidente, e o proprietário da empresa familiar chinesa terá que determinar qual das regras de Drucker vai aplicar, se houver necessidade. Na verdade, a forma na qual o proprietário mais antigo da empresa familiar chinesa vai converter sua participação no negócio em riqueza pessoal não é um problema. Ele basicamente transmite o negócio ao filho mais velho e confia na geração mais jovem para cuidar do negócio em seus últimos anos. Isso, sem dúvida, não é regra geral no Ocidente; como resultado, não há na China muito trabalho para planejadores.

As Regras de Drucker

A seguir estão as regras de Drucker para a gestão da empresa familiar. Para ver *insights* adicionais, consulte o Capítulo 4, "Managing in the Family Business" do livro *Managing in a Time of Great Change*, de Drucker.

Trabalho Funcional versus Trabalho Gerencial

Drucker sugere que na realidade não há diferença entre a gestão profissional e a empresa de gestão familiar quando se trata de *trabalho funcional*, como pesquisa, marketing ou contabilidade. Por outro lado, a gestão da empresa familiar requer "regras" diferentes. Sem a adesão a essas regras, Drucker sentia que a empresa familiar não poderia sobreviver ou prosperar.

As Regras de Drucker para os Membros da Família na Empresa[5]

A primeira regra é que os membros da família só trabalharão na empresa se forem tão capazes quanto qualquer funcionário que não seja da família e trabalhem no mínimo tão arduamente.[6]

De acordo com Drucker, os membros da família não devem ter permissão para trabalhar na empresa familiar, a menos que sejam tão capazes quanto os funcionários que não fazem parte da família. Eles só devem ter permissão para ficar na empresa por mérito próprio, não por serem membros da família. O respeito é também uma dimensão fundamental com relação aos membros da família na empresa. Eles precisam impor respeito com base em seu próprio mérito e desempenho. Se os membros da família na empresa não puderem impor respeito, não devem estar ali. Certa vez, trabalhei em um caso em que o filho do fundador era o CEO da empresa e não tinha o respeito da equipe de gestão profissional, formada por não familiares (marketing, finanças, operações, gerentes etc.). O moral sofreu e também o desempenho da empresa, devido à falta de orientação. Consegui com que a gerência adquirisse a participação do filho na empresa usando plano de propriedade de ações dos empregados (ESOP). Com isso, a empresa atualmente está indo muito bem, administrada por gerentes profissionais que não fazem parte da família. A questão principal foi a falta de respeito, o que reforça a opinião de Drucker.

Drucker continuou com suas regras, comentando que os membros da família que não estão dispostos a trabalhar, independentemente de sua formação educacional e capacidade, não devem ter permissão para fazer parte da empresa familiar. Além disso, se o membro da família não exercer um cargo na alta gerência, com o potencial de, no final, ser capaz de passar a fazer parte da liderança da empresa, ele deve na realidade receber um salário para ficar afastado dela. Alguns também sugerem que os membros da família não devem ter permissão para serem contratados para posições em nível de entrada; o ideal é que passem vários anos ganhando experiência prática, trabalhando em outra empresa antes de ingressar na empresa da família.

Com relação a promoções, os membros da família jamais devem ter preferência se houver alguém fora da família mais qualificado e com desempenho melhor na gerência. Finalmente, ao longo do tempo, os membros da família optarão por não entrar no negócio, e a empresa acabará se tornando totalmente profissional, gerida por não familiares. Isso nos leva a uma discussão sobre o gerente profissional que não faz parte da família.

Regras para Gerentes que Não Fazem Parte da Família[7]

> *Segunda regra: Não importa quantos membros da família fazem parte da gerência da empresa e quão eficientes eles são, a liderança deve ficar nas mãos de alguém de fora que não faça parte da família.*[8]

Com relação à gerência de topo, Drucker sugeria que pelo menos uma posição de gerente sênior seja sempre preenchida por um gerente profissional que não faça parte da família. Um exemplo relativamente engraçado citado por Drucker e relacionado a essa regra é a Máfia, em que o segundo homem no comando, abaixo do Chefão, o *consigliore* (advogado), não faz parte da família e pode até não ser siciliano.[9]

A terceira regra para a empresa familiar é que, a menos que a empresa familiar seja realmente pequena, os cargos-chave do *staff* também devem ser ocupados por pessoas que não façam parte da família. Drucker argumentava que os membros da família não podem possuir os conhecimentos e a especialização necessários em todas essas áreas.

Os não familiares em cargos altos de gerência devem receber recompensas e incentivos que os façam sentir-se "proprietários", ou, como Drucker comentou: "eles precisam da cidadania plena na empresa".[10] Afinal, é seu compromisso com a empresa familiar que permite que o negócio cresça e continue tendo sucesso. Essas recompensas podem ser na forma de opções de compra de ações, bonificações, "ações fantasmas" (*phantom stocks*) e outros incentivos criativos para manter o comprometimento e a motivação dos gerentes que não fazem parte da família. Sem esses incentivos, há o perigo de o gerente ou gerentes que não fazem parte da família ficarem frustrados e optarem por montar o próprio negócio, tornando-se concorrentes.

Outra regra importante para os gerentes que não fazem parte da família é não misturar negócio com família. Aqui, Drucker sentia que há um perigo de envolver-se demais na família e perder a perspectiva do negócio se o gerente que não é da família tentar se aproximar demais dela. Portanto, o gerente que não faz parte da família deve, em geral, evitar ocasiões nas quais a família se reúna, a não ser que seja um acontecimento especial para o qual tenha sido convidado.

Plano de Sucessão

Planejar a sucessão – quem assumirá a liderança da empresa familiar – é uma decisão fundamental que não deve ser deixada para a última hora. Drucker aconselhava que essa decisão deveria ser confiada a um conselheiro de fora, que não fizesse parte da família nem da empresa.

Parte Dois: As Regras de Drucker para as Estratégias de Saída e a Sucessão Gerencial

A empresa familiar precisa se programar para as mudanças. Drucker calculava que, depois de duas gerações "os membros da família serão apenas beneficiários do negócio, não patrões". Como exemplo, os estudos mostraram que 80% das empresas familiares nos Estados Unidos não chegaram à segunda geração.[11]

A Parte Dois trata de questões extremamente importantes sobre planejamento de sucessão e discute as várias alternativas de estratégia de saída disponíveis para a empresa familiar.

> *A expectativa de vida média de uma empresa familiar é de 25 anos. O obstáculo é a sucessão gerencial.*[12]
>
> Paul J. Lim

Pesquisa sobre Proprietários de Empresas de Capital Fechado[13]

Há vários anos, uma grande empresa de consultoria e contabilidade realizou um estudo sobre os proprietários de empresas capital fechado e empresas de propriedade de famílias e descobriu o seguinte:

1. *Não sabem o valor da empresa*: Sessenta e cinco por cento dos proprietários não sabem quanto vale sua empresa. Em outras palavras, desconhecem o valor justo de mercado de sua empresa e o que poderiam conseguir caso a venda da empresa fosse uma estratégia de saída a ser considerada. Saber o valor da empresa também é importante se o proprietário estiver pensando em alternativas de estratégia de saída, como transferir a empresa para membros da família.

2. *Não possuem estratégia de saída ou plano de sucessão*: Oitenta e cinco por cento dos proprietários de empresas entrevistados não têm estratégia de saída ou plano de sucessão. Os proprietários não deram nenhuma atenção a como ou quando iriam finalmente aposentar-se e quem assumiria a administração da empresa. Muitas vezes, isso é atribuído a sua relutância de aceitar a própria mortalidade – acreditam-se imortais – e ao fato de que a identidade pessoal pode estar entrelaçada com a empresa, o que fará com que percam a identidade se e quando deixarem a empresa. Muitos proprietários são incapazes de abrir mão de sua cria, situação semelhante à preocupação de um pai quando casa a filha e ele deve entregá-la no altar durante a cerimônia de casamento. Há os proprietários que sentem que a permanência no controle da empresa familiar lhe dará controle e influência sobre os demais membros da família. Muitos donos de empresas podem aposentar-se "oficialmente" apenas para reaparecer e interferir na direção da empresa.

3. *A maior parte do patrimônio líquido do proprietário está na empresa*: Setenta e cinco por cento do patrimônio líquido dos proprietários está vinculado à empresa. Há uma *Lei do Homem Prudente* que sugere que uma pessoa não deve investir mais de *20%* de sua riqueza pessoal em um negócio. É claro que a maioria dos donos de empresas ignora essa regra. Ter capital próprio na empresa é muito bom, mas como converter isso em dinheiro vivo e riqueza pessoal para a aposentadoria?

4. *Sem planejamento financeiro pessoal*: Vinte e cinco por cento dos proprietários de empresas não fizeram nenhum planejamento patrimonial para minimizar os impostos, tampouco sabem como converter o patrimônio de suas empresas em riqueza pessoal ou liquidez. Muitos transferem o negócio da família para os filhos, mas, ao fazer isso, como o pai será recompensado pelo árduo trabalho e dedicação investidos, que fizeram o negócio crescer ao longo dos anos? Calcula-se que, entre 2001 e 2017, US$12 trilhões em riquezas serão transferidos de uma geração para outra, tornando-se a maior transferência de riquezas já ocorrida; muito dessa transferência envolverá empresas familiares.[14] Na discussão do plano e da sucessão na empresa familiar com meus alunos na China, como a geração de idosos que já não era mais capaz de gerar renda não era considerada um problema, eles apenas deixavam a empresa para a próxima geração.

Seis Estratégias de Saída

Richard Rodnick, o fundador e ex-presidente do conselho da Geneva Companies, empresa de incorporação e aquisição nos Estados Unidos, tem como regra que *a melhor época para desenvolver uma estratégia de saída é o dia em que se começa o negócio*. Como exemplo da prática dessa regra, Rodnick tinha uma estratégia de saída de vender a Geneva Companies cinco anos depois da data em que a fundou, o que fez quando vendeu a empresa para o Chemical Bank de Nova York por mais de US$30 milhões. Há quem argumente que essa regra não permite que o proprietário consiga o valor total pela empresa – que, se ele mantivesse a empresa durante mais alguns anos, poderia conseguir muito mais pelo negócio. Para contrapor esse argumento, há outra citação interessante. Quando perguntaram a Bernard Baruch, que acumulou uma enorme fortuna pessoal em meados do século XX, como ele tinha ficado tão rico, ele explicou: "Eu sempre vendi cedo demais."[15] Vamos rever rapidamente as várias estratégias de saída disponíveis para o proprietário da empresa e depois tratar do plano de sucessão como parte das alternativas de estratégia de saída.

A melhor época para desenvolver uma estratégia de saída é o dia em que se começa o negócio.[16]

Richard Rodnick, fundador e ex-presidente do conselho da Geneva
Companies

Seis Alternativas de Estratégia de Saída

Há seis principais alternativas de estratégia de saída disponíveis para o proprietário de empresa, excluindo a liquidação do negócio. As cinco primeiras têm a ver com estratégias que devem ser consideradas quando há membros da família interessados em assumir a gestão da empresa e qualificados para tal, e a última estratégia lida com o plano de sucessão em que há membros da família com potencial para assumir o comando. Na verdade, há situações nas cinco primeiras estratégias em que os membros da família podem continuar gerindo as operações do dia a dia da empresa, mas deixarão de ter um percentual significativo de sua propriedade.

Um: Vender para Alguém de Fora   Essa estratégia de saída envolve a venda da empresa para pessoas de fora por meio de venda direta ou, possivelmente, de uma fusão em que a outra parte ganhe a maioria das ações no novo arranjo. Embora possa ser chamada de fusão, geralmente para o ego do proprietário, "Fizemos uma fusão com uma gigante multinacional que é 100 vezes maior do que nós", a maior parte dessas transações na realidade são aquisições.

Dois: Vender para Alguém de Dentro da Empresa – Gerência e Funcionários   Vender a empresa para membros da gerência e funcionários que não sejam da família é outra estratégia que costuma ser considerada. Muitas vezes, a gerência pode estar desencantada com a falta de direção da empresa quando o proprietário-fundador perde energia e entusiasmo pelo crescimento da empresa. O proprietário-fundador continua a levar uma boa vida em termos de compensação pessoal e mordomias, mas torna-se conservador quanto a assumir riscos desnecessários. Assim, a empresa começa a envelhecer em um sentido negativo, resultando, muitas vezes, na perda da fatia de mercado. A gerência pode sentir que uma nova liderança pode reverter a situação se tiver oportunidade. No entanto, o problema de considerar essa estratégia de saída está em como a gerência e os funcionários podem levantar o financiamento necessário para adquirir a empresa. Passar o chapéu, por exemplo, e pedir à gerência e aos funcionários que contribuam com parte de suas economias pessoais para a aquisição da empresa em geral não é suficiente para levantar fundos para dar a entrada na aquisição.

Há algumas maneiras criativas e técnicas de financiamento corporativo disponíveis para a aquisição da empresa pela gerência e funcionários, como o ESOP (Employee Stock Ownership Plan), usado com sucesso nos Estados Unidos e no Reino Unido, mas em geral desconhecido na China e em muitas outras partes do mundo. Em meu curso sobre fusões e aquisições, vender para "pessoas de dentro da empresa" não é uma opção muito bem vista em termos de potenciais compradores para a empresa, a menos que se possa estruturar um plano ESOP. A China implementou agora uma versão própria de um ESOP, mas até agora não possui as vantagens de impostos que estão associadas aos ESOPs nos Estados Unidos.

Três: Vender para um Sócio ou Outros Acionistas   Se o proprietário-fundador tem outros sócios ou acionistas, ele pode pensar em lhes vender sua parte na sociedade. Surgem aqui duas questões que precisam ser abordadas para implementar a estratégia. Em primeiro lugar, qual é o valor das ações a serem vendidas; além disso, será que todos os acionistas concordam com o valor? Isso pode ser resolvido, geralmente, usando-se uma empresa profissional de avaliação de negócios de fora, para estabelecer o valor de mercado justo e avaliar as ações. Em segundo, como no caso da venda para gerência e funcionários, como os outros acionistas levantam recursos para adquirir as ações do proprietário-fundador? A utilização de lucros futuros é um método típico. No entanto, isso deixa o proprietário-fundador em situação de risco se a nova gerência tomar decisões de negócios ruins, que afetem a empresa negativamente. O ideal é os acionistas pedirem dinheiro emprestado para comprar a parte do proprietário-fundador e pagar a instituição que realizou o empréstimo com os lucros futuros da empresa. O ESOP, como foi previamente mencionado, também tem vantagens fiscais distintas quando usado para comprar ações de outros sócios ou acionistas.

Quatro: Vender para Fundos Patrimoniais e Grupos de Investimento Privado Os fundos patrimoniais e grupos de investimento privado podem ser uma estratégia de saída atraente; na verdade, a recapitalização é uma das melhores estratégias a considerar. Os fundos patrimoniais (*equity funds*) e os grupos de investimento privado costumam investir em um portfólio de negócios que atende a seus critérios de investimento (tipo de empresa, setor, posição geográfica, faturamento etc.) e, em geral, adquirem uma participação de 60 a 80% – às vezes maior – na empresa.

Um dos principais critérios de fundos patrimoniais e grupos de investimento privado é haver na empresa uma sólida equipe gerencial na empresa, uma vez que eles não estão interessados em gerenciar as operações do dia a dia, e sim apenas em proporcionar direção estratégica no nível do conselho. Deve também haver algum grau de sinergia com o portfólio de negócios existente, como por exemplo o mesmo setor ou um setor afim, o mesmo mercado, a mesma tecnologia e assim por diante. Nos casos em que existem membros da família capazes de gerenciar o negócio, essa é uma excelente maneira de cumprir os objetivos pessoais e comerciais do proprietário-fundador, permitindo que ele receba um pagamento significativo à medida que a gerência e o percentual restante da propriedade na empresa são transferidos para a próxima geração. Há muitos fundos e grupos de investimento privado de tamanhos variados – do GE Capital a empresas menores – que administram fundos de pensão e aposentadoria e buscam oportunidades de investir tais fundos. É importante observar que esses acordos, ao contrário das Regras de Drucker mencionadas no Capítulo 7, são feitos por motivos financeiros, embora a estratégia de negócio seja considerada com relação à sinergia com o patrimônio do portfólio das empresas de grupos existentes. Os fundos patrimoniais e os grupos de investimento privado costumam fazer parte do negócio durante cinco a sete anos e têm a própria estratégia de saída em termos de uma possível oferta pública inicial (IPO) ou venda de seu portfólio a um comprador interessado.

Cinco: Vender para o Público: Oferta Pública Inicial (IPO) Embora haja algumas empresas familiares muito grandes, como mencionamos na Parte Um deste capítulo, a empresa de propriedade familiar típica costuma ser pequena demais para se considerar seriamente uma IPO como alternativa de estratégia de saída. Portanto, não discutirei a IPO em detalhes; gostaria apenas de mencionar que é um processo caro e que consome tempo.

Seis: Transferir a Propriedade para Outros Membros da Família – o Plano de Sucessão O plano de sucessão é essencial para garantir a continuidade da empresa, especialmente quando há membros da família interessados e capazes de administrar a empresa. O plano de sucessão, quando há um único herdeiro, é o modelo menos complicado, desde que o herdeiro deseje entrar no negócio e tenha a capacidade de dirigi-lo. Os modelos ficam mais complicados quando há vários herdeiros, filhos mais velhos *versus* filhos mais novos, filhos contra filhas, membros inativos da família, viúva/viúvo do proprietário-fundador, parentes e sucessores não relacionados (pessoas que não fazem parte da família).

Nas situações em que existem vários herdeiros, o plano de sucessão deve envolver duas entidades no processo de planejamento, um conselho de família e um conselheiro de fora. Aqui, Drucker defendia fortemente o papel dos conselheiros de fora no plano de sucessão.[17] O primeiro papel do conselho de família é definir as responsabilidades e qualificações necessárias para o sucessor em termos de conhecimento, habilidades e experiência. David Bork, em *Family Business, Risky Business,* sugere os seguintes critérios a serem considerados para se identificar os potenciais sucessores:[18]

- Três a cinco anos de experiência em um cargo ou cargos que dependem de competência, habilidade e desempenho sustentável, em vez de em relacionamentos familiares. Muitos também sugerem que essa experiência deve ter sido adquirida fora da empresa familiar.
- Experiência em administrar atividades alheias.
- Reconhecimento pela competência demonstrada no emprego.
- Indícios da capacidade de administrar relacionamentos, tanto com seus semelhantes quanto com os supervisores.
- Indícios da capacidade e disposição de tomar iniciativa no trabalho.
- Indícios de ter sido um funcionário valorizado, com contribuições legítimas a oferecer.

O próximo passo para o conselho da família é identificar os possíveis sucessores, sejam eles membros da família ou gerentes profissionais que não sejam da família, mas sem se responsabilizar por essa seleção. Drucker sugere que isso deve ser deixado a cargo de alguém de fora: um conselheiro que não faça parte da família, que possa proporcionar uma perspectiva objetiva e eliminar a chance de conflito entre os membros da família. Como parte do processo de seleção, é importante deixar claro também para todos os envolvidos que eles não precisam passar a integrar a empresa familiar.

Com relação a situações em que há uma viúva/viúvo do proprietário-fundador, depende de quanto a mesma/o mesmo estava envolvida(o) na empresa antes da morte do fundador. Se houver outro sócio, ou sócios, talvez eles não queiram que o cônjuge se envolva na empresa. Esse potencial problema pode ser resolvido com um contrato de "compra e venda" firmado entre os sócios na época da formação da empresa, descrevendo como a parte de um sócio na empresa pode ser comprada no futuro. Nos EUA, esses contratos de compra e venda usualmente são financiados pelo seguro de vida que a empresa paga por sócio. No caso da morte de um sócio, os prêmios do seguro de vida são usados para adquirir a parte do cônjuge sobrevivente, que costuma herdar sua parte na empresa. Se o viúvo/viúva for de um segundo ou terceiro casamento, os filhos podem demonstrar preocupação a respeito de quem herdará a empresa no caso de morte do proprietário-fundador – se a empresa for deixada para o cônjuge sobrevivente, os filhos se sentirão enganados e desprovidos daquilo que julgam ser direito seu. O planejamento adequado e acordos pré-nupciais podem eliminar essas preocupações e evitar conflitos na família.

Assim que o sucessor tiver sido identificado, é importante ter um plano de desenvolvimento para a pessoa conseguir o conhecimento e a experiência necessários para assumir a gestão da empresa. A extensão do plano de desenvolvimento varia de acordo com a idade e a experiência do sucessor em potencial. O filho que entra na empresa vindo de outro lugar em um primeiro emprego exigirá consideravelmente mais se comparado a um administrador profissional que não faça parte da família e já tenha desempenhado um cargo de gerência semelhante, como sugeriu Drucker na Parte Um. Drucker também enfatizou a necessidade de definir as expectativas de desempenho e os resultados desejados à medida que o sucessor galga vários degraus na administração da empresa. O proprietário-fundador também deve ser paciente e permitir que o sucessor cometa alguns erros, usando-os como experiências de aprendizado.

Resumo e Eliminação das Lacunas Deixadas por Drucker

A primeira parte deste capítulo descreve as regras de Drucker para gestão e crescimento de empresas familiares, e a segunda parte define a maneira de assegurar sua continuidade por meio de um plano de sucessão apropriado. A fim de eliminar a lacuna deixada por Drucker, discutimos várias estratégias de saída disponíveis para o proprietário-fundador quando não há membros da família interessados em administrar o negócio. Concluí com os dois pontos-chave de Drucker relativos ao plano de sucessão e estratégias de saída:

- Não deixe para a última hora essa tarefa importante.
- Use conselheiros objetivos que não façam parte da família para auxiliar no processo de seleção.

Os pontos principais deste capítulo são:

1. *Estratégia de saída*: Como proprietário de uma empresa familiar ou de uma pequena empresa, você tem uma estratégia de saída?
2. *Plano de sucessão*: Partindo do pressuposto de que você não viverá para sempre, como pretende preservar a continuidade da empresa? Já elaborou um plano de sucessão?

3. *Conselheiros de fora*: Existe no conselho da sua empresa um conselheiro de fora, que não faça parte da família?

Ferramenta de Avaliação e Estudos de Caso

A ferramenta de avaliação a seguir pode ser usada no plano de sucessão. Apresento também dois estudos de caso que são usados em nossos MBAs e Programas de Desenvolvimento para Executivos. Ambos os casos lidam com planos de sucessão e estratégias de saída para a empresa familiar.

Plano de Sucessão e Ferramenta de Avaliação

PARTE UM – AVALIAÇÃO DO *STAFF* E DA GERÊNCIA

Descrição
- Essa ferramenta permite avaliar os atuais executivos, a gerência e o *staff* da empresa, bem como os papéis que eles desempenham na organização. Ajuda a analisar a qualidade de sua atual equipe de gerência e *staff*, seu potencial de crescimento e as necessidades de desenvolvimento exigidas para prepará-los para tal crescimento.

Avaliação
- A continuidade da gerência e do *staff* é essencial para o sucesso da empresa como um todo. É importante avaliar a gerência e o *staff* da empresa a fim de determinar se atualmente existe o talento necessário para concretizar a missão da empresa. Tal avaliação também oferece *insights* sobre a existência de possíveis "lacunas de talento" e que talentos adicionais podem ser desenvolvidos internamente ou recrutados na organização.

Instruções
A seguir, você encontrará um "Formulário confidencial de avaliação da gerência e do *staff*".

A título de orientação, entre as pessoas a serem avaliadas devem estar o CEO, seus subordinados diretos e outros gerentes, bem como o *staff* principal, essenciais para a continuidade da empresa.

Sinta-se à vontade para fazer tantas cópias do formulário quantas forem necessárias e utilize-os para avaliar cada um de seus executivos, gerentes e membros do *staff* que você queira considerar no plano de sucessão da empresa.

Avaliação Confidencial da Gerência e do *Staff*

NOME:_____

CARGO:_____

(Continua)

CIRCULE UM NÚMERO NAS ESCALAS ABAIXO.

1. *Em comparação com outros na organização que estejam no mesmo nível, o desempenho e os resultados dessa pessoa são consistentemente:*

1	2	3	4	5	6	7	8	9
	Piores			Na média			Melhores	

2. *Em comparação com os outros no setor que realizam o mesmo trabalho, o desempenho e resultados dessa pessoa são consistentemente:*

1	2	3	4	5	6	7	8	9
	Piores			Na média			Melhores	

3. *Os métodos (estilo de gestão e liderança, práticas de gestão) que essa pessoa usa para obter os resultados acima são:*

1	2	3	4	5	6	7	8	9
	Ruins			Na média			Excelentes	

4. *Essa pessoa tem capacidade (conhecimentos, habilidades e experiência) para desempenhar o papel exigido pelo cargo:*

1	2	3	4	5	6	7	8	9
Pouca capacidade			Capacidade média			Muita capacidade		

5. *Essa pessoa tem a disposição (motivação pessoal e comprometimento) para desempenhar o papel exigido pelo cargo:*

1	2	3	4	5	6	7	8	9
Pouca disposição			Disposição média			Muita disposição		

6. *A fim de melhorar a eficácia e o desempenho dessa pessoa no atual cargo, suas necessidades de treinamento e de desenvolvimento são:*

1	2	3	4	5	6	7	8	9
Intensas			Moderadas			Inexistentes		

7. *Até que ponto a pessoa precisa se preparar para ser promovida ao próximo cargo mais alto?*

(Continua)

1	2	3	4	5	6	7	8	9
Precisa muito de ajuda			Precisa de ajuda moderada			Não precisa de ajuda		

8.   Que impacto a saída dessa pessoa teria sobre o sucesso da empresa no futuro?

1	2	3	4	5	6	7	8	9
Nenhum			Algum			Enorme		

SOME A PONTUAÇÃO OBTIDA EM CADA PERGUNTA E ANOTE O TOTAL AQUI:_____
CONSULTE A INTERPRETAÇÃO DOS RESULTADOS A SEGUIR.

Interpretação dos Resultados da Avaliação da Gerência e do *Staff*

Pontuação	Eficiência	Necessidades de desenvolvimento
64-72	Altamente eficiente	Oferecer aprendizado contínuo por meio de treinamento e desenvolvimento de executivos/gerencial para obter *insights* sobre conceitos mais novos e trocar ideias com um grupo de iguais. Considerar tarefas especiais na preparação para um cargo mais alto.
57-63	Eficiente	A fim de melhorar sua eficiência e prepará-la para um cargo mais alto, de quais necessidades de desenvolvimento essa pessoa poderia se beneficiar mais?
49-56	Eficiência acima da média	Identificar as perguntas da avaliação que reduziram a pontuação total dessa pessoa. Que necessidades de desenvolvimento lhe devem ser oferecidas, e em quais áreas?
41-48	Moderadamente eficiente	Identificar as perguntas da avaliação que reduziram o resultado total dessa pessoa. Que necessidades de desenvolvimento devem ser oferecidas, e em que áreas?

(Continua)

| 32-40 | Eficiência abaixo da média | Desenvolvimento considerável necessário para melhorar a eficiência dessa pessoa, dependendo da "disposição" de agir e da motivação para o autodesenvolvimento. (Consulte a pontuação obtida na pergunta 5.) |
| Menos de 31 | Ineficiente | O que essa pessoa ainda está fazendo na empresa? |

Diagnóstico – Perguntas nas Quais a Pontuação Ficou Abaixo de 5

Instruções

Analise todas as perguntas sobre avaliação da gerência e do *staff* cujo resultado esteja abaixo de 5 e explore as questões referentes a essas perguntas.

Pergunta 1: Desempenho em Comparação com Outros na Empresa.

De que tipo de desenvolvimento essa pessoa necessita para aumentar a eficiência e melhorar o desempenho pessoal em comparação com outros no mesmo nível na empresa?

Pergunta 2: Desempenho em Comparação com Outros no Setor.

De que tipo de desenvolvimento essa pessoa necessita para aumentar a eficiência e melhorar o desempenho pessoal em comparação com outros no mesmo nível na empresa?

Pergunta 3: Estilo de Gerência e Liderança e Práticas Gerenciais.

De que desenvolvimento essa pessoa necessita para melhorar o estilo de gerência e liderança e as práticas de gerência pessoal?

Pergunta 4: Conhecimento, Habilidades e Experiência.

De que tipo de desenvolvimento essa pessoa necessita para obter mais conhecimento, habilidades e experiência para aumentar a eficiência e melhorar o desempenho pessoal?

Pergunta 5: "Disposição" – Motivação Pessoal e Comprometimento.

De que tipo de desenvolvimento essa pessoa necessita para melhorar sua "disposição" de agir, sua motivação e comprometimento pessoal?

(Continua)

Pergunta 6: Necessidades de Treinamento e Desenvolvimento.

De que outros tipos de treinamento e desenvolvimento essa pessoa necessita para melhorar a eficiência pessoal, a eficácia e o desempenho dos outros funcionários e qual impacto poderia ter para melhorar a eficiência da empresa?

_____

Pergunta 7: Desenvolvimento para o Próximo Cargo Mais Elevado.

Qual é o próximo cargo para o qual essa pessoa deve ser considerada, e o que é necessário para desenvolvê-la e prepará-la para ocupá-lo?

_____

Pergunta 8: Perda para a Empresa.

Se perder essa pessoa não é fundamental para o sucesso futuro da empresa, por que ela ainda continua trabalhando na empresa? O desenvolvimento aumentaria seu valor para a empresa, e, se esse for o caso, de que tipo de desenvolvimento ela precisa?

_____

PARTE DOIS – PLANO DE SUCESSÃO

Só faça essa parte se o resultado da avaliação da pessoa tiver sido 57 ou mais.

1. Próximos Cargos (Avanço)

Indica para que cargo ou cargos essa pessoa deve ser considerada.

1. _____   2. _____
3. _____

Preparo para o Avanço (Marque Quando Essa Pessoa Estiver Pronta para Avançar para os Cargos Acima).

Pronta agora ( ) Pronta em um ano ( ) Pronta daqui a dois anos ( ) Pronta daqui a três anos ( )

Próximos Cargos (Desenvolvimento)

Indica a que cargos de desenvolvimento ou projetos especiais essa pessoa deve ser indicada a fim de prepará-la para o avanço.

1. _____   2. _____
3. _____

Caso 1: The Great Wall Travel & Tour Company

A VIÚVA INDESEJADA

Histórico

A The Great Wall Travel and Tour Company é uma empresa de capital fechado de Pequim, especializada em organizar roteiros na China para turistas de outros países. A empresa foi fundada em 1986 como uma sociedade entre Henry Lee e William Wang (cada um com 50% da empresa). Até 2003, e como resultado da crise de gripe aviária na China, a empresa apresentou crescimento uniforme em vendas, lucros e quantidade de funcionários. Durante esse período, a empresa abriu filiais em Xangai e Hong Kong, Londres e San Francisco. Focada inicialmente em turistas internacionais do Ocidente e de outros países asiáticos, a empresa expandiu seus serviços de modo a incluir a organização de roteiros de viagem para turistas chineses que desejassem visitar outros países, à medida que a economia chinesa crescia rapidamente e os níveis de renda aumentavam, permitindo que um número maior de chineses viajasse.

A Situação

O ano de 2003 foi um desastre total para o setor de turismo chinês por causa da gripe aviária: o setor amargou prejuízos de bilhões de dólares. A Great Wall Travel perdeu uma quantia considerável de dinheiro durante esse período e foi forçada a fechar as filiais de Xangai, San Francisco e Londres. Demitiu mais da metade de seus funcionários nas filiais de Hong Kong e Pequim. Embora a crise tenha terminado em maio, o turismo da China não retornou aos níveis vigentes nos anos anteriores. A empresa sofreu outro baque porque os turistas chineses não foram bem-vindos em outros países durante o mesmo período, também devido à gripe. Embora o governo prometesse oferecer ajuda para esse setor, a Great Wall Travel não recebeu nenhum alívio de fundos do governo, embora pudesse pedir dinheiro emprestado a taxas mais favoráveis. A redução nos impostos do setor também não ajudou, já que a empresa teve prejuízo e não tinha impostos a pagar.

Para complicar a situação, o estresse de tentar manter a empresa viva durante esse período afetou a saúde de William Wang; aos 55 anos, ele sofreu um ataque cardíaco e faleceu. Deixou sua metade da sociedade na empresa para a esposa de 48 anos, Julia Wang.

Julia Wang era parcialmente ativa na empresa e ocasionalmente acompanhava turistas chineses em roteiros aos Estados Unidos e Europa. Considerava esses roteiros mais férias do que trabalho. Costumava fazer muitos gastos pessoais nessas viagens, comprando roupas, cosméticos e outros itens pessoais e lançando esses gastos como despesas de negócios. Isso irritava o sócio, Henry Lee, que sempre se queixava disso a William Wang. Ela também aproveitava as promoções especiais que várias empresas aéreas, hotéis e *resorts* no mundo inteiro, para promover suas instalações, ofereciam de vez em quando à empresa. Isso criou muita insatisfação entre os funcionários, que se consideravam merecedores de algumas dessas viagens grátis. Além desses roteiros e viagens promocionais, Julia raramente era vista dando expediente no es-

(Continua)

critério da empresa em Pequim. Julia se formara na Universidade de Pequim, onde estudou inglês. Passou outro ano estudando na Europa, onde aprendeu francês. No entanto, não tinha treinamento em administração de empresas.

A Reunião

Depois do enterro do marido, Julia marcou uma reunião com Henry Lee. Na reunião, ela expressou sua vontade de se tornar mais ativa na empresa e, como detentora de 50% do capital da empresa, esperava ser incluída em todas as decisões relativas às suas operações. Usaria o escritório e a secretária do marido, mas queria apenas realizar uma viagem ocasional de sua escolha como antes e atuaria como o elo com empresas aéreas, hotéis e *resorts* internacionais. Henry Lee poderia continuar na direção das operações do dia a dia da empresa, desde que ela fosse consultada sobre decisões importantes que precisassem ser tomadas e estivesse de acordo com elas. Além disso, insistia para que o filho, que estudava na London School of Economics, fosse nomeado diretor financeiro. O atual diretor financeiro da empresa, que estava na empresa há 10 anos, teria de ser dispensado. Isso serviria a dois propósitos: o filho administraria as finanças da empresa, para garantir que os interesses de Julia estivessem protegidos, e o cargo garantiria que ele assumisse sua função quando ela não quisesse mais atuar na empresa. Além disso, avisou a Henry Lee que sua primeira decisão seria que todos os futuros roteiros chineses para a Europa fossem coordenados por ela e a Air France fosse a empresa aérea usada para a maior parte dessas viagens.

Sabendo de antemão que Henry Lee não ficaria muito animado com suas exigências, ela lhe ofereceu uma alternativa: ele compraria seus 50% em ações da empresa por US$2 milhões e ela se aposentaria oficialmente da empresa. Avisou que esperava sua resposta dentro de duas semanas. Nesse meio-tempo, estaria à frente de uma viagem a Paris e também compraria algumas novas roupas "de trabalho" pelas quais esperava que a empresa pagasse.

Henry Lee reagiu com toda calma. Respondeu que "levaria em consideração essas alternativas e marcaria outra reunião para discutir mais o caso quando ela voltasse de Paris".

Depois que a porta do escritório se fechou, ele deu um soco tão forte na mesa que quebrou dois dedos e precisou engessar a mão.

E Agora?

A última coisa no mundo de que Henry Lee precisava era da participação de Julia na empresa. Metade dos funcionários ou mais sairiam se soubessem que ela participaria da administração da empresa.

Demitir o diretor financeiro não era uma opção. Ele era sobrinho de Lee e estava sendo preparado para assumir sua parte do negócio quando ele resolvesse se aposentar. Além do mais, era notório que o filho de Julia era um incompetente.

A empresa não tinha US$2 milhões para comprar a parte de Julia. De qualquer maneira, de onde ela tirara esse número? Talvez daquele momento até 2008, quando as Olimpíadas seriam sediadas em Pequim, a empresa pudesse economizar

(Continua)

bastante para comprar sua parte, mas isso só ocorreria dali a cinco anos, e ele não queria Julia por perto por tanto tempo.

Análise e Discussão do Caso

O que Henry Lee deve fazer agora?
Como essa situação poderia ter sido evitada?

Observações para o Professor

Esse caso pode ser usado para reforçar os conceitos apresentados no capítulo e a necessidade de um plano de sucessão. Entre outros tópicos que podem ser apresentados aqui estariam o contrato de compra e venda financiado com o seguro de vida que a empresa paga por sócio e a necessidade de uma avaliação comercial para definir o valor da empresa, o valor da parte de cada sócio e a quantidade necessária a ser financiada pelo seguro. O uso de um ESOP para comprar a parte de outro acionista também seria uma alternativa a considerar nessa situação. A estrutura societária é outro tópico que pode ser discutido. Uma sociedade com divisão de lucros de 50/50 é a receita para o desastre. É possível ter sociedade com divisão de lucros de 50/50, mas uma divisão de tomada de decisão de 51/49.

Caso 2: Atlanta Pipe, Valve & Supply Company

ESTUDO DE CASO SOBRE ESTRATÉGIAS DE SAÍDA

Histórico: A Empresa

A Atlanta Pipe, Valve and Supply Company é uma empresa de capital fechado, fundada em 1969, que distribui canos, válvulas industriais e encaixes usados principalmente em indústrias de processamento (fábricas de papel, indústrias de processamento de alimentos e bebidas, refinarias e fábricas de produtos químicos). A empresa também fornece engenharia de valor agregado e serviços de manutenção, inclusive projetos, instalação e teste de segurança. Além disso, a empresa tem acordos de distribuição exclusivos para o sudeste dos Estados Unidos com vários dos maiores fabricantes de válvulas industriais nos Estados Unidos e Europa.

A empresa teve grande sucesso e cresceu muito, tornando-se a maior distribuidora desse tipo de material no estado da Geórgia, com mais de US$75 milhões em vendas anuais. No total, a empresa é lucrativa, embora os lucros em alguns anos tenham sido um pouco mais baixos devido à natureza cíclica de alguns de seus principais clientes e dos setores aos quais atende.

A Situação

Estrutura Societária da Empresa

Henry Brown, o fundador da empresa, morreu há vários anos. São seus herdeiros Ann Brown, esposa, 67 anos, e presidente do conselho de administração da em-

(Continua)

presa, que possui 51% das ações; Steve Brown, filho, 45 anos e presidente da empresa, que possui outros 15% das ações; Lucy Brown, filha, 38 anos, vice-presidente, que tem outros 15% das ações, e vários outros filhos e netos que não atuam na empresa mas participam da divisão de lucros a cada ano. São deles os 19% restantes das ações. Há também três gerentes importantes que estão na empresa há vários anos e desempenharam um papel importante, ajudando-a a crescer e a ter sucesso.

Objetivos Pessoais dos Membros da Família

Ann Brown, Presidente do Conselho

Gostaria de aposentar-se e tirar sua parte (o valor de suas ações) da empresa. A maior parte de seu patrimônio está na empresa.
Ela quer garantir que todos os filhos e netos sejam tratados de forma justa.

Steve Brown, Presidente

Gostaria de continuar a fazer a empresa crescer, principalmente por meio de aquisições estratégicas de concorrentes em outros estados. O problema é levantar capital para realizar tais aquisições.
Ele também se ressente do fato de trabalhar muito arduamente e de os filhos, que em nada contribuem, dividirem os lucros da empresa a cada ano.

Lucy Brown, Vice-presidente

Não é casada e ainda está interessada em desempenhar um papel ativo na empresa.
Também se ressente de que os filhos que nada contribuem dividam os lucros da empresa a cada ano.

Três Gerentes Importantes (que Não São Membros da Família)

Gostariam de ter parte das ações da empresa, em função da contribuição que deram ao longo dos anos.
Aproximaram-se de Ann Brown e pediram que ela desse a cada um deles 5% de participação na empresa.
Deram a entender que, sem essa participação, poderiam sair da empresa e ir trabalhar para um concorrente ou montar a própria empresa e concorrer com ela.

Empresas Fabricantes de Válvulas

Os fabricantes de válvulas, com as quais a empresa tem acordos de distribuição exclusiva, têm insistido com Steve Brown para que ele se expanda de maneira mais agressiva para outras regiões do Sudeste.
Indicaram que podem encerrar os acordos exclusivos com a empresa e procurar outros canais de distribuição ou talvez vender diretamente para o usuário final, a não ser que obtenham uma distribuição e vendas mais amplas.

(Continua)

Análise do Caso

Você é um consultor da área de gestão, especializado em fusões, aquisições e outros serviços financeiros. Foi indicado a Ann Brown por um amigo que acredita que, com base em seus conhecimentos e sua experiência nessa área, você talvez possa auxiliá-la e aos outros (membros da família ou não) a atingirem seus objetivos.

Você se reuniu com Ann Brown e Steve Brown e analisou os objetivos de todos; agora ela lhe pergunta quais são suas recomendações.

Você recomendaria vender a empresa? Por que, por que não e para quem – para que tipo de comprador?

Você recomendaria procurar um grupo de investimento privado? Por quê?

Que outras recomendações você faria?

Quais são os próximos passos a serem dados se você fosse contratado para ajudá-la na empresa?

Observações para o Professor

Embora este caso seja apresentado no Capítulo 8, ele também pode ser usado na discussão das fusões e aquisições do Capítulo 7. Neste caso há muitas abordagens para resolver os vários objetivos pessoais e comerciais de uma venda para recapitalização a um grupo privado, que seria a melhor alternativa em termos de atender os objetivos de quase todos. Um ESOP alavancado exigiria que se contraíssem muitas dívidas e não atenderia os objetivos comerciais do filho em termos de adquirir um concorrente.

Notas

1. Peter F. Drucker, *Managing in a Time of Great Change* (Nova York: Truman Talley Books/Plume, 1995), 57.
2. Norman M. Scarborough e Thomas W. Zimmerer, *Effective Small Business Management*, 7.ª ed. (Upper Saddle River, NJ: Pearson Education, Inc., 2003), 615.
3. Ming-Jer Chen, *Inside Chinese Business: A Guide for Managers Worldwide* (Boston: Harvard Business School Press, 2001), 19-44.
4. Peter F. Drucker, *Management: Tasks, Responsibilities, Practices* (Nova York: Harper & Row, 1973), 725.
5. Peter F. Drucker, *Managing in a Time of Great Change* (Nova York: Truman Talley Books/Plume, 1995), 52-57.
6. Ibid., 52.
7. Ibid., 53-54.
8. Ibid., 53.
9. Ibid., 54.
10. Ibid., 54.
11. Scarborough e Zimmerer, *Effective Small Business Management*, 7.ª ed., 615.
12. Paul J. Lim, "Putting Your House in Order", *US News and World Report*, (10 de dezembro de 2001), 38.
13. The Author Anderson/Mass Mutual American Famil Business Survey, 1977, www.massmutual.com/fbn/index.htm.

14. Scarborough e Zimmerer, *Effective Small Business Management*, 7.ª ed., 615.

15. Charles E. Kirk, "Market Wisdom from Bernard Baruch", *The Kirk Report* (5 de junho de 2008), 1.

16. Richard Rodnick, *How to Sell Your Business for the Most Profit Workshop*, (Costa Mesa, CA, junho de 1984).

17. Peter F. Drucker, *Managing in a Time of Great Change* (Nova York: Truman Talley Books/Plume, 1995), 56.

18. David Bork, *Family Business, Risky Business: How to Make it Work* (Nova York: AMACOM, 1986), 122-123.

Drucker e a Próxima Sociedade

O CIENTISTA SOCIAL

O que já aconteceu que definirá o futuro?[1]

Introdução

Este capítulo apresenta as observações de Drucker a respeito do que ele identificou como a próxima sociedade, assunto discutido em um de seus últimos livros, *Managing in the Next Society*, com alguns comentários adicionais a partir de livros anteriores do autor, *Managing in a Time of Great Change* e *Management Challenges for the 21st Century*.[2] Drucker também teceu comentários sobre as cinco certezas que podem servir de base para a estratégia e que correspondem às questões abordadas neste capítulo.

Incluí este capítulo para mostrar um tema recorrente em Drucker: observar o ambiente externo e, em especial, as mudanças que ocorrem na sociedade em geral. Essas mudanças têm implicações importantes para a estratégia e também para as oportunidades de inovação. As observações sobre a próxima sociedade refletem, de fato, a visão de Drucker sobre si mesmo como cientista social. Embora ele tenha identificado com clareza tais questões, abordaremos aqui também algumas lacunas deixadas por Drucker que precisam ser eliminadas.

Drucker e a Próxima Sociedade

Em primeiro lugar, seria útil descrever alguns dos fatores que levam Drucker a categorizar a próxima sociedade. Ele comentou: "Na década de 1990, conscientizei-me de que a sociedade estava mudando", uma das motivações para o livro *Managing in the Next Society*.[3] Quais foram as observações que o levaram a descrever a próxima sociedade? Examinarei aqui alguns de seus comentários sobre as principais mudanças que abarcam a próxima sociedade.

1. *Quarta revolução da informação*: O impacto da informação sobre os negócios e a sociedade, particularmente a Internet e o comércio eletrônico.

2. *Mudanças demográficas*: As populações estão envelhecendo no mundo inteiro e as taxas de natalidade estão diminuindo, o que faz com que a parcela
de jovens na população seja cada vez menor. Drucker previu que muitos
países no mundo desenvolvido veriam suas populações decrescerem nas
próximas décadas. As mudanças demográficas envolverão o movimento
contínuo de população das áreas rurais para as urbanas, e também a resistência à imigração. Muitas dessas mudanças demográficas também já estão
acontecendo na China.

3. *Declínio contínuo da indústria*: Drucker previu que haverá um declínio contínuo da indústria como fornecedor de riqueza e empregos. De acordo com
Drucker, economicamente, a indústria está se tornando marginal nos países desenvolvidos. Isso vem realmente acontecendo na última década no
mundo desenvolvido.

4. *Transformação da força de trabalho*: A força de trabalho nos países desenvolvidos está passando por uma transformação de trabalhadores manuais para
trabalhadores do conhecimento, em dois grupos – entre os empregados
mais jovens e mais velhos e em outros grupos, como trabalhadores de tempo integral e trabalhadores terceirizados e consultores. Surge também a
necessidade de trabalhar após a idade normal de aposentadoria. As implicações para as empresas é que as antigas práticas de gestão não serão mais
aplicáveis à administração dessa nova força de trabalho diversificada.

5. *Instabilidade política e revoltas sociais*: Drucker previu que isso seria a norma
no mundo inteiro nas próximas décadas do século XXI.

Aplicando Drucker

Depois de refletir sobre a pergunta de Drucker: "O que já aconteceu que definirá o futuro?", reflita sobre as perguntas a seguir:

1. O que esses fatos consumados significam para o nosso negócio?
2. Que oportunidades eles criam?
3. Que ameaças?
4. Que mudanças exigem – na organização e gestão do nosso negócio, em
nossos objetivos, nossos produtos, nossos serviços, nossa política?
5. Que mudanças viabilizam e quais serão as vantagens prováveis?
6. Que mudanças na estrutura do mercado e dos setores, nos valores básicos
(como a ênfase no meio ambiente) e na ciência e tecnologia já aconteceram
mas ainda não causaram um impacto total?
7. Quais são as tendências na estrutura econômica e social? Como elas afetam
o nosso negócio?[4]

Avaliação do Impacto das Questões

No final deste capítulo, você encontrará uma ferramenta de Avaliação do Impacto das Questões que é usada em nossos programas de desenvolvimento de executivos na China. Embora os títulos se refiram à China, a ferramenta pode ser usa-

da em qualquer país e talvez seja útil à medida que você examinar os principais fatores identificados na próxima sociedade em relação ao impacto em potencial de cada um sobre sua organização e sobre você pessoalmente. A ferramenta lhe permitirá aplicar alguns dos conceitos de Drucker e tornará este capítulo mais significativo para você.

A seguir, apresento uma breve discussão desses fatores. Na verdade, Drucker não estava realmente prevendo o futuro; ele declarou: "É irreversível, a próxima sociedade já chegou."[5]

A Quarta Revolução da Informação

Para quem nunca leu um livro de Drucker ou assistiu a uma de suas palestras, vale lembrar que ele costumava incluir uma discussão sobre história. A seguir, está um breve exemplo de estilo de escrever e ensinar de Drucker. Para chegar ao ponto principal, muitas vezes Drucker sentia que era necessário nos levar em uma volta ao mundo e voltar mais ou menos 6.000 anos no passado.

A primeira observação de Drucker foi sobre a Revolução da Informação, que ele descreveu como sendo a quarta revolução da informação do mundo, iniciada na década de 1950. De acordo com Drucker, a primeira revolução foi a invenção da escrita na Mesopotâmia (hoje Iraque) há 5.000 ou 6.000 anos, e posteriormente, vários milhares de anos depois, na China. A segunda revolução ocorreu entre 1300 e 500 a.C., com a invenção do livro escrito na China, e 800 anos depois na Grécia (embora os gregos já escrevessem muitos séculos antes da invenção do livro). A terceira revolução da informação ocorreu entre 1450 e 1455 com a invenção da imprensa e do tipo móvel por Gutenberg. Embora possamos concluir que a quarta revolução da informação começou com os computadores e com o microchip, a opinião de Drucker era que a Internet e o comércio eletrônico foram os principais impactos da nova revolução. Resultado: as distâncias foram eliminadas e, nas palavras de Drucker, "uma consequência é que hoje todas as empresas precisam se tornar competitivas globalmente, mesmo que fabriquem ou vendam seus produtos apenas no mercado local ou regional. A competição não é mais local e desconhece fronteiras".[6]

Mudanças Demográficas: A Diminuição da Taxa de Natalidade e o Envelhecimento da População

A demografia não será apenas o fator mais importante na próxima sociedade. Será também o menos previsível e o menos controlável.[7]

De acordo com Drucker, o maior impacto sobre a sociedade virá das mudanças demográficas dos países desenvolvidos e também dos países em desenvolvimento, como a China e a Índia, tanto em termos do envelhecimento da população quanto da redução das taxas de natalidade, o que faz com que haja um número cada vez menor de jovens na população. Essas mudanças proporcionarão várias oportunidades de negócios, mas resultarão também em enormes problemas sociais.

Envelhecimento da População

Drucker escreveu em *Next Society* que a previsão é que, até 2030, 50% das populações do Japão e da Alemanha tenham mais de 65 anos de idade. Em 2005, o Japão relatou que a taxa de pessoas com 65 anos ou mais correspondia a 21% da população total, acima da Itália, com 20%. Ao mesmo tempo, o percentual da população com 15 anos ou menos era o mais baixo do mundo, 13,6%, seguido pela Bulgária, com 13,8%. A população do Japão, que tem hoje aproximadamente 127 milhões de habitantes, declinou em 2006 pela primeira vez desde 1945. O governo japonês declarou que, se nenhuma medida fosse tomada para reverter a queda das taxas de natalidade, a população japonesa seria reduzida pela metade em menos de um século.[8] As mesmas tendências estão ocorrendo na China. Calcula-se que até 2020, 248 milhões de chineses estarão com 60 anos ou mais, e até 2040, 437 milhões de pessoas, quase um terço da população, estará com 60 anos ou mais na China.[9]

Declínio da Taxa de Natalidade

A mais importante nova certeza – apenas porque não há precedentes em toda a história – é o colapso da taxa de natalidade no mundo desenvolvido.[10]

Uma taxa de natalidade de 2,1 crianças por mulher é considerada ótima para substituir uma força de trabalho em envelhecimento. As taxas de fertilidade estão em declínio nos países industrializados há décadas, observou Drucker, e agora isso está se tornando um problema econômico sério. A taxa de fertilidade do Japão caiu para 1,25 em 2005. Os Estados Unidos têm uma taxa de fertilidade de dois filhos por mulher; é um dos poucos países industrializados com uma taxa alta assim.

Drucker também observou que as taxas de natalidade nos países desenvolvidos não são suficientes para repor suas populações. Por exemplo, ele previu que em 2050 a população da Alemanha diminuirá dos atuais 82 milhões de habitantes para 70 milhões a 73 milhões de habitantes, e a população do Japão diminuirá dos atuais 127 milhões de habitantes para 95 milhões. As mesmas tendências são encontradas na Itália, França, Espanha, Portugal, Holanda e Suécia.[11]

Superpopulação e Tendências Dentro de Tendências

A China é também a exceção, pois se prevê que a população chinesa aumentará em um ritmo de aproximadamente 10 milhões de habitantes por ano na próxima década, embora o governo tenha anunciado um objetivo de Crescimento Populacional Zero a ser alcançado até 2030.[12] A título de ilustração, é como criar, basicamente, outra Austrália a cada dois anos. A respeito da demografia, Drucker sugeriu que tentássemos detectar tendências dentro de tendências. Por exemplo, embora a tendência do envelhecimento da população possa ser observada na China, a proporção de homens para mulheres na China também tem mudado. A política do filho único implementada na China na década de 1980 atingiu o objetivo de limitar o crescimento populacional até certo ponto; no entanto, a taxa de 119 nascimentos masculinos para 100 nascimentos femininos criará um excedente de 30 milhões de homens na próxima década (considera-se a taxa normal entre 103 e 107 de um sexo para 100 de outro).[13]

Precisamos de Mais Crianças: Incentivos a Quem Tiver Filhos

Um artigo no *Wall Street Journal* reportou que um número cada vez maior de países oferece dinheiro e outros incentivos para que as pessoas tenham filhos, como maneira de resolver a questão da queda na taxa de natalidade e problemas populacionais.[14] A Alemanha está desenvolvendo um programa para tornar economicamente mais fácil para as mulheres terem filhos, propondo pagar 67% de seus salários com um teto de aproximadamente US$23.000 para uma licença-maternidade de 12 meses. Os homens também poderão ser candidatos a dois meses de licença remunerada, ou a um total de 14 meses por casal. A Austrália começou a oferecer bônus de aproximadamente US$3.000 em 2006 e relatou que o programa gerou um aumento na média de nascimentos por mulher de 1,76 a 1,82. O Japão também criou vários programas patrocinados pelo governo, como cruzeiros para jovens, na esperança de que se encontrem, casem e formem famílias. Uma cidade no Japão até ofereceu um bônus de US$10.000 às mães por terem um terceiro filho, na esperança de reverter a tendência do declínio populacional local. Os governos de outros países, como França e Cingapura, também ofereceram incentivos se as mulheres tivessem mais filhos. Resultado: a taxa de fertilidade da França aumentou de maneira constante com o aumento das isenções de impostos para casais com filhos, elevando a taxa de fertilidade para 1,9, bem acima de qualquer outro país da União Europeia. Mesmo Xangai, uma das maiores cidades chinesas, que atualmente tem o percentual mais elevado de idosas (20% da população), está encorajando as mulheres a ter mais filhos.[15]

À Moda Chinesa: "Economia Cultural"

Pequim permitiu que casais "selecionados e qualificados" com apenas um filho tivessem um segundo filho. Isso não se deve à bondade das autoridades, senão a uma necessidade econômica; e reflete a tradição chinesa de os filhos cuidarem dos pais idosos, uma vez que, financeiramente, o governo não será capaz de fazê-lo.[16] Uma das outras grandes cidades da China, Guangzhou, também seguiu o exemplo.[17] Um dos problemas é que, até 2030, haverá escassez de trabalhadores na China, já que a população em idade produtiva (entre 15 e 64 anos) crescerá apenas quatro pontos percentuais ao ano, enquanto a população na faixa etária de 50 a 64 anos aumentará 67 pontos percentuais entre 2005 e 2030.[18] Isso significa que a proporção de trabalhadores (aqueles que contribuem para o programa de seguridade social chinês) para aposentados diminuiu regularmente de 10:1, em 1990, para 3:1 em

2003, e estima-se que chegue a 2,5:1 em 2020. Associe-se a isso 25 províncias chinesas que têm um déficit de pensão cumulativo estimado em quase US$1 trilhão.[19] Com 325 milhões chegando aos 65 anos e se aposentando em 2030 e com pouco dinheiro em caixa, "a política do segundo filho" talvez seja uma das poucas maneiras de evitar um problema que torna a dimensão dos problemas da Previdência Social nos Estados Unidos absolutamente sem importância. O Reino Unido enfrenta problemas semelhantes, com um déficit de US$98 bilhões na previdência. O país está pensando em elevar para 69 anos a idade para aposentadoria.[20]

A Necessidade de Imigração

O declínio da população nos países desenvolvidos criará a necessidade de imigração de trabalhadores. Drucker calculou que a Alemanha necessitaria de um milhão de imigrantes por ano em 2030 para preencher vagas de empregos, e o Japão está pensando em permitir a entrada de 500.000 imigrantes coreanos por ano para uma permanência de até cinco anos. Cingapura, Espanha, Portugal, Grécia e Finlândia relaxaram suas leis de imigração em resposta ao declínio de suas populações; o Reino Unido está recrutando poloneses e outros imigrantes do Leste Europeu; e a Rússia está recrutando indianos para se estabelecerem na Sibéria. A Coreia do Sul, que tem um taxa de fertilidade de 1,1 nascimento por mulher, culpa a escassez de trabalhadores pela queda na indústria, e as empresas demandam a abertura de postos de trabalho aos imigrantes. A Sony exigiu mais imigrantes em 2004, e empresas na Alemanha exigiram que o governo promovesse a imigração de quantidade maior de trabalhadores especializados.[21] Apesar de os imigrantes serem necessários para preencher os postos de trabalho, Drucker sentia que eles poderiam não ser facilmente assimilados por suas novas sociedades, o que provocaria tensão social e atritos.

Essas mudanças demográficas também forçarão as empresas a repensar suas estratégias. A oferta de produtos e serviços ao mercado jovem das últimas décadas, que sustentou o crescimento, talvez não funcione mais à medida que a população jovem diminui. As empresas talvez precisem considerar dois mercados segmentados: um composto de idosos e outro menor, mas muito mais afluente, composto de jovens. As empresas precisarão examinar as mudanças demográficas e seu impacto nos negócios, e isso deve ser feito imediatamente, pois, como Drucker observou, essas mudanças já estão ocorrendo.

O Declínio Contínuo da Indústria

Drucker também observou as importantes mudanças a seguir nos setores industriais dos países desenvolvidos. Em primeiro lugar, os custos de mão de obra como percentual dos custos totais da indústria caíram de 30% dos custos totais da indústria para 12 a 15% dos custos totais da indústria nos últimos 40 anos. Isso significa, de acordo com Drucker, que os países em desenvolvimento não serão mais capazes de competir apenas com base nos baixos custos de mão de obra. Será interessante observar de perto como isso complicará a estratégia da China de criação de mais indústrias que façam uso intensivo de mão de obra para lidar com o enorme problema de desemprego. Em segundo lugar, a produção industrial dobrará nos países desenvolvidos em 2020, mas, ao mesmo tempo, devido à tecnologia da informação, os empregos na indústria diminuirão. Por exemplo, os empregos na indústria como percentual da força de trabalho total nos Estados Unidos já caíram de 30% para 15% nos últimos 40 anos, e estima-se que o emprego na indústria abarcará menos de 10 a 12% da força de trabalho em 2020.

A mesma tendência de emprego decrescente na indústria pode ser observada em países desenvolvidos na Europa e também na China. Drucker concluiu que o setor industrial seria um produtor de riqueza em declínio, em termos do percentual do PIB de um país. Junto com isso estará o crescente protecionismo, à medida que os países tentarão proteger seus setores industriais domésticos e os empregos dos trabalhadores. Apesar do ingresso da China na Organização Mundial do Trabalho (OMT) em 2001, o país continua sentindo os esforços protecionistas dos Estados Unidos em relação ao aço, aparelhos eletrônicos, mobiliário, tecidos e outros setores, através da execução de provisões de "salvaguarda" aceitas pela China como uma exigência para o ingresso na OMT. Ao mesmo tempo, a China continua oferecendo subsídios às indústrias nacionais impactados que também estão acostumadas a estimular o protecionismo.

A Transformação da Força de Trabalho

Como resultado das mudanças demográficas, a força de trabalho será formada por trabalhadores jovens e trabalhadores idosos. As pessoas continuarão a trabalhar além da idade normal de aposentadoria, em função de melhores planos de saúde, pelo lado positivo, e, pelo lado negativo, de benefícios de aposentadoria reduzidos (desempenho precário dos planos de pensão como resultado da crise econômica mundial) que, em outras circunstâncias, permitiriam que se aposentassem. Os países já estão pensando em elevar a idade de aposentadoria, uma vez que a quantidade de trabalhadores que contribuem para planos de aposentadoria financiados pelo governo, como a Previdência Social nos Estados Unidos, está diminuindo, enquanto a quantidade de aposentados está aumentando. O mix de funcionários das organizações mudará, passando a ser composto por uma combinação de funcionários em tempo integral e terceirizados, que pertencerão a uma empresa de recursos humanos, ou que poderão ser contratados independentemente. Também serão trabalhadores do conhecimento, e essa força de trabalho móvel imporá desafios aos departamentos de recursos humanos, já que as políticas existentes não levam em consideração a transformação da força de trabalho descrita por Drucker. Administrar e liderar não funcionários exigirá uma liderança criativa por parte da gerência para garantir a retenção desses grupos, além de sua motivação, comprometimento e desempenho. Como Drucker ressaltou, será preciso tratá-los como "parceiros" e não como funcionários, e poucos gerentes sabem como fazer isso hoje.

O Século XXI, a Instabilidade Política e Revoltas Sociais

Drucker disse que as primeiras décadas do século XXI seriam marcadas por instabilidade política e revoltas sociais. Não precisamos nos estender muito sobre isso – basta dar uma olhada no mundo.

Eliminando Algumas Lacunas Deixadas por Drucker

As observações de Drucker a respeito da próxima sociedade são testemunho de sua opinião sobre si mesmo como cientista social e demonstraram-se bastante exatas. No entanto, em vários casos, ele omitiu tanto *o que fazer* quanto *como fazê-lo*. A seguir, apresento uma rápida análise das questões que Drucker identificou a respeito da próxima sociedade e a forma de eliminar essas lacunas e aplicar seus conceitos com mais rapidez.

A Quarta Revolução da Informação

Drucker identificou essa revolução e o significado da Internet no marketing, mas não explicou o que as empresas devem fazer a respeito e como fazê-lo. Ele continuou, afirmando: "As tradicionais empresas multinacionais podem muito bem se tornar obsoletas. Serão eliminadas pelo comércio eletrônico. A oferta de bens, serviços, consertos, peças de reposição e manutenção do comércio eletrônico exigirá uma organização diferente da existente em qualquer multinacional atual. Serão necessárias opiniões diferentes, uma alta gerência diferente e, em última análise, definições diferentes de desempenho – e da maneira na qual o desempenho é medido." E continuou, acrescentando: "Com o comércio eletrônico, a entrega tornar-se-á uma área na qual a empresa pode verdadeiramente se destacar – o fator competitivo decisivo mesmo onde as marcas parecem estar tão entranhadas. E nenhuma multinacional existente está organizada para isso; aliás, de um modo geral, poucas empresas estão. Muito poucas mesmo pensam dessa maneira."[22] Drucker não esclarece como essas empresas diferentes devem ser e que tipo de gestão diferente exigirão. Eu precisei recorrer a outros especialistas da área de marketing e à extensa literatura sobre o uso da Internet para eliminar a lacuna deixada por Drucker. O modelo de negócios da Dell, fabricante de computadores, pareceu inicialmente ser um bom ponto de partida; incorporei também nos programas chineses alguns casos de Harvard relativos à Dell.[23]

Embora a China tenha ultrapassado os Estados Unidos na quantidade total de usuários da Internet (havia 298 milhões de usuários da Internet na China no final de 2008, um aumento radical em relação aos 8,9 milhões de usuários existentes em 2000 e apenas 620.000 em 1997),[24] sugeriu-se que a China levaria mais de uma década para atingir o mesmo tipo de receita gerada via Internet.[25] Culturalmente, o marketing via Internet também pode enfrentar alguns obstáculos na China, já que os chineses preferem as interações pessoais, gostam de sentir o produto e também de ter a oportunidade de negociar descontos.

As Mudanças Demográficas e a "Economia do Starbucks"

Drucker mostrou os vários problemas que os países enfrentarão em decorrência dessas mudanças demográficas, além de seu impacto sobre a composição dos mercados da perspectiva do negócio. Eliminar essa lacuna de Drucker exigiu a colaboração da disciplina de marketing para a identificação e reação às necessidades desses segmentos de mercado e mercados-alvo. Mark J. Penn, em um artigo publicado na *MSN.com* (agosto de 2007), "Trend surfing – The Critical 1%", acrescentou *insights* adicionais sobre as mudanças demográficas nos Estados Unidos e suas implicações para o marketing. Comentou: "Nunca o marketing foi mais voltado para a juventude e, no entanto, nunca houve em nossa sociedade uma proporção tão grande de idosos. Nunca antes estivemos tão obcecados com o marketing emocional e, ao mesmo tempo, nunca antes os consumidores se guiaram pelos recursos, esquadrinhando centenas de sites de Internet antes de tomar uma decisão de compra. Jamais a vida familiar foi retratada de maneira tão intensa como o centro de nossas vidas; ao mesmo tempo, pessoas estão optando por trabalhar cada vez mais, mesmo depois de conquistarem afluência." E continua, acrescentando que a "paisagem tradicional de classe, faixa etária, religião e geografia está dando lugar a uma série completa de opções baseadas em preferências e convicções pessoais compartilhadas. Estamos nos afastando da economia da Ford, na qual a ideia era comercializar em massa produtos de custo baixo, padronizados, e nos aproximando da economia da Starbucks, na qual o mais importante para a organização é aumentar a satisfação pessoal com base nos nichos existentes na sociedade norte-americana".[26]

Tendências Dentro de Tendências

Drucker também sugeriu que precisamos estar cientes das tendências dentro de tendências. O exemplo que citou foi o inesperado *baby boom* nos Estados Unidos na década de 1980 e no início da de 1990 que, mais tarde, foi atribuído ao "aumento da taxa de natalidade dos imigrantes".[27] Embora tenhamos nos concentrado no envelhecimento da população chinesa, ainda há um enorme segmento de mercado de mais de 90 milhões de pessoas que nasceram na década de 1980 e que agora estão tendo os próprios filhos. Na verdade, previu-se que o crescimento da população chinesa seria de cerca de 16 milhões a 22 milhões por ano até 2016 como consequência dos filhos dessa geração. Resultado: um terço da população da China é composto de crianças com menos de 3 anos.[28] Portanto, aplicando as teorias de Drucker, podemos identificar vários segmentos que apresentam oportunidades de marketing para produtos e serviços ao cliente, que vão da crescente população de idosos à geração mais jovem e seus filhos. Outro segmento enorme consiste nos estimados 30 milhões de chineses que estão se mudando das áreas rurais para as cidades a cada ano, tendência que permanecerá nos próximos 10 anos e fará com que mais da metade da população viva nas grandes cidades até 2010.[29] Seria o equivalente a todos os habitantes da Califórnia se mudarem para outro estado a cada ano.

Resumo

Ao ler e reler os vários capítulos deste livro, lembre-se das observações de Drucker a respeito da próxima sociedade, pois elas têm impacto direto na estratégia, vendas e marketing, inovação e muitos dos outros tópicos abordados neste livro. A lição principal aqui está relacionada às mudanças demográficas e às oportunidades e problemas ocasionados por elas (vide Ferramenta de Avaliação do Impacto das Questões da Próxima Sociedade, a seguir).

Como ocorre no caso dos imóveis e do varejo, onde existem três razões para o sucesso – localização, localização e localização – no caso da estratégia, Drucker nos ensinou a refletir sobre mudanças demográficas, demográficas e demográficas.

Ferramenta de Avaliação do Impacto das Questões da Próxima Sociedade

Acrescentamos uma ferramenta de Avaliação do Impacto das Questões aos nossos programas a fim de facilitar a eliminação de algumas das lacunas deixadas por Drucker. A ferramenta permitia que os participantes aplicassem ao seu contexto pessoal algumas das observações de Drucker referentes à próxima sociedade. O objetivo aqui é permitir que os participantes identifiquem as possíveis oportunidades e ameaças para suas organizações e para si.

A Próxima Sociedade e a China: Avaliação do Impacto das Questões

INSTRUÇÕES

1. Esta Avaliação foi desenvolvida para permitir que você reflita sobre as questões abordadas neste capítulo e avalie seu possível impacto sobre as práticas de gestão das empresas chinesas (tanto dentro quanto fora da China) e sobre você pessoalmente.

	ORGANIZAÇÕES CHINESAS		OPORTUNIDADES & AMEAÇAS		VOCÊ
Questão	Impacto dentro da China	Impacto fora da China	Oportunidade	Ameaça	Impacto pessoal
Envelhecimento da população chinesa.	A necessidade de assistência médica e outros tipos de apoio aos idosos aumentará.	Possibilidade de atração de concorrentes estrangeiros — setor de casas de repouso para idosos.	Assistência médica e medicina. Casas de repouso para idosos. Serviços para casas de repouso para idosos. Outros?	Maior custo governamental, caso a questão não seja resolvida por meio de empresas privadas.	Como cuidar dos pais idosos e, ao mesmo tempo, da carreira? O apartamento é pequeno demais para acomodar os pais.

(Continua)

| Questão | ORGANIZAÇÕES CHINESAS | | OPORTUNIDADES & AMEAÇAS | | VOCÊ |
	Impacto dentro da China	Impacto fora da China	Oportunidade	Ameaça	Impacto pessoal
	Como financiar programas de aposentadoria futura quando a quantidade de jovens está diminuindo.	Possibilidade de atrair concorrentes estrangeiros — empresas de serviços financeiros — contas de aposentadoria individual.	Serviços financeiros — planos de aposentadoria.	Vide acima	Como sustentar os pais idosos sem que exista um plano de aposentadoria em vigor?

2. Identifique uma questão que foi abordada neste capítulo e realize a avaliação. Apresentamos um exemplo para você.

3. Escreva como você sente que será o impacto dessa questão tanto dentro quanto fora da China.

4. Essa situação oferece oportunidades ou ameaças? De que tipo?

5. Qual o possível impacto dessa questão em você, pessoalmente?

6. Nessa avaliação, não existem respostas certas ou erradas.

Notas

1. Peter F. Drucker, *Managing in a Time of Great Change* (Nova York: Truman Talley Books, 1998), 43.
2. Grande parte do que está contido neste capítulo vem de uma versão atualizada do meu artigo para a *Business Beijing*, Robert W. Swaim, Ph.D., "The Drucker Files: Drucker on the Next Society and China – Part I," *Business Beijing* (novembro de 2003).
3. Peter F. Drucker, *Managing in the Next Society* (Nova York: Truman Talley Books, 2002).
4. Peter F. Drucker, *Managing in a Time of Great Change* (Nova York: Truman Talley Books, 1998), 41-43.
5. Peter F. Drucker, *Managing in the Next Society* (Nova York: Truman Talley Books, 2002), xi.
6. Ibid., 13.
7. Peter F. Drucker, *Managing in the Next Society* (Nova York: Truman Talley Books, 2002), 251.
8. "Japan Elderly Population Ratio Now World's Highest", *China Daily* & *Reuters* (30 de junho de 2006).
9. "Aging Population Test Social Security", *China Daily* (13 de dezembro de 2006).
10. Peter F. Drucker, *Management Challenges for the 21st Century* (Nova York: HarperCollins Publishers, Inc., 1999), 44.
11. Peter F. Drucker, *Managing in the Next Society* (Nova York: Truman Talley Books, 2002), xi-242-243.
12. "Zero Population Growth", *Beijing Review* (31 de julho de 2003).
13. "Population to Peak at 1.5 Billion in 2030s", *China Daily* (23 de junho de 2006).
14. Mark Fritz, "Cash Incentives Aren't Enough to Lift Fertility", *Wall Street Journal* (17 de agosto de 2006).
15. "Shanghai Addresses Aging Issue", *China Daily* (25 de junho de 2006).

16. "Only Child Parents Encouraged to Have Second Baby", *China Daily* (29 de setembro de 2006).

17. "Only Child Parents Urged to Have Two Kids", *China Daily* (10 de novembro de 2006).

18. "Working-Age Population Set to Decline", *China Daily* (1.º de setembro de 2006).

19. Gordon G. Chang, *The Coming Collapse of China* (Londres: Arrow, The Random House Group Limited, 2001), 180-181.

20. "UK Pension Age May Be Raised to 69", *China Daily* (1.º de dezembro de 2005).

21. Peter F. Drucker, *Managing in the Next Society* (Nova York: Truman Talley Books, 2002), 263-269.

22. Peter F. Drucker, *Managing in the Next Society* (Nova York: Truman Talley Books, 2002), 57-58.

23. "The Power of Virtual Integration: An Interview with Dell's Michael Dell", *Harvard Business Review*, reimpressão 98208 (1998); e "Matching Dell", *Harvard Business School*, reimpressão 799-158 (6 de junho de 1999).

24. "China Boasts 298 mln Internet Users", *China Daily* (13 de janeiro de 2009).

25. "China to Take Decade to be No. 2 Internet Market in Revenues", *Google-Forbes.com* (17 de março de 2006).

26. Mark J. Penn, "Trend surfing: The Critical 1%", *MSN.Com* (28 de agosto de 2007).

27. Peter F. Drucker, *Managing in the Next Society* (Nova York: Truman Talley Books, 2002), 250-251.

28. "Baby Boom", *China Daily* (8 de maio de 2006).

29. "Half of China to Live in Cities by 2010", *China Daily* (7 de novembro de 2006).

Planejando e Gerenciando a Mudança Organizacional

As organizações que mais vão sofrer são aquelas que têm a ilusão de que amanhã será igual a ontem.[1]

Parte Um: Drucker e o Líder da Mudança

Até agora, este livro tratou de estratégia, crescimento orgânico e crescimento externo. Muitas vezes, a fim de implementar a estratégia de negócios, é necessário realizar mudanças na organização, na estrutura, tecnologia, pessoal, além de realizar uma mudança mais frequente, a do CEO. Dependendo de como o esforço pela mudança for administrado, a mudança pode ser apresentada como uma oportunidade ou como algo a ser temido ou confrontado.

Este capítulo apresentará algumas das visões de Drucker a respeito da mudança, além das minhas visões como estudioso, baseadas na experiência prática que tive com os alunos de pós-graduação em Desenvolvimento Organizacional da Universidade de San Francisco durante vários anos. Como os capítulos anteriores, o presente capítulo faz parte de um artigo que escrevi para a revista *Business Beijing* tratando de mudança gerencial em organizações chinesas. No entanto, os conceitos aplicam-se, em geral, a outros contextos.[2]

Por que Mudar?

Drucker escreveu que, no ambiente atual, caracterizado por mudanças rápidas, os gerentes devem ser capazes de prever, planejar e liderar os esforços de mudança em suas organizações. Devem também ser capazes de criar um ambiente organizacional em que a mudança seja vista como oportunidade, e não como ameaça. Nas palavras de Drucker: "*As organizações que mais vão sofrer são aquelas que têm a ilusão de que amanhã será igual a ontem.*"

Este capítulo revê os requisitos de Drucker para a mudança, as políticas de mudança que ele acreditava serem necessárias em uma empresa e a importância de ter um orçamento para a mudança. Além disso, examinaremos o que as organizações podem mudar – e por quê –, a importância de manter a continuidade com a mudança e os oito erros que contribuem para o fracasso do esforço pela mudança.

Regras Básicas de Sobrevivência

De acordo com Drucker:

- "Se a gerência da organização não tomar para si a tarefa de liderar a mudança, a organização não sobreviverá." Arie de Geus afirmou, em *The Living Company*: "A expectativa de vida média de uma empresa multinacional – que faça parte da lista das 500 melhores da revista *Fortune* ou equivalente – está entre 40 e 50 anos."[3] Ele acrescentou que as pessoas vivem mais do que a maior parte das organizações.
- Em um período de mudança estrutural rápida, os únicos que sobrevivem são os líderes da mudança.
- Um desafio gerencial fundamental do século XXI é transformar a empresa em líder da mudança.[4]

Reforçando Drucker

Se o século XX foi marcado por transformações sociais, o século XXI terá que ser marcado por inovações sociais e políticas.[5]

Em nossos MBAs e Programas de Desenvolvimento de Executivos, citamos as principais observações relativas à mudança:

1. *Demografia*: Envelhecimento da população e declínio das taxas de natalidade
2. *Força de trabalho mutável*: Do trabalho manual ao trabalho do conhecimento, de funcionários mais jovens para funcionários mais velhos, de funcionários em tempo integral para funcionários em meio expediente e terceirizados etc.
3. *Aceleração da informação*: O aumento da oferta de informações e o impacto da Internet
4. *Instabilidade e incerteza*: Incerteza política e econômica
5. *Globalização*: O impacto da globalização e mudanças estruturais

Drucker escrevera anteriormente sobre mudança quando descreveu o que chamou de "um século de transformação social" em seu livro de 1995, *Managing in a Time of Great Change*. No livro, ele afirma: "Nenhum século na história da humanidade vivenciou tantas transformações sociais – algumas tão radicais – quanto o século XX."[6] Em *The Living Company*, Arie de Geus reforça a opinião de Drucker sobre mudança ao perguntar: "Mas será que uma mudança fundamental pode ser provocada por uma previsão? Na prática, isso pode acontecer apenas se um dos gerentes de uma empresa enxergar os sinais da mudança a tempo, antes que a situação se deteriore a ponto de a empresa ficar sem opções. Em resumo, para agir de acordo com as previsões, a empresa terá de agir com base nos sinais, e não esperar o sofrimento."[7] Alguns dos pontos principais de Geus são:

Prevendo a Mudança

- Identifique as oportunidades e ameaças
- Estimule a mudança para tirar proveito das oportunidades
- Esteja alerta e responsivo
- Aja de acordo com sinais – não espere o sofrimento acontecer

Eliminando o Mistério da Mudança

Antes de mencionar a visão de Drucker sobre como tornar-se um líder da mudança, é importante eliminar o mistério da mudança, entendendo *por que* as organizações mudam e *que* organizações podem mudar. Também é muito importante observar que organizações não devem mudar.

Por que as Organizações Mudam

As organizações mudam por inúmeras razões diferentes. Elas tanto podem reagir a essas razões ou estar à frente delas. Essas razões são:

1. *Crise*: O 11 de setembro é, sem dúvida, o exemplo mais dramático de uma crise responsável por mudanças em inúmeras organizações e setores, como o de companhias aéreas e de viagem. A crise na empresa de contabilidade e consultoria Arthur Andersen e seu envolvimento no escândalo da Enron obviamente criaram muitas mudanças à medida que a empresa tentava sobreviver. A crise do crédito *subprime*, a queda no valor dos imóveis, as crescentes execuções das hipotecas e o enorme aumento dos preços do petróleo e da gasolina combinaram-se, gerando demandas de mudanças em várias áreas. Entre elas está um maior controle do governo sobre os especuladores do mercado futuro de petróleo, automóveis com maior eficiência de combustível e mais o desenvolvimento de fontes internas de energia, reduzindo assim a dependência de fontes externas de energia, para mencionar apenas algumas das mudanças sugeridas.

2. *Lacunas de desempenho*: As metas e objetivos da empresa não estão sendo atingidos ou outras necessidades organizacionais não estão sendo satisfeitas. Para eliminar essas lacunas, é preciso realizar algumas mudanças. Enormes lacunas de desempenho na indústria automobilística dos Estados Unidos criaram a necessidade de muitas mudanças, como mudanças estruturais.

3. *Novas tecnologias*: Identificação de novas tecnologias e métodos econômicos mais eficazes de realizar o trabalho. Já existem mesmo veículos com maior eficiência de combustível, como os que, supostamente, são alimentados a ar, mantidos em segredo pelas três grandes montadoras de automóveis dos Estados Unidos?

4. *Identificação de oportunidades*: Identificam-se no mercado oportunidades que a empresa precisa buscar para aumentar sua competitividade.

5. *Reação à pressão interna e externa*: A gerência e os funcionários exercem pressão em favor da mudança. As pressões externas vêm de muitas áreas, como clientes, concorrência, novas regulamentações governamentais, acionistas, mercados financeiros e outros fatores no ambiente externo à organização. Considere a pressão que as companhias aéreas domésticas americanas estão enfrentando por causa do aumento do combustível para aviões e forçando muitas mudanças, como a redução do número de voos, taxas adicionais pela bagagem, aumento no preço das passagens e uma redução na quantidade de cidades atendidas.

6. *Fusões e aquisições*: Como discutimos no Capítulo 7, fusões e aquisições são combinações de novas organizações que, muitas vezes, geram mudanças em várias áreas. Essas mudanças envolvem tentativas de integrar com sucesso as duas organizações e criam os benefícios que, inicialmente, tornaram a união atraente.

7. *Mudança pela mudança*: Muitas vezes, uma organização nomeia um novo CEO. A fim de provar ao conselho e aos acionistas que está fazendo alguma coisa, ele realizará uma mudança apenas pela mudança.

8. *Parece ótimo*: Outro motivo pelas quais as organizações instituem algumas mudanças é que outras organizações estão fazendo o mesmo (por exemplo, os círculos da qualidade e o modismo da reengenharia). Parece ótimo, por isso a organização resolve experimentar.

9. *Abandono planejado*: Mudanças resultantes do abandono de produtos e mercados em declínio e a alocação de recursos para a inovação e novas oportunidades.

O que as Organizações Podem Mudar

Os aspectos que as organizações podem mudar enquadram-se em diversas amplas categorias, como veremos a seguir:

1. *Missão, visão, estratégia*: Como discutimos nos Capítulos 2 e 3, as organizações devem perguntar-se continuamente: "Qual é o nosso negócio, e qual deveria ser o nosso negócio?" As respostas a essas perguntas podem levar a mudanças na missão da empresa (a finalidade do negócio), sua visão para o futuro (como deve ser a organização) e sua estratégia competitiva.

2. *Tecnologia*: As organizações podem adotar novas tecnologias (por exemplo, a maneira como produzem o que vendem) para aumentar a eficiência e reduzir custos.

3. *Mudanças no comportamento humano*: Pode-se oferecer treinamento a gerentes e funcionários, proporcionando-lhes novos conhecimentos e habilidades; alternativamente, os funcionários podem ser substituídos ou dispensados. A demissão provavelmente é uma das mudanças e desafios mais difíceis que os executivos da área operacional na China enfrentarão à medida que se estruturam na tentativa de aumentar a competitividade.

4. *Desenho de cargo-tarefa*: A maneira como o trabalho é realizado na empresa pode ser modificada com a adoção de novos procedimentos e métodos para a realização do trabalho (Administração Científica de Taylor).

5. *Estrutura organizacional*: As organizações podem mudar a sua forma de estruturação tornando-se mais sensíveis ao ambiente externo e ao mercado (a descentralização de Drucker). Além das mudanças no relatório dos relacionamentos, como mostrado no organograma da empresa, isso também inclui onde as decisões devem ser tomadas na empresa (centralizadas ou descentralizadas).

6. *Cultura organizacional*: As entidades podem tentar mudar sua cultura, inclusive os estilos gerencial e de liderança, seus valores e suas crenças. Entre todos os fatores que as organizações podem mudar, essa é, sem dúvida, a mais difícil e a mais demorada. Os CEOs chineses enfrentarão em suas organizações mudanças em uma cultura gerada por uma economia planejada para uma cultura da economia voltada para o mercado à medida que tentarem melhorar sua competitividade na economia global. Lembre-se de que a mudança pode ser lenta; a tentativa de mudar uma cultura pode ser ilustrada pela seguinte citação:

> *Os ingleses criaram um cargo público em 1803. Quem ocupasse esse cargo teria que ficar de pé nos rochedos de Dover, examinando o Canal da Mancha com uma luneta.*
>
> *Ele devia tocar um sino se visse Napoleão e a marinha de guerra francesa se aproximando. O cargo foi abolido em 1945.*[8]

Mencionei essa citação em um programa de desenvolvimento para executivos que ministrei em Londres no início da década de 1980, e um dos participantes ingleses me corrigiu: "O cargo não foi abolido – deram-lhe um telefone."

São esses os principais elementos que as organizações podem mudar. É importante observar que uma mudança efetuada em um desses elementos terá, em geral, impacto sobre outro elemento. Por exemplo, a mudança da tecnologia pode exigir mudanças na área de comportamento humano (novos conhecimentos e habilidades para utilização da tecnologia).

Parte Dois: *Insights* de Drucker a Respeito da Mudança

A próxima parte deste capítulo destacará o que as organizações não devem tentar mudar, os motivos pelos quais muitos esforços de mudança fracassam, o que é necessário para mudar e tornar-se um líder da mudança, a política do aperfeiçoamento organizado e a visão de Drucker com relação à necessidade do orça-

mento para o líder de mudança. Enquanto a primeira parte lidava com o estabelecimento de uma ampla estrutura conceitual para a discussão sobre mudança,
esta seção incluirá várias observações de Drucker sobre mudança e uma discussão
adicional sobre desenvolvimento organizacional (gestão da mudança planejada).
É importante mencionar que minha visão a respeito do desenvolvimento organizacional difere significativamente da tradicional "abordagem de processos" da
escola de desenvolvimento organizacional. A premissa da consulta ao processo
é permitir que os clientes se tornem autossuficientes na resolução dos próprios
problemas por meio da autodescoberta. Concentro-me em planejar e gerenciar
a mudança organizacional complexa usando o modelo de pesquisa-ação que será descrito mais adiante neste capítulo. Incluo também um estudo de caso que
ilustra a abordagem.

O que as Organizações Não Devem Mudar

*Ao se introduzir a mudança, é muito importante manter a continuidade e o compromisso
com os valores fundamentais, que não mudam.*[9]

De acordo com Drucker, há diversas coisas que as organizações não devem
mudar,[10] principalmente na área de comportamento humano. São elas:

1. *Necessidade de reconhecimento*: A contribuição dos funcionários precisa ser reconhecida. Embora as mudanças sejam necessárias na organização, os funcionários precisam ter a garantia de que estão fazendo alguma coisa certa
e de que as mudanças que estão sendo efetuadas não resultam de seu desempenho nem o refletem.
2. *Necessidade de respeito*: Independentemente das mudanças que possam se fazer necessárias, as pessoas na organização devem continuar sendo tratadas
com respeito. Uma maneira de permitir isso é comunicar continuamente
os motivos pelos quais as mudanças são necessárias.
3. *Necessidade de confiança*: Os funcionários precisam continuar confiando na
gerência. Uma maneira de manter isso durante um processo de mudança
é comunicar aos funcionários o que será preservado e oferecer-lhes sinais
de que as mudanças são coerentes com a missão, os objetivos, a visão e a
estratégia da empresa.
4. *Necessidade de sentir-se produtivo*: Segundo Abraham Maslow e a teoria da hie-
rarquia das necessidades, as pessoas estão em busca de realização pessoal,
têm necessidade de utilizar seus conhecimentos e habilidades na realização
de um trabalho significativo. Embora estejam ocorrendo mudanças, é preciso haver continuidade com relação ao trabalho das pessoas. As mudanças
que estão sendo implementadas devem ser consistentes com a direção e a
visão da organização e com as contribuições individuais.

5. *Necessidade de crescimento*: As organizações devem continuar a oferecer aos seus gerentes e funcionários uma oportunidade de aprender e crescer. A mudança pode ser uma oportunidade muito positiva de oferecer oportunidades de aprendizado pessoal e de crescimento.

Oito Motivos pelos Quais os Esforços de Mudança Fracassam

Antes de discutir o que as organizações precisam fazer para se tornar líderes da mudança, vale a pena examinar os erros que elas cometem com mais frequência e que impedem o sucesso dos esforços de mudança:

1. *Não estabelecer o senso de urgência necessário*: Perdem-se oportunidades porque a empresa não consegue estabelecer um senso de urgência em relação ao motivo da mudança.
2. *Não estabelecer uma coalizão orientadora e forte*: As organizações não conseguem reunir um grupo com poder e prestígio suficientes para liderar o esforço da mudança, que também pode não contar com o comprometimento e o apoio total da alta gerência.
3. *Falta de visão*: As organizações não conseguem criar uma Visão para o futuro para orientar o esforço da mudança. Por exemplo: o que será diferente depois da mudança? O que será preservado? Quais são a estratégia e os objetivos para se concretizar a Visão?
4. *Não comunicar a visão*: As organizações não conseguem comunicar a Visão. Como ficará a organização depois da mudança? A visão tem que ser apresentada como uma oportunidade, não como uma ameaça.
5. *Não eliminar os obstáculos à nova visão*: Sistemas, políticas ou estruturas que minam a Visão não são abordados nem eliminados.
6. *Não planejar e criar sistematicamente vitórias imediatas*: A melhora no desempenho das pessoas resultante de seus esforços de mudança não é reconhecida nem recompensada.
7. *Declarar vitória cedo demais*: As organizações não conseguem monitorar o progresso de seus esforços de mudança nem avaliar os resultados. Muitas vezes, declara-se vitória antes de a mudança ter sido totalmente implementada.
8. *Não ancorar as mudanças na cultura da empresa*: As organizações não conseguem fazer com que os funcionários aceitem efetivamente a mudança nas atividades do dia a dia; resultado: eles voltam a fazer tudo como faziam antes.

Exigências de Drucker para Tornar-se um Líder da Mudança

Depois de termos examinado os motivos para a mudança e o que as organizações podem mudar, o que não devem mudar e os erros que costumam cometer ao iniciar a mudança, apresento a seguir observações de Drucker a respeito dos caminhos que as organizações devem seguir para se tornar "líderes da mudança" no sentido mais amplo da expressão. Drucker citou os requisitos a seguir:[11]

1. Políticas para fazer o futuro
2. Métodos sistemáticos para buscar e prever mudanças
3. Conhecimento da maneira correta de introduzir a mudança
4. Políticas para equilibrar mudança e continuidade

Políticas para Fazer o Futuro

Drucker foi claro ao dizer que as organizações precisam "abandonar o passado" e liberar os recursos comprometidos com a manutenção daquilo que não contribui mais para o desempenho e já não produz resultados. Ele disse: "Só é possível criar o amanhã se jogarmos fora o passado, pois mantê-lo compromete os recursos mais escassos e, acima de tudo, as pessoas mais aptas da organização a resultados negativos."[12] Portanto, a primeira política necessária é a do Abandono Planejado, que abordamos anteriormente.

Política do Abandono Planejado   Essa política começa com a seguinte pergunta: "Se já não fazemos isso, faríamos mesmo sabendo o que sabemos hoje?" Se a resposta for negativa, a reação deve ser: "O que faremos agora?"[13] Drucker argumentou que o abandono é a medida correta quando um produto, serviço, mercado ou processo ainda tem alguns bons anos de vida. As organizações sempre tendem a superestimar o quanto de vida ainda resta a seus produtos, serviços, mercados e processos.

Drucker pensava de outra maneira: "Eles não estão morrendo, estão mortos." Produtos, serviços ou processos moribundos sempre demandam o maior cuidado e maiores esforços – mas prendem as pessoas mais produtivas. As organizações, portanto, devem rever sistematicamente seus produtos e serviços etc. e abandonar aqueles que não contribuem mais para os resultados. Devem desenvolver um Relatório de Abandono e organizar reuniões regulares com a gerência para definir o que precisa ser abandonado. O conceito de Abandono Planejado foi abordado com mais detalhes no Capítulo 6.

Política de Aperfeiçoamento Organizado   A segunda política que se exige dos líderes da mudança é de Aperfeiçoamento Organizado. Essencialmente, essa discussão se refere à discussão anterior sobre o que as organizações podem mudar. Aqui, Drucker indica a necessidade de definir o desempenho em uma área específica.[14] Definido o desempenho, é possível identificar as lacunas e tomar decisões caso a lacuna existente entre o desempenho real e o desempenho programado exija mudanças. Essa política tende a lidar com o tópico de eficiência organizacional *versus* estratégia, conforme diferenciação estabelecida por Michael Porter, e abordada em linhas gerais no Capítulo 3.

Explorando o Sucesso   Segundo Drucker, o foco excessivo de muitas organizações na resolução de problema mina sua capacidade de serem flexíveis e inovadoras. Muitas organizações abafam a criatividade. A organização precisa saber identificar as oportunidades. Disse Drucker: "As organizações precisam parar de focar nos problemas e concentrar-se nas oportunidades."[15]

Os relatórios operacionais regulares recebidos pela gerência devem vir acompanhados por uma Página de Oportunidade, resumindo as oportunidades identificadas. Os funcionários também precisam ser encorajados a tentar detectar mudanças que possam ser exploradas como oportunidades para diferentes produtos, negócios, processos e serviços.

Política de Inovação Sistemática e Criação de Mudança   A quarta política necessária é de Inovação Sistemática; ou seja, uma política destinada a criar a mudança e levar a organização inteira a enxergá-la como oportunidade. Em *Innovation & Entrepreneurship*, Drucker citou várias janelas de oportunidade que uma empresa deveria explorar sistematicamente.

Projetos-piloto

Nem estudos, nem pesquisas de mercado nem modelos de computador substituem o teste de realidade. Portanto, tudo que for aperfeiçoado ou novo deve primeiro ser testado em escala menor; isto é: é preciso desenvolver uma VERSÃO PILOTO.[16]

A breve discussão de Drucker sobre a necessidade de desenvolver projetos-piloto aborda essencialmente uma das estratégias de mudança que se deve considerar ao planejar um esforço de mudança abrangente. Aqui, Drucker restringiu sua discussão ao lançamento de novos produtos.

O Orçamento de Líder da Mudança

Segundo Drucker, para ser um líder da mudança, a organização precisa de um orçamento para o líder da mudança. Se a organização tem um orçamento operacional de 80 a 90% de todos os gastos, deve também ter um orçamento para ser líder da mudança no futuro.[17] Esse orçamento corresponderia a 10 a 12% de todos os gastos e focaria também futuros produtos, novos serviços, novas tecnologias, desenvolvimento de mercados e clientes, canais de distribuição e desenvolvimento do pessoal.

É preciso manter esse orçamento a fim de explorar os sucessos quando a empresa estiver vivenciando uma fase tanto de bom desempenho financeiro quanto de mau desempenho. A concorrência provavelmente vai reduzir seus gastos quando o setor estiver passando por maus momentos; portanto, a manutenção do orçamento durante esses períodos pode gerar uma abertura.

Mudança e Continuidade

A mudança também deve vir acompanhada de continuidade. Educação e comunicação em relação às mudanças que a empresa planeja implementar são extremamente importantes. Parte dessa comunicação deve incluir o que está dando certo para reforçar o moral, proteger o valor pessoal, desenvolver credibilidade e reduzir as possíveis resistências. Além disso, para descrever a Visão (como ficará a organização depois da mudança), é importante comunicar o que será preservado. É igualmente importante comunicar o relacionamento ou a ligação entre a mudança planejada e a direção total da empresa. É imperativo que a mudança seja coerente com a missão, a visão e os valores da empresa. Essas visões de Drucker tiveram o apoio de Arie de Geus, ao declarar: "Toda empresa deve ter estabilidade suficiente para continuar a funcionar de maneira satisfatória e não se tornar estática ou estagnada demais na adaptação às condições da mudança."[18]

> *Tentar delinear o futuro é altamente arriscado. No entanto, é menos arriscado do que não tentar fazê-lo.*[19]

Resumo das Partes Um e Dois

A implementação da estratégia do negócio pode exigir mudanças na forma de realização do trabalho em várias áreas, inclusive na estrutura e no local onde são tomadas as decisões na empresa, na liderança e assim por diante.

Nas Partes Um e Dois, apresentei algumas ideias de Drucker sobre a importância da mudança e como as organizações podem se tornar líderes da mudança em sua visão. Concentrei-me nas políticas que, segundo ele, as organizações precisariam implementar para alcançar esse objetivo. Drucker enfatizou que os verdadeiros líderes da mudança focam o futuro – não o passado – e buscam oportunidades de inovação. Entretanto, Drucker não especificou *como* planejar e liderar o esforço de mudança e que estratégias e táticas de mudança devem ser utilizadas. Para eliminar essa lacuna, foi necessário recorrer ao behaviorismo e às diversas ferramentas disponíveis no campo do desenvolvimento organizacional que lidam com planejamento, implementação e gestão dos esforços de mudança.

Parte Três: Planejando e Gerenciando a Mudança Organizacional Complexa

Nas Partes Um e Dois, discutimos *por que* as organizações devem mudar e *o que* elas podem mudar, incorporando algumas visões de Drucker sobre o assunto. Selecionei o método de pesquisa-ação, dentro da área de desenvolvimento organizacional, como o mais prático para os responsáveis pelo planejamento e a implementação de um esforço de mudança de grande porte. Acrescentei também uma ferramenta de diagnóstico que pode ser usada no planejamento do esforço da mudança, em especial para avaliar quem será afetado pelo esforço da mudança e se haverá resistência por parte dessas pessoas à mudança que se pretende implementar.

Líderes da Mudança

Com relação aos líderes da mudança, discuti a possibilidade de usar líderes da mudança externos ou consultores, um líder da mudança interno que poderia ser oriundo do departamento de desenvolvimento organizacional, ou um gerente ou membro do *staff* alocado ao projeto, ou, ainda, uma combinação dos dois. Cada alternativa tem suas vantagens e desvantagens, como discutido a seguir.[20]

Líder da Mudança Externo (Consultor de Fora)

- *Vantagem*: Não tem segundas intenções. Pode ser objetivo porque não está envolvido na política interna da organização.
- *Desvantagem*: Não está familiarizado com a organização e talvez precise de tempo para se familiarizar com a organização e suas práticas.
- *Desvantagem*: Em geral não está disponível para acompanhar a implementação do esforço de mudança.

Líder da Mudança Interno

- *Vantagem*: Conhece a organização e os principais jogadores (a não ser que tenha sido contratado recentemente).
- *Desvantagem*: Talvez não seja objetivo por causa da política interna. Pode favorecer um grupo excluindo outros da mudança planejada.

Se o esforço de mudança a ser contemplado for grande e puder causar impacto na organização como um todo, talvez a melhor abordagem seja usar uma combinação de um líder da mudança externo e outro interno. Assim, associa-se a *expertise* em gestão da mudança do consultor externo ao conhecimento da organização pelo líder da mudança interno. Quanto à seleção do líder da mudança interno, ele deve ser uma pessoa respeitada na empresa, com credibilidade e conhecida por obter resultados.

O Modelo de Pesquisa-ação

Há vários modelos populares de mudança na literatura sobre desenvolvimento organizacional; alguns podem ser encontrados nos livros *Three Step Process,* de Kurt Lewin, *Phases of Planned Change*, de Lippitt, Watson e Westley, e *Action Research Model*, que considerei o mais prático.[21] Mais uma vez, estou posicionando a discussão aqui como se estivéssemos lidando com uma mudança organizacional complexa. Várias das mudanças que um gerente pode implementar não exigem a aplicação completa do modelo de pesquisa-ação descrito na Tabela 10.1.

A seguir, descrevo em linhas gerais o passo a passo do modelo de pesquisa-ação. Para ver uma discussão mais detalhada, consulte o livro de Harvey e Brown, *An Experiential Approach to Organization Development.*[22] O caso no final deste capítulo também ilustrará o passo a passo do processo.

Tabela 10.1   O Modelo de Pesquisa-ação para a Gestão da Mudança

1. Observação	6. Implementação
2. Entrada	7. Avaliação
3. Coleta de Dados	8. Estabilização
4. Diagnóstico	9. Término
5. Planejamento da Ação	

Passo 1 da Pesquisa-ação: Observação

Para a percepção da necessidade de mudança, o primeiro passo envolve fazer com que o cliente (executivo sênior) se conscientize de um problema (lacuna de desempenho) e da necessidade percebida de mudança, embora possa não estar ciente do verdadeiro problema ou das mudanças necessárias. Pode incluir também conscientizar-se de uma oportunidade a ser buscada que pode também exigir a implantação de mudanças (vide a Tabela 10.2).

Tabela 10.2   Observação: Conscientização da Necessidade de Mudança

Cliente	Líder da mudança
1. Lacunas de desempenho reconhecidas e conscientização da necessidade de mudança	1. Encontro com o cliente
2. Contatos e encontros com o líder da mudança (interno ou externo)	2. Discussão da conscientização, prontidão e compromisso com a mudança
3. Discussão da conscientização da necessidade de mudança e prontidão para a mudança	3. Verificação do poder e da autoridade para implementar a mudança
4. Designação do líder da mudança e comprometimento com a mudança	

O cliente pode, em seguida, encontrar-se com o líder de mudança (interno ou externo) para analisar a situação, incluindo a conscientização da necessidade da mudança e a prontidão do cliente para a mudança. O líder da mudança verifica a prontidão e o comprometimento do cliente com a mudança e também a existência do poder e da autoridade necessários para aprovar o esforço de mudança. Isso inclui determinar os recursos que seriam disponibilizados para a mudança (o Orçamento para a Mudança de Drucker). Com base nessa discussão, o líder da mudança aceita o desafio e segue adiante, para o Passo 2.

Tarefas e Ferramentas de Mudança Utilizadas   As ferramentas que o líder da mudança utilizará no primeiro passo são apresentadas na Tabela 10.3.

Tabela 10.3   Tarefas de Observação e Ferramentas de Mudança

Tarefas	Ferramentas de mudança
1. Conscientização da necessidade de mudança (Problema) 2. Conscientização da necessidade de mudança (Oportunidade)	1. Definição da lacuna de desempenho 2. Avaliação preliminar da equação da mudança* 3. Definição da fonte de inovação 4. Avaliação preliminar da equação da mudança

* A equação da mudança é uma ferramenta de diagnóstico usada na avaliação de um esforço de mudança que será descrita mais adiante neste capítulo.

Passo 2 da Pesquisa-ação: Entrada (Estabelecer Contrato)

O segundo passo da pesquisa-ação envolve um contrato entre o cliente e o líder da mudança, detalhando o trabalho a ser realizado e os resultados esperados. Isso incluiria:

1. Definir a tarefa e como será realizada
2. Definir os resultados esperados e o prazo de execução
3. Definir o apoio e os recursos adicionais que podem ser necessários
4. Explorar o problema ou a oportunidade a ser perseguido no futuro
5. Comunicar à empresa os objetivos do líder da mudança

Com relação ao contrato, seria um contrato de consultoria com o líder da mudança externo, que incluiria remunerações e outros aspectos. Um contrato com o líder da mudança interno poderia ser um plano de trabalho delineando todas as tarefas a serem realizadas com relação ao esforço de mudança. O item 5 anterior é importante porque, se os membros da empresa entendem os objetivos do líder da mudança e seu potencial envolvimento no processo, será possível obter um grau mais elevado de comprometimento com a mudança final (vide a Tabela 10.4).

Tarefas e Ferramentas de Mudança Utilizadas

Tabela 10.4   Entrada: Tarefas e Ferramentas de Mudança

Tarefas	Ferramentas de mudança
1. Definir como a tarefa será realizada 2. Determinar o apoio necessário	1. Análise da equação da mudança: identificar os grupos afetados 2. Consideração das estratégias e táticas apropriadas a serem usadas 3. Identificação dos grupos afetados que serão envolvidos no processo

Ferramenta de Diagnóstico: A Equação da Mudança

Antes de continuar descrevendo o modelo da pesquisa-ação, seria útil discutir uma ferramenta que pode ser usada na análise e no planejamento do esforço de mudança. Uma excelente ferramenta de diagnóstico para avaliar um esforço de mudança é a equação da mudança, descrita na Figura 10.1. É importante observar, para os aficionados em matemática, que a equação é usada apenas para fins ilustrativos, e não pode ser quantificada. Os elementos da equação são M ou a mudança desejada, F ou a situação no futuro (estado ou visão desejado) resultante da mudança, A ou a situação atual, P ou o plano para chegar ao futuro e R ou a possível resistência à mudança. Observe que o R também poderia ser denotado como PP, ou perda percebida. Isto é, aquilo que as pessoas que serão afetadas pelo esforço de mudança percebem que perderão como resultado da mudança (poder, prestígio, benefícios, relações de subordinação, autoridade e responsabilidade etc.).

Se a soma do futuro menos o presente for positiva, e multiplicada pelo plano de mudança for maior do que a resistência em potencial, o esforço de mudança será bem-sucedido.

Aplicando a Equação

Veja a seguir uma discussão sobre cada elemento da equação e como o líder da mudança pode aplicá-la.

$$M = (F - A) \times P > R$$
$$\text{Mudança} = (\text{Futuro} - \text{Agora}) \times \text{Plano} > \text{Resistência}$$

Figura 10.1 A Ferramenta de Diagnóstico Equação da Mudança

Passo 1 da Equação da Mudança: Lidar com o "A" O primeiro passo para aplicar a equação da mudança diz respeito ao "A", que simboliza o presente ou situação "Agora". O líder da mudança deve criar insatisfação com a situação presente e gerar uma conscientização da necessidade de mudança. Por exemplo: "Os clientes estão reclamando da má qualidade dos nossos produtos. Resultado: estamos perdendo vendas e bons clientes. Se isso continuar, talvez tenhamos que fechar a fábrica, demitir os funcionários etc., etc." A tarefa aqui consiste em criar a maior insatisfação possível com a situação atual (déficits ou ($-$)). Recomenda-se usar aqui educação e comunicação e envolvimento e táticas de participantes. Compartilhe informações com as pessoas que serão afetadas pela mudança, como os resultados das pesquisas com clientes, forças-tarefa, grupos de foco e afins. Quanto mais *negativas* forem as informações fornecidas sobre o motivo da mudança melhor. Um exemplo clássico dessa aplicação foi o musical da Broadway da década de 1950, *Music Man*, estrelado por Robert Preston. Preston desempenhava o papel de um vendedor no Meio-Oeste que comercializava instrumentos e uniformes para as crianças formarem bandas. Em uma cena, sobre uma mesa de bilhar em River City, a canção por ele entoada versava sobre o efeito do bilhar sobre as crianças, corrompendo-as e afastando-as dos estudos e tarefas. A música, *Trouble in River City*, é um excelente exemplo de gestão do "A" e da criação de insatisfação com a situação atual. É claro que ele acabava continuando e descrevendo o "F" da equação e como o problema seria eliminado com a criação de uma banda infantil em River City, a mudança que ele desejava. Nesse exemplo, pode-se ver também que a equação da mudança se aplica diretamente às vendas e pode ser usada para avaliar uma situação de venda. A única diferença na equação da mudança para essa aplicação é o "R", que lida com a eliminação do "risco" do comprador ao fazer negócio com sua empresa *versus* aquela com a qual faz negócios atualmente.

É importante reconhecer também o que está certo e que nem tudo precisa ser mudado. É importante reforçar o moral, proteger a autoestima dos outros, gerar credibilidade para o líder da mudança e ajudar a reduzir a resistência.

Passo 2 da Equação da Mudança: Lidar com o "F"   Lidar com o "F" é apresentar uma Visão para o futuro: como serão as coisas depois da mudança. Aqui, é necessário mostrar os benefícios da mudança, além do que será preservado. O objetivo é criar e apresentar o valor (+) da mudança para o futuro, os déficits (–) que serão eliminados, as necessidades organizacionais que serão satisfeitas e o valor que será gerado. Além disso, converta em ganho qualquer possível (resistência) percebida.

Ao comunicar o futuro, a campanha de comunicação deve incluir:

- Se a forma na qual as pessoas trabalham vai mudar
- Que novas habilidades podem ser necessárias e como elas serão oferecidas
- Se o comportamento das pessoas terá que mudar
- Se a mudança apresentará uma boa oportunidade para as pessoas ou se pode haver consequências negativas
- Associar o esforço da mudança para mostrar coerência com a Missão, a Visão e os Valores da empresa
- Como a mudança sustenta a condução do negócio e os objetivos da organização
- Concentre-se nas pessoas – elas precisam se sentir valorizadas e incluídas

A Figura 10.2 ilustra como lidar com os dois primeiros elementos da equação da mudança (Agora e Futuro).

Passo 3 da Equação da Mudança: Lidar com o "R"   Lidar com o "R" tem a ver com as pessoas que serão afetadas pelo esforço de mudança e com a superação

$$M = (F-A) \times P > R$$
$$\uparrow \quad \uparrow$$
$$(+) \ (-)$$
$$\textbf{Benefícios} \ \ \textbf{Déficits}$$

Figura 10.2   Lidando com o "F" & com o "A"

da resistência ou perda percebida, ou o que as pessoas acreditam que perderão em decorrência do esforço de mudança. O uso de estratégias e táticas de participação e envolvimento é bastante apropriado aqui, envolvendo as pessoas que serão afetadas pela mudança ou representantes desses grupos no processo de planejamento de mudança.

O "R" e a Resistência à Mudança Antes de passar ao próximo passo da equação de mudança, vale a pena rever rapidamente por que há resistência aos esforços de mudança. As principais fontes de resistência à mudança são:

Incerteza sobre as Causas e Efeitos da Mudança

- As pessoas evitam a incerteza (risco) – os procedimentos estabelecidos são conhecidos e previsíveis.
- Falta de confiança – desconfiança em quaisquer mudanças instituídas pelos níveis superiores.
- Necessidade de novas habilidades – talvez seja necessário aprender novas habilidades ou informações.
- Talvez a mudança tenha um impacto negativo inicial sobre o desempenho e sobre as recompensas (remuneração, promoções).
- Desempenho negativo – a mudança pode ser interpretada como sinal de que o trabalho atual não está sendo bem executado.

Má Vontade em Abrir Mão dos Benefícios Existentes (Perda Percebida)

- Má vontade em abrir mão de tarefas e relacionamentos.
- Perda de poder, prestígio, salário, qualidade de trabalho e outros benefícios (segurança).

Percepção de uma Fraqueza nas Mudanças que Estão Sendo Propostas

- Potenciais problemas que não foram detectados pelos iniciadores da mudança ("Experimentamos isso antes e não funcionou").
- O plano de introduzir a mudança é considerado complicado, caro demais e muito demorado. Também pode causar distúrbios nas operações atuais.

Falta de Credibilidade do Líder da Mudança

- O líder da mudança pode não ser respeitado pela organização e não ter credibilidade.
- Essa pessoa já foi capaz de produzir resultados antes?
- Que experiência o líder da mudança tem em esforços de mudança anteriores?

Crescente Resistência à Mudança Todos esses fatores que contribuem para a resistência ou para a perda percebida se intensificarão nas seguintes situações:

- A mudança é vista como ameaça e não como algo útil.

- A mudança é recusada pelo grupo afetado, a não ser que eles a tenham exigido especificamente.
- A mudança é recusada pela gerência como uma ameaça real ou imaginária ao seu prestígio e autoridade, a não ser que a tenham exigido especificamente.
- A oposição do grupo costuma ser maior do que a soma total da oposição dos indivíduos $(2 + 2 = 6)$.
- Magnitude da mudança – quanto maior a mudança, maior a oposição pelos grupos afetados.

Esses fatores que aumentam a resistência podem ser reduzidos comunicando-se os benefícios da mudança e a continuidade do compromisso com a mudança. Para isso, é preciso saber lidar bem com os elementos da equação da mudança. Quanto maior for o prestígio do gerente que defende o esforço de mudança ou do líder da mudança, maior sua influência em favor da mudança. Fornecer informação para o "A", "F" e "P" pode ser uma maneira de reduzir substancialmente essa resistência. Envolver os membros dos grupos afetados no processo de planejamento também pode criar pressão interna pela mudança.

Passo 4 da Equação da Mudança: Lidar como o "P"   Como observei antes, ter um plano incompleto pode contribuir para resistência ao esforço de mudança. Portanto, é essencial que o plano cumpra os seguintes critérios:

1. O plano deve ser simples e de fácil compreensão.
2. O plano deve ser visto como viável e apresentar a credibilidade do líder da mudança.
3. O plano não deve consumir grandes quantidades de tempo ou recursos nem atrapalhar as operações em andamento.
4. O plano deve indicar o que será preservado.

Entre outros critérios estão: envolver no processo de planejamento as pessoas que serão afetadas pelo esforço de mudança e comunicar que o plano terá sucesso e produzirá os resultados desejados.

Elementos do Plano   O plano do esforço de mudança deve incluir os seguintes elementos:

1. *Descrição do "A" e do "F"*: Como é a organização hoje e como você deseja que seja depois da mudança.
2. *Plano de comunicação*: Informar a todos a mudança, mantendo-os a par da evolução do esforço de mudança.
3. *Plano de reconhecimento*: De que maneiras você comemorará o sucesso e recompensará os funcionários que o apoiam e defendem o esforço de mudança.
4. *Diretrizes*: Definir processos, papéis e responsabilidades a fim de reduzir os conflitos e potenciais lutas pelo poder.
5. *Mensuração*: Identificar a responsabilidade e monitorar o sucesso.

Um bom plano de esforço de mudança proporciona muitos benefícios. Em primeiro lugar, funciona como um mapa, informando a todos para onde estamos indo, como chegar lá e indicando quando chegamos. Em segundo lugar, é uma ferramenta de comunicação que deixa claro para todos por que a mudança é necessária, esclarece mal-entendidos, diz aos funcionários o que precisam fazer e o que esperar de você. Em terceiro lugar, é uma ferramenta de marketing que ajuda a defender a ideia da mudança junto aos funcionários. Entre outros benefícios estão uma ferramenta de garantia da qualidade que proporciona controle da qualidade do esforço de mudança, um elemento construtor de credibilidade para deixar os funcionários saberem que você é responsável e está no controle e um elemento redutor de resistência que oferece indícios de que o esforço de mudança terá êxito.

Como podemos ver, a equação de mudança pode ser uma boa ferramenta de diagnóstico na análise e no planejamento de um esforço de mudança. Líderes da mudança experientes usam essa ferramenta no início do processo para ajudar a determinar quais grupos podem ser afetados e potencialmente oferecer resistência ao esforço de mudança e, assim, selecionar as estratégias e táticas de mudança apropriadas.

Passo 3 da Pesquisa-ação: Coleta de Dados

O próximo passo no processo de mudança é a coleta de dados: reunir informações sobre o problema ou oportunidade que se deseja buscar. Há diversas fontes a considerar, à semelhança do que ocorre em pesquisas de mercado, como mostra a Tabela 10.5.

Passo 4 da Pesquisa-ação: Diagnóstico

Coletados os dados, o próximo passo é o diagnóstico e a oferta de *feedback* ao cliente por parte do líder da mudança, como mostra a Tabela 10.6.

Durante esse passo, é importante oferecer *feedback* para o cliente sobre o "problema real" e o que o líder da mudança recomenda que seja mudado. Aqui, é essencial obter o comprometimento do cliente com a continuidade da mudan-

Tabela 10.5   Coleta de Dados: Tarefas e Ferramentas

Tarefas	Ferramentas de mudança
1. Reunir informações sobre o problema ou oportunidade	1. Fontes de pesquisa secundárias 2. Entrevistas direcionadas e grupos de foco (apresentar com antecedência questões para discussão) 3. Instrumentos de *feedback* (questionários e levantamentos) 4. Estratégias e táticas de participação e envolvimento

Tabela 10.6   Diagnóstico: Tarefas e Ferramentas

Tarefas	Ferramentas de mudança
1. Definição do "problema real" ou das questões relativas à oportunidade 2. Recomendações preliminares para mudança 3. *Feedback* ao cliente 4. Comprometimento do cliente com a mudança	1. Grupos de foco e de resolução de problemas (tática de participação e envolvimento) 2. Avaliação da equação da mudança 3. Estratégias e táticas da mudança

ça. Além disso, antes de seguir para o passo seguinte – planejamento da ação –, é importante determinar que estratégia e táticas serão usadas para implementar o esforço de mudança. A seguir, apresenta-se uma rápida discussão das estratégias disponíveis que podem ser usadas em um esforço de mudança.

Estratégias e Táticas de Mudança

> *As pessoas não ficam estressadas por causa do excesso de mudanças nas organizações, e sim pela maneira na qual essas mudanças são realizadas.*[23]

Estratégias de Mudança   Podemos considerar três abordagens ou estratégias no planejamento e na execução do esforço de mudança. Entre elas está a abordagem de cima para baixo, ou unilateral, a responsabilidade compartilhada – abordagem participativa, e a abordagem de baixo para cima, ou programa-piloto. É possível usar todas as três estratégias em um esforço de mudança, como descrevo a seguir.[24]

Abordagem de cima para baixo – unilateral: O CEO emite uma ordem de que alguma coisa precisa ser mudada (aumento da qualidade do produto, melhor serviço ao cliente etc.). A vantagem dessa abordagem é que a mudança é implementada rapidamente. A desvantagem é que a decisão pode ser feita unilateralmente, sem que haja informações completas.

Responsabilidade compartilhada – abordagem participativa: As pessoas que apresentam maior probabilidade de ser afetadas estão envolvidas na avaliação e no planejamento do esforço de mudança. A vantagem é que, por meio do envolvimento e da participação, é possível reduzir as possíveis resistências e desenvolver uma noção de propriedade pelo esforço de mudança. Isso ajuda a aumentar a probabilidade de comprometimento dos empregados com a mudança e com seu êxito. A desvantagem é que uma abordagem participativa exige que as pessoas tenham tempo para se reunir e pode não ser propícia ao desenvolvimento de culturas respeitadas. Além disso, é preciso haver no grupo um líder especializado em realizar reuniões de tomada de decisão e análise de problemas em grupo, a fim de evitar complicações.

Abordagem de baixo para cima – programa-piloto: Talvez a mudança contemplada tenha impacto sobre a empresa como um todo. Se a empresa for grande, talvez seja melhor testar a mudança com um programa-piloto (a utilização de programas-piloto segundo Drucker). A vantagem é que essa abordagem permite avaliar o esforço de mudança e realizar mudanças que podem ser necessárias para aumentar suas chances de sucesso antes de causar impacto em toda a empresa ou abandonar o esforço de mudança caso não se alcancem resultados positivos. O único inconveniente dessa abordagem é assegurar que o esforço de mudança tenha o apoio e o comprometimento da gerência sênior e não ser visto como um esforço individual, uma tática de guerrilha.

Como observei antes, essas estratégias podem ser usadas em conjunto. Por exemplo: o CEO acredita ser necessário realizar uma mudança (de cima para baixo). Ele romeia um líder da mudança para estudar o problema e recomenda as mudanças que devem ser implementadas. O líder da mudança forma um grupo de pessoas com conhecimento, muitas das quais possivelmente sofrerão o impacto da mudança e poderão resistir ao envolvimento com o desenvolvimento de um plano de mudança (responsabilidade compartilhada). Parte do futuro plano de mudança é testá-lo em partes específicas da empresa (programa-piloto).

Táticas de Mudança Embora várias táticas possam ser usadas na implementação de um esforço de mudança, as mais eficazes são: comunicações, participação e facilitação.[25]

Educação e comunicações: As comunicações contínuas e o compartilhamento de informações com as pessoas que serão mais afetadas pela mudança sobre os motivos da mudança, o que mudará, o que será preservado, a coerência entre o esforço de mudança e a missão e visão da organização, qual será o plano para a mudança etc.

Facilitação e apoio: Muitas vezes, as mudanças exigirão novos conhecimentos e habilidades por parte daqueles que serão afetados por ela. Eles precisam ser avisados de que receberão o treinamento e qualquer outro tipo de apoio necessário para o desempenho após a implementação da mudança.

Participação: Isso é essencialmente o mesmo que estratégia de responsabilidade compartilhada, pois envolve as pessoas que serão afetadas pela mudança no planejamento e na implementação do esforço de mudança.

Passo 5 da Pesquisa-ação: Planejamento da Ação

Assim que o cliente se compromete com o esforço de mudança, é preciso desenvolver um plano, incluindo a identificação das estratégias e táticas de mudança que serão usadas. Uma parte essencial do plano inclui uma campanha de comunicações que comunique a necessidade de mudança e as mudanças que serão necessárias para eliminar uma lacuna de desempenho ou a busca de uma oportunidade, especialmente para aqueles que serão afetados pela mudança. Entre as ferramentas usadas para realizar essas tarefas está a equação da mudança, enfatizando a avaliação das pessoas que serão atingidas pelo esforço de mudança e

Tabela 10.7   Planejamento de Ação: Tarefas e Ferramentas

Tarefas	Ferramentas de mudança
1. O desenvolvimento mútuo do plano de ação para o esforço de mudança inclui: • A mudança necessária • Plano de implementação • As estratégias e táticas do plano de implementação 2. O desenvolvimento da campanha de comunicações – comunicações dos elementos da equação da mudança (M, A, F & P para a organização)	1. Análise da equação da mudança: • Identificação de "R" e envolvimento no planejamento da ação • Determinação das estratégias e táticas da mudança 2. Táticas de educação e comunicações

que podem resistir e as estratégias e táticas de educação e comunicação a serem usadas (vide a Tabela 10.7).

Passo 6 da Pesquisa-ação: Implementação

Antes de dar continuidade à implementação do esforço de mudança, é importante garantir que aqueles que têm poder, autoridade e influência na organização estejam comprometidos com o esforço de mudança e o defendam. Também é essencial obter o endosso de pessoas com credibilidade e prestígio na organização ao lidar com uma mudança organizacional complexa. Sem esse apoio e o uso de estratégias e táticas apropriadas para sua implementação, o esforço de mudança sofrerá resistência e acabará fracassando. Mais uma vez, a comunicação contínua por meio das táticas de educação e de comunicação é importante para reforçar a necessidade de mudança (vide a Tabela 10.8).

Passo 7 da Pesquisa-ação: Avaliação

A avaliação do progresso e dos resultados do esforço de mudança deve ser contínua. Com base nos resultados, talvez seja necessário realizar um diagnóstico adicional e modificações no plano de mudança. Aqui, talvez seja preciso usar continuamente as estratégias e táticas de participação e envolvimento como ferramen-

Tabela 10.8   Implementação: Tarefas e Ferramentas

Tarefas	Ferramentas de mudança
1. Obter o comprometimento de pessoas em posição de poder e autoridade 2. Obter de pessoas com credibilidade e prestígio na empresa o endosso para a mudança 3. Implementar o plano de mudança 4. Continuar a campanha de comunicação	1. Avaliação de poder, autoridade e influência 2. Estratégia de participação e envolvimento 3. Tática de negociações possíveis 4. Estratégias e táticas de mudança 5. Tática de educação e comunicações

Tabela 10.9 Avaliação: Tarefas e Ferramentas

Tarefas	Ferramentas de mudança
1. Qualificação e avaliação do esforço e resultados da mudança	1. Estratégias e táticas de participação e envolvimento
2. Outro diagnóstico pode ser necessário	2. Estratégias e táticas de participação e envolvimento
3. Modificações no plano de mudança	3. Educação, comunicações e táticas – progresso, resultados, mudanças

tas. A comunicação continua sendo importante para manter a organização a par do esforço de mudança (vide a Tabela 10.9)

Passo 8 da Pesquisa-ação: Estabilização

Uma vez implementado o esforço de mudança, é importante dar continuidade à tática de educação e comunicação para permitir que a empresa e as pessoas afetadas pela mudança a aceitem como um "estilo de vida" – algo que deveríamos estar fazendo o tempo todo. Sem isso, as pessoas voltarão aos antigos hábitos. Elas também devem ver o esforço de mudança como uma oportunidade, não como uma ameaça (vide a Tabela 10.10).

Tabela 10.10 Estabilização: Tarefas e Ferramentas

Tarefas	Ferramentas de mudança
1. Mudança aceita pela empresa como estilo de vida	1. Tática de educação e comunicações
2. Mudança vista como uma oportunidade, não como uma ameaça	2. Tática de educação e comunicações

Passo 9 da Pesquisa-ação: Término

Aqui, o líder da mudança externo parte, enquanto o líder da mudança interno garante que a mudança seja estabilizada. O líder da mudança interno pode receber uma nova atribuição, e o processo então se repete.

Erros Comuns nos Esforços de Mudança

Um dos erros mais frequentes cometidos ao se administrar um esforço de mudança é passar direto do primeiro ao sexto e sétimo passos, ignorando os passos intermediários. Resultado: negligenciam-se as estratégias e táticas apropriadas. Além disso, as opiniões dos trabalhadores do conhecimento, dos especialistas funcionais e dos responsáveis pelos resultados costumam ser ignoradas. É importante que todos os passos do modelo de pesquisa-ação sejam realizados em sequência, inclusive o uso da ferramenta de diagnóstico durante os primeiros passos.

Resumo da Parte Três

Esta foi uma breve descrição do modelo de pesquisa-ação para planejamento e implementação de um esforço de mudança complexo. O estudo de caso apresentado no final deste capítulo servirá de exemplo de cada um desses passos em sua aplicação prática.

O mais importante a lembrar dessa parte é rever os oito erros que contribuem para o fracasso da mudança e também "o que" preservar em qualquer esforço de mudança. É importante considerar também as estratégias e táticas de mudança descritas nesta parte quando se contempla um esforço de mudança. Finalmente, se seguido, o modelo de pesquisa-ação pode levar a um esforço de mudança mais bem-sucedido. Incluímos no final deste capítulo uma ferramenta de avaliação com referência às exigências de Drucker para a mudança.

Concluo o capítulo com minha citação favorita sobre mudança:

Não há nada mais difícil de se levar adiante, nem de sucesso mais duvidoso, e nem mais perigoso de lidar, do que iniciar uma nova ordem das coisas, pois o reformado tem como inimigos todos aqueles que lucram com a antiga ordem e apenas defensores indiferentes em todos aqueles que lucram com a nova ordem, surgindo essa indiferença parcialmente do medo de seus adversários, que têm a lei a seu favor, e parcialmente da descrença da humanidade, que não acredita verdadeiramente em nada de novo antes de experimentá-lo.[26]

Maquiavel

Principal Ferramenta de Avaliação da Mudança: Avaliando as Quatro Exigências de Mudança

INSTRUÇÕES

1. Avalie sua empresa em relação às quatro exigências de mudança.
2. Comente que pontos você acredita precisarem de melhoria, que tipo de melhoria você considera necessário e por quê.

(Continua)

Quatro Exigências de Mudança

1. Políticas para Fazer o Futuro (circule um número)

Nenhuma Política			Algumas Políticas			Políticas Completas		
1	2	3	4	5	6	7	8	9

APERFEIÇOAMENTOS NECESSÁRIOS: _____
_____
_____

2. Métodos Sistemáticos para Buscar e Prever a Mudança (circule um número)

Nenhum Método			Alguns Métodos			Métodos Completos		
1	2	3	4	5	6	7	8	9

APERFEIÇOAMENTOS NECESSÁRIOS: _____
_____
_____

3. Saber a Maneira Certa de Introduzir a Mudança (circule um número)

Não Saber a Maneira Certa			Saber Parte			Saber Tudo		
1	2	3	4	5	6	7	8	9

APERFEIÇOAMENTOS NECESSÁRIOS:_____
_____
_____

4. Equilíbrio entre os Esforços de Mudança e a Manutenção da Continuidade (circule um número)

Nenhum Equilíbrio			Algum Equilíbrio			Mudança e Continuidade Equilibradas		
1	2	3	4	5	6	7	8	9

APERFEIÇOAMENTOS NECESSÁRIOS:_____
_____
_____

(Continua)

Estudo de Caso: O Processo de Mudança, Analisando e Planejando um Esforço de Mudança

OCCIDENTAL PETROLEUM (OXY)

Resumo do Caso

Trata-se de um esforço de mudança real que planejei e gerenciei como líder da mudança externo para a Occidental Petroleum Corporation (Oxy) de Los Angeles, Califórnia, no início da década de 1980. Utilizando o "modelo de pesquisa-ação e os nove passos para análise e planejamento de um esforço de mudança", apresento a seguir uma breve descrição das várias atividades realizadas em cada passo do processo. Antes de descrever cada passo, apresento um breve histórico da empresa e do ambiente externo da época.

A Empresa

Na época, a Occidental Petroleum Corporation ocupava o 16.º lugar entre as 500 maiores empresas dos Estados Unidos na lista da revista *Fortune* (com faturamento aproximado de US$14 bilhões) e, de acordo com a revista *Fortune*, "A empresa de crescimento mais rápido nos Estados Unidos desde que a *Fortune* começou a acompanhar o desempenho das empresas".

Uma Breve História da Occidental Petroleum (Oxy)

A empresa foi fundada por duas pessoas do setor de petróleo em Los Angeles na década de 1950. Em busca de capital de investimento para perfurar seu primeiro poço (em Beverly Hills, a área mais exclusiva de Los Angeles, o que todos acreditavam ser uma loucura), encontraram o empreendedor aposentado e mundialmente famoso (especialmente por seus relacionamentos com todos os líderes soviéticos desde Lênin): Armand Hammer. Hammer investiu na pequena empresa 50% do capital inicial; encontrou-se de fato petróleo em Beverly Hills (um poço que ainda produz hoje), e a empresa começou a operar.

Uma Empresa de Exploração e Produção Ao contrário de outras grandes empresas multinacionais de petróleo, como a Exxon, a Mobil, a Shell e a BP, a Oxy era, no início, uma empresa de exploração e produção, e não uma empresa totalmente integrada, operando refinarias e pontos de venda no varejo. A missão da Oxy era explorar, encontrar e produzir petróleo e gás e vender os produtos para outras empresas petrolíferas. Seu objetivo era encontrar campos de petróleo extremamente grandes e reservas de gás, e não campos de petróleo menores, como alguns encontrados nos Estados Unidos. Seu foco, portanto, era na exploração internacional de petróleo e gás, onde as oportunidades de encontrar grandes reservas eram maiores do que nos Estados Unidos.

Operações Internacionais e Nacionais Na época, 95% das operações da Oxy estavam distribuídas em vários países e apenas 5% nos Estados Unidos (prin-

(Continua)

cipalmente na Califórnia e no Texas). Entre as operações internacionais estavam Argentina, Bolívia e Peru na América do Sul, Mar do Norte (Escócia, a segunda maior operação da Oxy e a mais lucrativa) e Líbia (a maior operação da Oxy, mas parcialmente nacionalizada pelo governo líbio). A Oxy também tinha uma participação de 50% na Occidental do Canadá. Além disso, a Oxy montou novas operações de exploração na Austrália, China (uma *joint venture* com a CNOOC), Colômbia, Madagascar, Omã, Paquistão e Tunísia. Suas operações de exploração e produção tinham como sede a Califórnia, ficando os departamentos financeiro, jurídico, de vendas e marketing em Houston, Texas, e o centro de tecnologia na Antuérpia, Bélgica.

Executivos, Gerência e Trabalhadores do Conhecimento

Todos os executivos e gerentes da Oxy, inclusive os trabalhadores do conhecimento (engenheiros de petróleo, geólogos, geofísicos etc.), tinham larga experiência com outras organizações de petróleo antes de entrar para a Oxy. O que atraiu muitas dessas pessoas a se juntarem à Oxy foi a cultura empreendedora, rápida e pouco burocrática da empresa. As decisões eram tomadas rapidamente; era permitido correr riscos em nível nacional local, e dedicavam-se recursos financeiros significativos à busca de oportunidades. Poucos recém-formados eram recrutados (quando o eram), pois o objetivo da empresa era contratar apenas pessoas experientes. Embora a empresa empregasse vários milhares de funcionários "nacionais" em diversas de suas operações estrangeiras, os expatriados ficavam com a maior parte dos cargos de alta gerência e técnicos/profissionais. Além disso, embora todos os executivos, gerentes e funcionários técnicos/profissionais fossem altamente qualificados em suas respectivas áreas, poucos (quando muito) tinham treinamento em gerência. Mais tarde e durante uma entrevista com o vice-presidente executivo de exploração mundial, o líder da mudança perguntou se sua função praticava a administração por objetivos e como eram os objetivos estabelecidos. O vice-presidente executivo respondeu que tinha um objetivo: "Encontrar petróleo", e esse foi o fim da discussão sobre práticas administrativas.

O Ambiente Externo: A Demanda de Trabalhadores do Conhecimento

O ambiente externo era bastante semelhante ao que poderia ser encontrado ao redor do mundo em 2006. O preço do barril de petróleo era o mais alto de todos os tempos. Isso motivava a alta atividade de exploração nos Estados Unidos. "Oil Patch" e "Rig Count" (o número de equipamentos de perfuração em funcionamento em busca de petróleo – uma medida da atividade do setor petrolífero) também estavam no auge. Empresas de exploração e produção novas, menores e independentes estavam começando a busca por novas fontes de petróleo nos Estados Unidos.

Esse aumento em uma atividade de exploração também gerou maior demanda de trabalhadores do conhecimento do setor petrolífero (geólogos, engenheiros de petróleo etc.). Resultado: para atrair os profissionais experientes das principais

(Continua)

organizações de petróleo, as empresas independentes ofereceram bonificações, salários extremamente elevados e um percentual de quaisquer novos campos de petróleo que fossem descobertos. Os estudantes que acabavam de sair do mestrado em engenharia do petróleo e em geociência recebiam as mesmas ofertas das principais empresas de petróleo, inclusive ofertas de ações da empresa – não opções de compra de ações. Para os que já estavam empregados ou prontos para entrar no setor, as perspectivas eram excelentes.

O Modelo de Pesquisa-ação

A discussão a seguir descreve cada passo do modelo de pesquisa-ação realizado para este caso.

Passo 1: Observação, a Conscientização da Necessidade de Mudança

O CEO da divisão de petróleo e gás da Oxy sentiu a necessidade de uma mudança. A empresa estava contraindo anualmente uma dívida de US$3 milhões em despesas com recrutamento externo, em busca de trabalhadores do conhecimento experientes no setor petrolífero; ao mesmo tempo, a empresa estava perdendo alguns de seus funcionários mais experientes para as novas empresas de exploração e produção. O CEO acreditava que, a continuar essa tendência, a empresa teria dificuldade para cumprir seus objetivos, pois não disporia dos recursos humanos necessários para ocupar os cargos exigidos pela expansão de suas operações de exploração e produção.

O CEO não sabia ao certo qual era o "problema real", mas sentia que seria necessário realizar algumas mudanças. Com isso em mente, um líder da mudança externo foi contatado, e organizou-se uma reunião para discutir a conscientização, a prontidão e o comprometimento com a mudança.

Durante essa reunião, também ficou comprovado que o CEO tinha poder e autoridade para aprovar o esforço de mudança assim que as recomendações para a mudança ou mudanças necessárias fossem propostas.

Passo 2: Entrada, Cliente e Contrato Estabelecido do Líder da Mudança

Realizou-se uma segunda reunião entre o CEO e o líder da mudança para estabelecer o contrato durante essa fase do processo de mudança. As questões discutidas e resolvidas foram:

1. *Definir a tarefa*: A tarefa definida foi a de identificar o "problema real" e apresentar recomendações para abordar o problema e as possíveis mudanças que seriam necessárias. Concordou-se com a realização de uma extensa análise das necessidades e também com a definição de quem realizaria a análise.
2. *Definir os resultados*: Concluiu-se que uma proposta detalhada das mudanças que poderiam ser exigidas na organização seria submetida ao CEO seis meses após o início do projeto.

(Continua)

3. *Recursos e apoio adicionais exigidos*: O CEO comprometeu recursos ilimitados ao projeto, inclusive a oferta de uma equipe de apoio adicional para o líder da mudança por parte da Oxy, para ajudá-lo no projeto.
4. *Explorar o problema*: Determinou-se que seria realizada uma análise detalhada das necessidades para explorar o problema. As ferramentas utilizadas para a análise estão descritas no Passo 3, a fase de coleta de dados.
5. *Comunicação dos objetivos da empresa*: Os objetivos do líder da mudança foram comunicados a toda a gerência sênior e também a outras equipes de gerência importantes em todas as operações da Oxy ao redor do mundo por meio de um memorando detalhado enviado pelo CEO. O memorando também definia as datas das reuniões do líder da mudança com a gerência e equipe importantes, incluindo uma agenda de questões a serem discutidas durante essas reuniões. O líder da mudança visitaria todas as locações da Oxy em todo o mundo.

Passo 3: Coleta de Dados

Vários métodos e ferramentas foram usados para a coleta de dados relativos ao "problema real". Entre eles estavam a pesquisa secundária, o uso de questionários e entrevistas pessoais e em grupo.

Fontes de Informação Secundárias   Antes de realizar as entrevistas internamente, o líder da mudança examinou vários documentos internos para obter *insights* sobre a cultura e as práticas gerenciais da organização. A seguir está um exemplo excelente dos motivos pelos quais a empresa não acreditava em burocracia e papelada. A Oxy construiu a plataforma de petróleo Piper-Alpha na costa da Escócia, no Mar do Norte. A plataforma foi construída para resistir a ondas de quase 28 metros e acabou se tornando a mais produtiva plataforma *off-shore* do mundo, produzindo 250.000 barris de petróleo por dia com 27 poços em alta profundidade (o petróleo flui livremente dos poços para a superfície sem necessitar de bombeamento). Originalmente, a Oxy calculou um gasto de US$350 milhões para a construção da plataforma. O custo final do trabalho de construção na plataforma excedeu US$ 900 milhões.

Quando o pessoal da contabilidade (os "As") pediu explicação para a diferença de mais de meio bilhão, preparou-se um relatório resumido de duas páginas contendo as seguintes informações:

1. *Primeiro ponto*: A Oxy não previa as condições climáticas adversas encontradas no Mar do Norte.
2. *Segundo ponto*: A Oxy superestimou a produtividade da força de trabalho dos membros do Reino Unido.
3. *Terceiro ponto*: A plataforma Piper-Alpha produz receitas de aproximadamente US$10 milhões. Ao ultrapassar o orçamento previsto, a plataforma se tornou operacional 20 dias antes do agendado e produziu US$200 milhões adicionais em receitas que a contabilidade não havia previsto.
4. *Quarto ponto*: Os engenheiros da Oxy podiam ter feito um trabalho de planejamento melhor.

(Continua)

O relatório foi arquivado, e ninguém voltou a questionar o custo adicional novamente, e os "As" (administradores) ficaram longe do caminho dos "Es" (empreendedores) e dos "Ps" (produtores).

Outras fontes secundárias como relatórios anuais, apresentações para os acionistas feitas por Hammer e outros documentos foram revisados para obter outros *insights* sobre a Oxy.

Entrevistas Focadas – Executivos Seniores das Sedes Corporativas e *Staff* Principal   Depois das pesquisas secundárias, foram agendadas entrevistas focadas com os principais executivos das sedes corporativas na Califórnia e em Houston. Entre eles estavam o presidente do conselho e o CEO — Divisão de Petróleo e Gás, vice-presidente executivo de Engenharia e Produção, vice-presidente executivo — Exploração ao Redor do Mundo, vice-presidente executivo de Finanças, vice-presidente executivo das Operações Latino-americanas, vice-presidente da Exploração Latino-americana, vice-presidente das Operações Nacionais, vice-presidente de Aquisições, chefe do Conselho Jurídico, presidente de Vendas da Oxy (o braço de vendas e marketing da empresa), presidente da Permian Corporation (importante subsidiária ligada ao transporte de petróleo), CEO da Canadian Occidental Petroleum Corporation e o vice-presidente de Administração (inclusive Administração de Recursos Humanos). Entrevistas adicionais foram realizadas com seus principais subordinados diretos, como o engenheiro-chefe de Petróleo, engenheiro-chefe de Perfuração, engenheiro-chefe de Mecânica, chefe da Geologia, chefe da Geofísica, diretores de P&D e vários outros trabalhadores do conhecimento de nível sênior representando as geociências.

Avaliação da Equação da Mudança

Foi realizada uma avaliação preliminar da equação da mudança depois dessas entrevistas. Essa avaliação concluiu que:

"R" e Perda percebida: Os vários executivos das áreas funcionais consideravam que os gerentes e seus trabalhadores do conhecimento em suas funções (engenharia, geociência etc.) pertenciam a eles, independentemente de onde essas pessoas trabalhassem no exterior. Eram eles, e não a gerência de recursos humanos, que tomavam todas as decisões relacionadas a seleção, tarefas, promoções e remuneração de seu pessoal. O departamento de RH servia essencialmente para tomar conta da papelada associada a essas transações. Eles resistiriam fortemente a qualquer recomendação e mudança que pudesse diminuir seu poder e controle nessas áreas.

Cultura corporativa: Cada executivo sênior enfatizou a importância de preservar a cultura da empresa, a de ser uma empresa de ações rápidas, sem burocracia e aberta a mudanças. Contou-se uma história durante uma entrevista que descrevia a Oxy em seus primórdios e a contratação de seu primeiro gerente de recursos humanos. Uma das primeiras tarefas que o gerente de RH fez foi criar um organograma de todas as operações da Oxy, antes inexistente. Quando o organograma chegou à mesa do Dr. Hammer, ele perguntou quem o havia preparado.

(Continua)

Conta-se que, quando lhe responderam que tinha sido desenvolvido pelo novo gerente de RH, ele deu instruções para que o gerente fosse demitido imediatamente, afirmando que isso era "burocracia".

Questionários/Levantamentos com funcionários: Usando um questionário, realizou-se uma pesquisa nas operações da Oxy no Mar do Norte com todos os funcionários. Esse questionário tentava medir várias questões, como estilos de gerência e de liderança, remuneração e benefícios, oportunidades de carreira etc. (fatores semelhantes à Teoria de Dois Fatores de Herzberg) e a avaliação dos funcionários a respeito dessas questões. A operação do Mar do Norte foi selecionada por ser considerada a mais bem-sucedida e lucrativa operação da Oxy e também porque costumava praticar as técnicas de gestão mais modernas, comparada com outras operações da Oxy.

Entrevistas focadas ao redor do mundo: O líder da mudança reuniu-se com todos os executivos de nível sênior e seus subordinados imediatos em todas as operações mundiais da Oxy. Foram realizadas reuniões nos Estados Unidos, Canadá, Peru e Bolívia na América do Sul, Londres e Escócia, no Reino Unido, Bélgica e Líbia. Também foram realizadas entrevistas tanto com funcionários técnicos/profissionais expatriados quanto nacionais nesses locais. Não foram realizadas visitas a escritórios de exploração menores por causa de seu porte relativamente menor (somente alguns geocientistas); no entanto, alguns funcionários foram entrevistados posteriormente, quando visitaram a sede da empresa na Califórnia.

Tática de participação e envolvimento e educação e comunicação: Todos os executivos de nível sênior recebiam *feedback* constante, bem como relatórios sobre as informações obtidas durante essa fase de coleta de dados. O caráter confidencial das fontes de informação foi mantido (um compromisso assumido com os entrevistados) para que pudessem ser obtidas informações objetivas e imparciais (tanto positivas quanto negativas em relação à empresa e suas práticas gerenciais).

Passo 4: Diagnóstico

As tarefas a seguir foram realizadas nessa fase com base na fase anterior de coleta de dados:

1. Definir o "Problema Real" O "problema real" foi definido como sendo a ausência de um sistema de planejamento e desenvolvimento de recursos humanos. A Oxy carecia da visibilidade de seus recursos humanos, como conhecimentos, habilidades, experiência, educação, desempenho no trabalho – a 16ª colocada na lista das 500 melhores organizações da revista *Fortune* não dispunha de um processo contínuo de avaliação de desempenho – e objetivos de carreira. Com a falta dessa visibilidade, as recomendações internas dos recursos humanos costumavam ser ignoradas quando se tratava de tarefas de trabalho e avanços (a não ser que tivessem um contato próximo com os executivos de nível sênior) em vez de recrutar candidatos de fora. Com o passar do tempo, o pessoal interno desanimava e, por ver seus sentimentos ignorados, saía da empresa em busca de outras oportunidades. Era também uma prática que, em algumas operações

(Continua)

estrangeiras em locais menos atraentes, como a Líbia e a Amazônia peruana, os gerentes locais tentavam esconder seu pessoal e mantê-los assim o máximo possível, sabendo que seria difícil tentar atrair substitutos para essas áreas. Não era incomum um trabalhador do conhecimento da Oxy demitir-se de uma operação como a da Líbia e depois candidatar-se a um cargo semelhante em outra operação da Oxy, como o Mar do Norte.

O diagnóstico também revelou que a Oxy pagava salários excelentes e oferecia benefícios, como um plano de compra de ações, e isso não era problema no que dizia respeito ao pessoal da Oxy. Isso, no entanto, contribuiu para um problema relacionado. A fim de avançar na carreira e aumentar sua remuneração, os trabalhadores do conhecimento eram forçados a deixar as áreas técnicas/profissionais nas quais eram especializados e procurar cargos de gerência. Como esses funcionários não tinham nenhum treinamento administrativo, como se observou anteriormente, a Oxy ganhou gerentes inexperientes e marginais e perdeu pessoal de alto calibre técnico/profissional (trabalhadores do conhecimento).

2. Recomendações Preliminares As recomendações preliminares incluíam o desenvolvimento de um Sistema de Levantamento Funcional de Recursos Humanos. Desse levantamento fariam parte todos os gerentes e trabalhadores do conhecimento nas respectivas funções (engenharia, geociência etc.), funcionários expatriados e nacionais, e incluiria informações relativas a seus conhecimentos e habilidades, educação, desempenho no trabalho, objetivos de carreira e assim por diante. O sistema também avaliaria a disposição individual para avançar na carreira e também identificaria os próximos cargos e locações em potencial.

Além disso, seria desenvolvido um sistema de "duplo caminho de carreira" que permitiria aos funcionários técnicos/profissionais avançar dentro de suas áreas de especialização funcional, com remuneração comparável à que teriam se tivessem tomado o caminho da administração. Como tal, o engenheiro de petróleo chefe (cargo mais alto nessa função em especial) poderia ganhar tanto quanto o vice-presidente de uma operação internacional da Oxy.

3. *Feedback* para o Cliente As recomendações preliminares e o plano de ação foram apresentados ao CEO e discutidos com ele. Todas as partes da equação da mudança foram descritas em detalhes – a situação atual ("A"), o estado futuro desejado resultante da mudança ("F"), o plano ("P") de como sair de "A" e chegar até "F" e as estratégias e táticas a serem usadas para reduzir a possível resistência e a perda percebida ("R").

4. Compromisso do Cliente com a Mudança O CEO aceitou as recomendações e sugeriu vários passos a serem adotados em seguida. Entre eles estavam uma reunião com os executivos de nível sênior para explicar as mudanças propostas e um convite a todos os executivos internacionais para uma reunião na qual as mudanças propostas seriam analisadas. Nesse caso, estavam usando, obviamente, as estratégias e táticas de "responsabilidade compartilhada – participação e

(Continua)

envolvimento" e "educação e comunicação", além da decisão "de cima para baixo" tomada pelo CEO.

5. A Reunião Realizou-se uma reunião com todos os executivos seniores e principais gerentes das operações internacionais para apresentação e análise do plano. Embora se tenha lidado com a resistência inicial, na medida em que os executivos funcionais de nível sênior continuariam tendo controle sobre seu pessoal (o sistema de recursos humanos funcionais seria preparado pelo departamento de RH para lhes proporcionar maior visibilidade dos recursos humanos da organização e eles continuarem atribuindo tarefas e tomando as decisões relacionadas a promoções), surgiu outro "R" imprevisto. Uma parte importante do sistema exigia informações sobre o desempenho no cargo. O problema, como mostrei antes, era que a Oxy, embora fosse a 16ª colocada entre as 500 da *Fortune*, não tinha ou não acreditava em avaliações de desempenho tradicionais. Muitos pensavam que era burocracia e se opunham ao desenvolvimento de um sistema na empresa. O resultado da reunião foi uma solicitação para que o líder da mudança estudasse essa questão e recomendasse como ela seria abordada com o surgimento do novo "R".

6. Programa-piloto de Baixo para Cima Usando a tática de participação e envolvimento, foram realizadas reuniões com a gerência sênior, o pessoal de recursos humanos e a equipe de treinamento das operações da Oxy no Mar do Norte para elaborar um programa-piloto e testar um sistema de avaliação de desempenho. O Mar do Norte foi escolhido para o projeto-piloto pois tinha bastante visibilidade e credibilidade na empresa devido a seu sucesso e ao fato de seu atual vice-presidente de Operações ter sido identificado como o novo vice-presidente executivo de Operações Mundiais e Engenharia, uma vez que o anterior se aposentaria dentro de um ano. Também ficou determinado que o setor de "facilitação e apoio" seria exigido por meio de um programa de treinamento, já que a maioria dos gerentes não possuía as habilidades necessárias para realizar reuniões de avaliação de desempenho e planejamento de carreira com os funcionários. O piloto foi um sucesso, e finalizou-se um plano de ação para implementar as mudanças propostas em todas as locações da Oxy ao redor do mundo.

Passo 5: Planejamento da Ação e Passo 6, Implementação

Os elementos a seguir foram incluídos no plano de ação para implementar o esforço de mudança:

1. Campanha de Comunicação Desenvolveu-se um vídeo profissional apresentando o programa (que receberia o título de Oxy DO, abreviação em inglês de Programa de Desenvolvimento Organizacional da Oxy). O vídeo tinha versões em inglês e em espanhol, para as operações na América do Sul. O vídeo seria usado para apresentar o programa a todos os gerentes e trabalhadores do conhecimen-

(Continua)

to ao redor do mundo em pequenas reuniões. Foram elaborados também folhetos que descreviam os objetivos do programa e o seu funcionamento.

2. Participação e Envolvimento Os gerentes de RH e treinamento foram treinados para apresentar o programa e implementá-lo em suas respectivas operações.

3. Facilitação e Apoio Um programa de treinamento abrangente foi desenvolvido para treinar todos os gerentes na implementação do programa e realização de sessões de desenvolvimento de carreira e avaliação de desempenho com seus trabalhadores do conhecimento. Mais de 500 gerentes foram treinados ao redor do mundo em menos de 90 dias.

4. Implementação Depois do programa de treinamento, o processo foi apresentado com entrevistas, e iniciou-se a coleta de dados para montar os levantamentos funcionais de recursos humanos. Informações sobre todos os gerentes e trabalhadores do conhecimento foram coletadas depois das entrevistas feitas pela gerência de RH local e enviadas ao líder da mudança e sua equipe para organização.

5. Participação e Envolvimento e Conselhos de Revisão Funcional Os conselhos de revisão funcional, formados por executivos funcionais em cada disciplina, além de representação de gerência sênior das operações internacionais, foram formados para analisar seus respectivos levantamentos de recursos humanos e aprovar as recomendações relativas às necessidades do desenvolvimento de carreira, disposição em avançar, os próximos cargos e locações possíveis etc. O recrutamento externo só seria permitido se não houvesse candidatos internos qualificados para um cargo nos arquivos de recursos humanos.

Passo 7: Avaliação

1. Todos os levantamentos funcionais de recursos humanos foram desenvolvidos dentro de seis meses da implementação do programa.
2. A verba para recrutamento de candidatos externos foi reduzida de mais de US$3 milhões para menos de US$ 500.000.
3. A rotatividade de trabalhadores do conhecimento foi significativamente reduzida nos primeiros anos da implementação do programa. Os trabalhadores do conhecimento agora sabiam que tinham visibilidade na empresa, não importando onde estivessem no mundo.

O Verdadeiro Teste O verdadeiro teste do valor do programa veio no início da década de 1980, quando a Oxy, junto com outras empresas do ramo de petróleo, recebeu ordem do presidente Reagan para retirar todos os cidadãos norte-americanos da Líbia, embora tivesse permissão para continuar as operações ali. As empresas tiveram 30 dias para remover seu pessoal e substituí-los por quem quisesse, desde que não tivessem passaporte americano (esse foi um prelúdio do bombardeio a Trípoli).

(Continua)

> A Oxy concluiu que precisava substituir aproximadamente 90 gerentes e trabalhadores do conhecimento para manter a continuidade das operações na Líbia. Consultando o sistema de recursos humanos, a Oxy foi capaz de identificar em 24 horas, em suas operações no mundo inteiro, 90 profissionais técnicos sem passaporte americano para substituir as equipes que trabalhavam na Líbia.
>
> **Passo 8: Estabilização**
>
> Depois da crise da Líbia, os executivos de nível sênior fizeram muitos comentários sobre o valor do desenvolvimento organizacional da Oxy. Para demonstrar estabilização, o comentário mais significativo foi: "Devíamos ter feito isso antes."
>
> **Passo 9: Término**
>
> Tendo concluído com sucesso esse esforço de mudança, o líder da mudança foi trabalhar com várias empresas do ramo de petróleo ao redor do mundo como consultor na elaboração e implementação de programas semelhantes.

Notas

1. Peter F. Drucker, *Management Challenges for the 21st century* (Nova York: HarperCollins Publishers, Inc., 1999), 72-93.
2. Robert W. Swaim, Ph.D. "The Drucker Files: Why Your Organization Needs to Be a Change Leader", Parts I & II, *Business Beijing* (maio e junho de 2002).
3. Arie de Geus, *The Living Company: Growth, Learning and Longevity in Business* (Boston: Harvard Business School Press, 1997).
4. Peter F. Drucker, *Management Challenges for the 21st Century* (Nova York: HarperCollins Publishers, Inc., 1999), 73.
5. Peter F. Drucker, *Managing in a Time of Great Change* (Nova York: Truman Talley Books, 1995), 272.
6. Ibid., 213.
7. Arie de Geus, *The Living Company: Growth, Learning and Longevity in Business* (Boston: Harvard Business School Press, 1997), 30.
8. Alan C. Filley, Robert J. House e Steven Kerr, *Managerial Process and Organizational Behavior,* 2nd ed. (Glenview, IL: Scott, Foresman & Company, 1976), 467.
9. Peter F. Drucker e Peter Senge, "Leading in a Time of Change". *MTS Video* (1999).
10. Peter F. Drucker, *Management Challenges for the 21st Century* (Nova York: HarperCollins Publishers, Inc., 1999), 90-92.
11. Ibid., 73.
12. Ibid., 74.
13. Ibid., 74.
14. Ibid., 80.
15. Ibid., 82.
16. Ibid., 86-88.
17. Ibid., 88-89.
18. Arie de Geus, *The Living Company: Growth, Learning and Longevity in Business* (Boston: Harvard Business School Press, 1997), 1.
19. Ibid., 73.
20. Donald F. Harvey e Donald R. Brown, *An Experiential Approach to Organization Development* (Englewood Cliffs, NJ: Prentice-Hall, Inc. 1982), 33.

21. Ibid., 53-55.

22. Ibid., 61-67.

23. Peter F. Drucker, *Management Challenges for the 21st Century* (Nova York: HarperCollins Publishers, Inc. 1999), 72-93.

24. Donald F. Harvey e Donald R. Brown, *An Experiential Approach to Organization Development* (Englewood Ciffs, NJ: Prentice-Hall, Inc. 1982), 61-67.

25. Stephen P. Robbins, *Organizational Theory: Stnicture, Design, and Applications* 2nd ed. (Englewood Cliffs, NJ: Prentice-Hall, Inc., 1987), 316-317.

26. Alan C. Filley, Robert J. House e Steven Kerr, *Managerial Process and Organizational Behavior,* 2nd ed. (Glenview, IL: Scott, Foresman & Company, 1976), 487.

Planejamento Estratégico:
Empreendedorismo

O planejamento estratégico consiste em tomar decisões hoje para criar o futuro desejado amanhã.[1]

O Planejamento Estratégico na Definição de Drucker

Planejamento estratégico é o processo contínuo de tomar decisões empresariais (correr riscos) no presente de maneira sistemática e com o maior conhecimento de sua possibilidade de ocorrência no futuro; é organizar, de maneira sistemática, os esforços necessários para implementar essas decisões na prática; é medir os resultados dessas decisões em comparação com as expectativas por meio do feedback *organizado e sistemático.*[2]

O termo-chave aqui na definição de Drucker é *o processo contínuo*, reforçando a necessidade de o planejamento estratégico não ser um acontecimento anual que as pessoas toleram e do qual desejam se livrar logo para voltar ao que consideram realmente importante – as operações e os problemas atuais.

Se não tivéssemos nos comprometido com isso hoje, será que nos arriscaríamos?[3]

Essa citação é um tema recorrente em Drucker e está relacionada ao conceito de Abandono Planejado. Drucker sentia que o planejamento estratégico precisava começar com a avaliação do ponto em que nos encontramos hoje em termos de produtos, serviços ou mesmo unidades de negócios e parar de comprometer recursos com produtos e negócios moribundos. Se a resposta para a pergunta acima for negativa, Drucker sugeria perguntar: "Como podemos sair disso – e rápido?" Tal postura bate de frente com outras estratégias defendidas pelo Boston Consulting Group (BCG), que sugere que vale a pena insistir, em lugar de abandonar (consulte a matriz BCG no Apêndice A). Uma decisão também precisa de avaliação cuidadosa da Contribuição Líquida de Marketing descrita por Roger Best.

Drucker descreveu o próximo passo no planejamento estratégico, fazendo mais uma pergunta:

Que coisas novas e diferentes precisamos fazer, e quando?[4]

Aqui Drucker concentrou-se na administração, perguntando: "O que temos que fazer hoje se quisermos estar em algum lugar especial no futuro?" Sugeriu também que "é preciso tomar decisões de comprometer os recursos hoje".[5]

Resumo de Drucker: Planejamento Estratégico

Drucker resumiu o que acreditava ser crucial no planejamento estratégico:

1. Primeiro, a realização do trabalho sistemático para atingir os objetivos.
2. Segundo, esse planejamento deve começar com o abandono do passado, e esse abandono deve ser planejado como parte de um processo sistemático para alcançar o futuro.
3. Terceiro, que busquemos maneiras novas e diferentes de atingir os objetivos em vez de acreditar que basta fazer mais do mesmo.
4. Finalmente, que se reflita sobre a dimensão tempo e pergunte: "Quando temos que começar a trabalhar para obter resultados quando precisarmos deles?"[6]

O que É Planejamento Estratégico da Perspectiva de um Erudito

Richard J. Vogt, em "Forecasting as a Management Tool", definiu assim o planejamento estratégico: "O planejamento estratégico formula o propósito da empresa (missão), determina sua estratégia e traduz as duas coisas em metas alcançáveis específicas (objetivos). Norteia o planejamento das operações de hoje e os planos de desenvolvimento de amanhã que refletem todos os fatores e alternativas previsíveis relacionados às previsões."[7]

O que É "Pensamento Estratégico"?

A compreensão do conceito de planejamento estratégico pode ser difícil para gerentes/estudantes: o que exatamente fazemos quando "pensamos estrategicamente", e o que se supõe ser o resultado do "pensamento estratégico"? Rudy A. Champa ajudou a esclarecer isso quando escreveu que "o pensamento estratégico é o tipo de pensamento que determina para onde a empresa está caminhando. Em comparação, o planejamento operacional determina 'como' a empresa chegará lá". Ele expandiu esse conceito apresentando os seguintes pontos-chave:

> *O pensamento estratégico determina nossa visão. Pergunta: QUE tipo de empresa somos hoje? E em QUE tipo de empresa queremos nos transformar no futuro? (Semelhante ao "Qual deve ser nosso negócio hoje?" de Ducker)*[8]
>
> Rudy A. Champa

Champa então estabeleceu uma distinção entre "pensamento estratégico" e "planejamento operacional":

- O "planejamento operacional", por outro lado, pergunta: "COMO vamos concertizar nossa visão?"
- Em outras palavras, COMO deixamos de ser a empresa que somos hoje para ser o tipo de empresa que queremos nos transformar no futuro?"[9] (Isso reforça o foco de Drucker sobre os objetivos.)

De acordo com Mintzberg, ele contrastou o planejamento, que tem a ver com *análise*, com pensamento estratégico, que tem a ver com *síntese* e comentou: "A síntese envolve intuição e criatividade que, muitas vezes, não podem ser desenvolvidas com horário marcado."[10] Jack Welch discutia a importância das questões estratégicas em relação ao pensamento estratégico quando escreveu em *Jack, Straight From the Gut*, "Cinco perguntas simples lançaram luz sobre o pensamento estratégico:

1. Qual é a posição global da participação de mercado, dos pontos fortes por linha de produto e por região seus e de seus concorrentes hoje?
2. Que medidas tomadas pelos seus concorrentes nos últimos dois anos mudaram o panorama competitivo?
3. O que você fez nos últimos dois anos para alterar esse panorama?
4. O que você mais teme que seus concorrentes possam fazer nos próximos dois anos para mudar o panorama?
5. O que você fará nos próximos dois anos para sair na frente deles?"[11]

Pensamento Estratégico versus Planejamento Operacional

Como podemos ver nas perspectivas de Champa e Welch, há uma diferença significativa entre o pensamento estratégico, que acaba levando ao planejamento estratégico, e o planejamento operacional, que Drucker não abordou. Ele deixou de fora *como* o plano estratégico se traduz em planos e objetivos operacionais a fim de nortear os processos decisórios nos outros níveis da organização.

Arthur A. Thompson, Jr. e A. J. Strickland III foram muito concisos em sua definição de um plano estratégico: "Um plano estratégico consiste na missão e direção futura da empresa, nos seus objetivos de desempenho de curto e longo prazos e na estratégia."[12]

Quem Faz isso, e Quando?

Outra pergunta que Drucker ignorou foi: "Quem é responsável pelo planejamento estratégico na empresa, e quando isso deve ser feito?" A seguir, apresento um consenso geral dos estudiosos a respeito da questão de onde deve ser iniciado o planejamento estratégico.

Os executivos de nível sênior devem ser responsáveis pela definição da missão, da visão e da estratégia da empresa   Thompson e Strickland escreveram: "A responsabilidade final por *liderar* as tarefas de formar, implementar e executar um plano estratégico para a empresa inteira é do executivo principal, embora outros gerentes seniores normalmente também tenham papéis de liderança significativos." Acrescentaram: "Todo gerente na empresa tem um papel na definição e implementação da estratégia. Não podemos ver a gerência estratégica como de competência apenas dos executivos de nível sênior."[13]

Os gerentes funcionais, de área, operacionais e de unidades de negócio devem participar do processo de planejamento   Peter Rea e Harold Kerzner comentaram: "Historicamente, a estratégia focava principalmente o topo da empresa. No entanto, pode surgir uma questão estratégica em qualquer parte da empresa, e a iniciativa de levá-la adiante pode ser tomada por funcionários em qualquer nível. O problema da implementação e resistência à mudança exige a participação de todos os níveis da empresa. Os funcionários responsáveis pela implementação do plano devem participar de sua concepção."[14]

Envolvimento de equipes multidisciplinares no processo   Dependendo da natureza da empresa, as equipes multidisciplinares devem participar do processo, especialmente no que diz respeito a fornecer as informações mais atuais referentes a sua respectiva disciplina.

O Papel do Conselho na Elaboração da Estratégia

Com relação ao papel do conselho de administração no pensamento e planejamento estratégicos, Thompson e Strickland recomendam: "O conselho deve estar atento e supervisionar se as cinco tarefas da gerência estratégica estão sendo realizadas de uma maneira que beneficie os acionistas."[15] Sua opinião era de que o conselho não deve ter participação prática na elaboração ou implementação da estratégia, já que seus membros geralmente não possuem experiência específica no setor. Sua maior função é oferecer críticas construtivas. Por outro lado, Champa sugeriu que o conselho incluiria o "núcleo" da equipe que irá participar nas reuniões de "pensamento estratégico" como conselheiros externos que, segundo ele, podem acrescentar "uma dimensão a mais às reuniões ao oferecerem pontos de vista de fora e, talvez, uma perspectiva mais ampla e imparcial".[16] No entanto, ele sugeriu que seu papel fosse semelhante ao proposto por outros estudiosos, atuando como uma "caixa de ressonância" e como críticos do processo usado durante a reunião de pensamento estratégico.

Planejamento Estratégico em Empresas Diversificadas

Embora escrevesse sobre diversificação, Drucker não estabeleceu distinção entre planejamento estratégico em uma empresa diversificada, como a GE, e uma empresa que atua em um único ramo. Thompson e Strickland observaram que em empresas diversificadas geralmente existem quatro níveis distintos de gerentes de estratégia. Entre eles estão:

1. O CEO e outros executivos de nível sênior que têm responsabilidade e autoridade pessoal para tomar importantes decisões estratégicas que afetem a empresa como um todo e o conjunto de negócios por meio dos quais a empresa se diversificou.
2. Gerentes com responsabilidade por lucros e perdas de uma unidade específica da empresa a quem é delegada uma função de liderança importante na elaboração e execução de uma estratégia para seu negócio.
3. Gerentes de áreas funcionais dentro de uma unidade específica da empresa com autoridade direta sobre uma parte importante da empresa (produção, marketing e vendas, finanças, P&D, gerência de RH) e cujo papel é apoiar a estratégia geral da unidade de negócios com ações estratégicas em suas próprias áreas.
4. Gerentes de importantes unidades operacionais (fábricas, distritos de vendas, escritórios locais) com responsabilidade direta pelo desenvolvimento dos detalhes dos esforços estratégicos em suas áreas e pela execução de sua parte do plano estratégico como um todo.

Em nosso programa de desenvolvimento de executivos, os participantes descobriram a utilidade dessa discussão, pois ela reforça a necessidade de outros gerentes (além dos executivos na sede da empresa) formularem as próprias estratégias, inclusive missões funcionais em apoio à missão geral da empresa. Nossos estudiosos também estabeleceram uma distinção entre planejamento estratégico nas empresas diversificadas e nas empresas com um único negócio, sugerindo que essas últimas geralmente não precisam de mais do que de três desses níveis: um gerente de estratégia no nível do negócio, gerentes de estratégia da área funcional e gerentes de estratégia no nível operacional.[17]

Finalmente, os estudiosos recomendaram que o processo estratégico ocorra mais de cima para baixo do que de baixo para cima. A direção e orientação precisam fluir do nível corporativo para o nível do negócio, e assim por diante. O raciocínio aqui é que os gerentes de nível mais baixo não podem executar a estratégia de suas unidades de negócios sem entender a direção e as estratégias de longo prazo dos níveis mais altos da empresa.

O Papel dos Planejadores: O que Eles Devem ou Não Fazer

Muitas empresas de grande porte podem ter um departamento de planejamento que é responsável pelo planejamento estratégico. A seguir estão algumas orientações quanto ao que os planejadores devem ou não fazer:

*   Pesquisar e reunir informações para os processos decisórios ("buscar informações de fora", segundo Drucker).
*   Estudar as condições do setor e dos concorrentes (avaliação externa e avaliação do setor etc.).

- Explorar as oportunidades inovadoras e questões estratégicas a serem abordadas pela gerência sênior.
- Oferecer *apoio* na revisão dos planos estratégicos com base nas novas avaliações e mudanças externas e internas.
- Desenvolver a avaliação do desempenho da estratégia e criar um processo de revisão anual.

Por que os Planejadores Não Devem Elaborar a Estratégia

- Os gerentes podem não ter compromisso com a estratégia.
- Os gerentes não assumirão a responsabilidade por resultados ruins – o plano não é deles.
- Os gerentes submeterão as decisões difíceis aos planejadores.
- Os planejadores costumam saber menos sobre a situação da empresa do que os gerentes de linha.
- O planejamento estratégico costuma ser visto como um processo "burocrático" e improdutivo.

A Opinião de um Especialista sobre os Planejadores

Ao assumir como CEO da GE, Jack Welch encontrou um enorme departamento de planejamento, que ele acabou dispersando. Forçou o planejamento até o nível da unidade de negócio. Com relação a essa medida, ele comentou: "Levei muito tempo para desmontar o *staff* corporativo, mantendo economistas, consultores de marketing, planejadores estratégicos e burocratas por mais tempo do que ele precisava."[18]

Armadilhas do Planejamento Estratégico que Devemos Evitar

1. Pressupostos da gerência sênior de que pode delegar a função de planejamento a um planejador.
2. A gerência sênior se envolve tanto com os problemas atuais que sobra pouco tempo para se dedicar ao planejamento de longo prazo.
3. O processo de planejamento, portanto, torna-se desacreditado entre outros gerentes e equipes.
4. Preocupação com a altura das ondas e não com a direção da maré?
5. Incapacidade de desenvolver os objetivos (visão) da empresa como base para formular planos de longo prazo.
6. Incapacidade de se envolver o suficiente no processo de planejamento da gerência de linha.
7. Incapacidade de usar os planos como padrões para medir o desempenho gerencial.
8. Incapacidade de criar na empresa um clima propício ao planejamento.
9. Pressuposição de que o planejamento corporativo abrangente é algo isolado do processo gerencial como um todo.
10. Excesso de formalidade no sistema, o que gera falta de flexibilidade, relaxamento e simplicidade, além de restringir a criatividade.

11. Incapacidade da alta gerência de rever, com chefes de departamento, os planos de longo prazo que desenvolveram (comunicando a Visão).
12. Rejeição, por parte da gerência sênior, dos mecanismos de planejamento formal, tomando decisões intuitivas que entram em conflito com os planos formais (informações para os processos decisórios).

Quando Realizar o Planejamento Estratégico

Os gerentes, em sua maior parte, estão familiarizados com o "planejamento operacional ou de negócios", que, em geral, inclui a definição de objetivos de curto prazo, orçamentos e assim por diante. Geralmente, trata-se de um evento anual no qual o plano da unidade acaba sendo incorporado ao plano do local ou divisão e ao plano anual da empresa. Isso não é planejamento estratégico. Thompson e Strickland comentaram: "Criar estratégias uma vez por ano sob condições de 'necessidade' não é uma receita para o sucesso gerencial ou empresarial. A estratégia é alguma coisa que deve ser modificada sempre que for necessário e, com certeza, sempre que novos acontecimentos o exigirem." Isso pode ser comparado às mudanças exigidas como as que discutimos em relação à pergunta de Drucker: "Qual será nosso negócio?" Thompson e Strickland acrescentaram: "As mudanças anuais talvez não sejam adequadas. No mundo atual, os ciclos de vida da estratégia tornam-se cada vez mais curtos, e não mais longos. Devido à atual velocidade da mudança em muitos setores, os ciclos de vida da estratégia são, cada vez mais, medidos em meses e anos, não em décadas ou mesmo em planos quinquenais."[19] Eles concluíram com suas opiniões sobre gerência estratégica como sendo "um processo em andamento, sem fim, não um acontecimento com partida e parada que, uma vez realizado, pode ser deixado de lado com segurança durante um tempo".[20]

Tipos de Estratégia

Vários estudiosos indicaram que o resultado do pensamento estratégico leva ao planejamento estratégico e a uma "estratégia", entre os outros elementos que incluíram no plano estratégico. Mais uma vez, o tipo de estratégia que será desenvolvida dependerá da natureza da organização, como discutimos antes – uma empresa com um negócio único ou diversificada. Os tipos de estratégia podem ser classificados como estratégia corporativa e estratégia do negócio.[21]

Estratégia corporativa: É a estratégia destinada à empresa como um todo (empresa com um único negócio).

Os executivos de nível corporativo e o CEO são responsáveis, essencialmente, por seu desenvolvimento com a colaboração de outros, por exemplo, do conselho de administração, dependendo das opiniões que aceitarmos – as dos especialistas ou a de Drucker.

Estratégia do negócio: Desenvolve-se uma estratégia para cada negócio de uma empresa diversificada.

Obviamente, isso faz sentido na medida em que cada setor no qual a empresa atua tem as próprias questões que devem ser levadas em conta. Exemplo: a

GE está pensando em vender uma subsidiária de utensílios domésticos, um setor com acirrada competição (com base no preço) e em declínio. Aqui, os gerentes gerais dos negócios são responsáveis pelo desenvolvimento da estratégia e do plano. Essa estratégia é igual à estratégia corporativa de uma empresa com um único negócio. O foco da estratégia de negócios recai sobre o desenvolvimento e fortalecimento da posição competitiva da empresa no mercado. A estratégia do negócio, portanto, visa a:

1. Formular respostas para as mudanças que estão ocorrendo no setor, na economia como um todo, na regulamentação e na política etc.
2. Elaborar iniciativas competitivas e abordagens mercadológicas que possam levar a uma vantagem competitiva duradoura.
3. Desenvolver competências e habilidades valiosas.
4. Unir as iniciativas estratégicas de departamentos funcionais.
5. Abordar questões estratégicas específicas que o negócio da empresa enfrenta.

Uma estratégia empresarial é robusta quando produz vantagem duradoura; é fraca quando resulta em desvantagem competitiva. É importante observar que mencionamos aqui definições amplas de estratégia. A estratégia específica que será escolhida pode corresponder às estratégias genéricas de Michael Porter ou a várias estratégias, numerosas demais para mencionarmos aqui, que podem ser encontradas na atual literatura sobre gerência estratégica e marketing.

A *estratégia funcional* aplica-se às funções da empresa, como finanças, marketing, produção etc. Os líderes das principais funções da empresa são responsáveis, em primeiro lugar, pelo desenvolvimento das estratégias funcionais.

As *estratégias operacionais* são desenvolvidas para as unidades operacionais da empresa, como fábricas, distritos, regiões e departamentos de vendas dentro de áreas funcionais. São desenvolvidas pelos gerentes de unidades e supervisores de níveis mais baixos.

Resumo

As observações iniciais de Drucker (1973) sobre o planejamento estratégico serviram como moldura para o tópico. Muitas de suas opiniões se aplicam hoje, mas exigem *insights* de outros contribuintes para torná-las mais relevantes no meio atual. As duas citações de Thompson e Strickland apresentadas a seguir talvez resumam melhor os principais pontos, não apenas neste capítulo, mas também no livro.

Gerência estratégica *refere-se ao processo gerencial de formar uma visão estratégica (Qual deve ser o nosso negócio? – Drucker), definindo objetivos, criando uma estratégia, implementando e executando a estratégia e depois, ao longo do tempo, realizando os ajustes corretivos na visão, nos objetivos, na estratégia e na execução que forem considerados apropriados ("Qual será o nosso negócio?" – Drucker).*

Objetivos. *"A finalidade dos objetivos é converter as declarações gerenciais da visão estratégica e da missão da empresa em metas de desempenho específicas – resultados que a empresa deseja alcançar" (difere dos objetivos de Drucker como estratégia).*[22]

Arthur A. Thompson, Jr. & A.J. Strickland III

Notas

1. Peter F. Drucker, *Management: Tasks, Responsibilities, Practices* (Nova York: Harper and Row Publishers, Inc., 1973), 121.
2. Peter F. Drucker, *Management: Tasks, Responsibilities, Practices* (Nova York: Harper and Row Publishers, Inc., 1973), 125.
3. Ibid., 126.
4. Ibid., 126.
5. Ibid., 127.
6. Ibid., 128.
7. Richard J. Vogt, "Forecasting as a Management Tool", *Michigan Business Review* (janeiro de 1970): 20-24.
8. Rudy A. Champa, *Strategic Thinking and Boardroom Debate* (Mission Viejo, CA: Critical Thinkers Press, 2001), 12-13.
9. Ibid., 12-13.
10. Henny Mintzberg, *The Rise and fall of Strategic Planning* (Nova York: The Free Press, 1944).
11. Jack Welch, *Jack, Straight From the Gut* (Nova York: Warner Books, Inc., 2001) 390.
12. Arthur A. Thompson, Jr. e A. J. Strickland III, *Strategic Management: Concepts and Cases,* 13.ª ed. (Nova York: McGraw-Hill/Irwin, 2003), 17.
13. Ibid., 27.
14. Peter Rea, & Harold Kerzner, *Strategic Planning: A Practical Guide* (Nova York: John Wiley & Sons, Inc., 1997), 1.
15. Arthur A. Thompson, Jr. & A. J. Strickland III, *Strategic Management: Concepts and Cases,* 13.ª ed. (Nova York: McGraw-Hill/Irwin, 2003), 17.
16. Rudy A. Champa, *Strategic Thinking and Boardroom Debate* (Mission Viejo, CA: Critical Thinkers Press, 2001), 110.
17. Arthur A. Thompson, Jr. & A. J. Strickland III, *Strategic Management: Concepts and Cases,* 13.ª ed. (Nova York: McGraw-Hill/Irwin, 2003), 22.
18. Jack Welch, *Jack, Straight From the Gut,* 132.
19. Arthur A. Thompson, Jr. & A. J. Strickland III, *Strategic Management: Concepts and Cases,* 13.ª ed. (Nova York: McGraw-Hill/Irwin, 2003), 21.
20. Ibid., 18.
21. Ibid., 48-49.
22. Ibid., 6-9.

Processos Decisórios Estratégicos

Uma decisão de não fazer nada continua sendo uma decisão.[1]

Introdução

Drucker definiu o planejamento estratégico "como o processo contínuo de tomar sistematicamente *decisões* empresariais (assumindo riscos) e com o maior conhecimento de sua futuridade; organizar sistematicamente os *esforços* necessários para levar adiante essas decisões; e medir os resultados dessas decisões em relação às expectativas através de um *feedback sistemático* e organizado."[2]

Rudy A. Champa também discutiu os processos de tomada de decisão críticos, lidando em primeiro lugar com a estratégia e em segundo com a inovação necessária para o crescimento da empresa. Falou do "desenvolvimento de um *projeto estratégico* para a futura configuração da empresa, que pode ser usado como um *filtro decisório, ajudando* a focar os recursos e a determinar escolhas de futuros produtos e mercados".[3] Uma vez que tanto Drucker quanto Champa se concentraram nos processos decisórios como um componente integral do pensamento e planejamento estratégicos, este capítulo inclui algumas das opiniões de Drucker e de outros especialistas sobre o assunto.

A Resolução de Problemas *versus* a Tomada de Decisão Segundo Drucker

Ao longo dos anos, Drucker ofereceu *insights* consideráveis sobre a questão da tomada de decisão, a começar pelos elementos do processo decisório, descritos em seu primeiro livro, *The Effective Executive, The Essential Drucker,* e em seu último livro, *The Effective Executive in Action.* Como os livros de Drucker podem ser consultados com relativa facilidade, incluí aqui apenas um resumo do que acredito serem os principais pontos por ele enfatizados a respeito dos processos decisórios e da estratégia. O leitor não encontrará aqui muitas informações relevantes a respeito, especificamente, da estratégia, pois grande parte do que Drucker escreveu se concentrava na *resolução de problemas*, e não nos *processos decisórios estratégicos.* Qual é a diferença?

O que São Decisões Estratégicas?

Os Capítulos 2 e 3 descreveram melhor as "decisões estratégicas" referentes à estratégia que os executivos precisam tomar, começando pelas três perguntas-chave de Drucker:

1. Qual é o nosso negócio?
2. Qual será o nosso negócio?
3. Qual deve ser o nosso negócio?

No Capítulo 3, analisamos também os *insights* adicionais de Peter Rea e Harold Kerzner sobre a avaliação da viabilidade de uma estratégia específica e sete diretrizes (decisões estratégicas) que podem ser usadas na avaliação da estratégia.[4] Arthur A. Thompson Jr. e A. J. Strickland III também citaram as decisões estratégicas que precisam ser tomadas e que se relacionam diretamente com a estratégia no Capítulo 3, e que repetiram rapidamente aqui em função da distinção estabelecida entre resolução de problema e decisões estratégicas: "A estratégia de uma empresa representa as respostas da gerência a perguntas empresariais fundamentais como: Será que devemos nos concentrar em um único negócio ou desenvolver um grupo diversificado de negócios (uma das estratégias de Drucker)? Devemos atender uma ampla variedade de clientes ou nos concentrar em um nicho de mercado em especial (concentração de Drucker)?" e inúmeras outras decisões estratégicas significativas que precisam ser tomadas, como descreve o Capítulo 3.[5] (O leitor encontrará, no final deste capítulo, uma lista de perguntas estratégicas.)

As Visões de Drucker sobre a Tomada de Decisão (Uma Revisão)

Este capítulo concentra-se no conselho de Drucker a respeito da seguinte pergunta: "Como saber quando é necessário tomar uma decisão?" e nos elementos e etapas do processo decisório segundo Drucker. No final do capítulo, acrescentei um processo de tomada de decisão em grupo como ferramenta prática que tenta eliminar algumas das lacunas deixadas por Drucker a respeito dos processos decisórios, que serão aqui discutidas. Mais uma vez, este capítulo baseia-se em dois artigos que escrevi para a revista *Business Beijing* sobre Drucker e tomada de decisão em 2003.[6] Como comentei que o que Drucker descreveu se aplicava mais à resolução de problemas e à eliminação de "lacunas de desempenho" (por exemplo, "Por que não atingimos nossas metas de vendas neste trimestre?"), tentarei, sempre que possível, colocar suas opiniões em perspectiva com relação ao processo de tomada de decisões estratégicas: em outras palavras, tentarei ir além de Drucker.

O que Fazem os Bons Tomadores de Decisão

De acordo com Drucker, "os bons tomadores de decisão sabem que a decisão a ser tomada está relacionada com o 'problema certo', portanto, eles sabem definir o problema".[7] Drucker acreditava que os tomadores de decisão também sabem que podem ter o compromisso de chegar a uma alternativa viável para as várias partes envolvidas. Essa última opinião pode ser uma generalização excessiva e depender mais da magnitude da mudança que ocorre quando a decisão é implementada. Drucker acrescentou: "Os bons tomadores de decisão também sabem que uma decisão é um compromisso com a ação – deve levar as pessoas a agirem e deve ser implementada."[8] Por fim, argumentou que a tomada de decisão é composta de elementos e passos que serão revistos neste capítulo.

Elementos da Tomada de Decisão

Em *The Effective Executive,* Drucker descreveu os seguintes elementos da tomada de decisão:[9]

1. Determinar se uma decisão é necessária e classificar a situação/problema como genérico ou único
2. Definir o problema
3. Satisfazer as condições e especificações contextuais da decisão
4. Decidir o que é certo
5. Transformar a decisão em ação
6. *Feedback*: A decisão está sendo implementada e o problema está sendo resolvido?

O que É uma Decisão?

Segundo Drucker, "Uma decisão é um julgamento, uma escolha entre alternativas." Ele continuou dizendo: "Raramente é uma escolha entre o que é certo ou errado, na melhor das hipóteses, é uma escolha entre o que é 'quase certo' e o que é 'provavelmente errado' – mas, o mais vezes, é uma escolha entre dois cursos de ação, nenhum dos quais é mais certo do que o outro."[10] Embora à primeira vista possa parecer que o tomador de decisão não tem ideia do que está decidindo, essa opinião é sustentada por pesquisas anteriores na teoria dos processos decisórios que levou à descrição de dois modelos de tomada de decisão, um modelo racional e um modelo de racionalidade limitada.[11]

O Modelo Racional de Tomada de Decisão

O modelo racional é descrito como uma abordagem lógica e passo a passo à tomada de decisões, com uma análise cuidadosa das alternativas e de suas consequências. As características desse modelo sugerem que o resultado será completamente racional (otimizado), o tomador de decisão utiliza um sistema consistente de preferências para escolher a melhor alternativa, dispõe de informações completas, está ciente de todas as alternativas e pode calcular a probabilidade de sucesso de cada alternativa. Em suma: o modelo presume que o tomador de decisão dispõe de informações completas a respeito do problema e de tempo e recursos ilimitados para explorar todas as alternativas possíveis que levarão a uma decisão ideal.[12]

Problemas do Modelo Racional

Como Drucker descreveu, os tomadores de decisão contentam-se em encontrar uma solução aceitável ou razoável *versus* a solução melhor ou ideal. Muitas vezes, há mais ou menos informações disponíveis ou o custo de obtenção das informações pode ser alto e o processo consumir tempo demais. Portanto, estamos, em geral, confinados aos sintomas do problema, sem uma noção do quadro geral de seu contexto. Assim, os tomadores de decisão costumam usar sua capacidade de julgamento, em vez de um modelo prescritivo definido.

Modelo de Racionalidade Limitada: Satisfação

O modelo de racionalidade limitada sugere que há limites sobre o grau real de racionalidade do tomador de decisão.[13] As características desse modelo são: os gerentes sugerem a primeira alternativa satisfatória, sentem-se à vontade tomando decisões sem levar em conta todas as alternativas e tomam decisões baseadas em procedimentos simples ou "heurística de disponibilidade ou representativa" (atalhos no processo decisório baseados no julgamento).[14] A heurística de disponibilidade é um julgamento realizado a partir das informações disponíveis. Exemplo: as pessoas têm mais medo de andar de avião do que de automóvel. Os jornais e outros meios de comunicação noticiam com mais destaque a queda de um avião com várias centenas de passageiros do que acidentes de automóvel. Se uma viagem aérea fosse realmente mais perigosa, seria necessário que dois aviões 747 caíssem toda semana para se chegar ao número anual de mortes por acidentes automobilísticos.[15] A heurística representativa é a tendência de avaliar a probabilidade de uma ocorrência tentando combiná-la com uma categoria preexistente. Exemplo: os gerentes tentam prever o desempenho de um novo produto relacionando-o ao sucesso de um produto anterior.

Os executivos devem ser cuidadosos durante o raciocínio estratégico, pois suas decisões não proporcionam "satisfazimento"* e não estão utilizando a heurística de disponibilidade para chegar às decisões estratégicas (por exemplo, o comentário de executivos da IBM de que os "PCs jamais substituirão os computadores de grande porte – porque eles não têm memória".)

Satisfazimento

O conceito de "satisfazimento" foi desenvolvido por Herbert Simon há muitos anos (Escola Clássica de Administração), sugerindo que os gerentes não selecionariam uma alternativa que otimize a situação, mas selecionariam uma alternativa que considerem boa o suficiente para resolver o problema.[16] O antigo ditado "bom o suficiente para um trabalho governamental" se refere, em geral, ao con-

---

* O uso da palavra *satisfice* (no lugar de *satisfy*, traduzida como "satisfazimento" (Silveira, 1994), foi feito por Simon no trabalho *Rational Choice and the Structure of the Environment* (1956) com o objetivo de definir os fins que buscam os agentes decisórios: a satisfação em vez da maximização (Simon, 1991).

ceito de satisfazimento. Em suma, os gerentes e as organizações acreditam que otimizar a situação é um processo muito demorado e caro.

Os executivos devem estar cientes disso durante o planejamento estratégico e ao tomarem decisões estratégicas importantes como "Qual deve ser o nosso negócio?" O número de estratégias a se levar em conta é grande demais para ser limitado pelo satisfazimento.

Classificando as Decisões: Decisões Programáveis e Não Programáveis

As decisões que precisam ser tomadas podem ser classificadas em dois tipos: as decisões programáveis e as decisões não programáveis. Complemento a visão de Drucker com os tipos de problemas que se enquadram nessas classificações.

Decisões Programáveis

As decisões programáveis são, em geral, situações rotineiras simples para as quais já existe uma regra de decisão estabelecida ou conhecida. A política e os manuais de comportamento, como sugeriu Max Weber (Escola Clássica) no início do século XX, foram elaborados para permitir que as pessoas nas organizações tomassem decisões programáveis sem a aprovação de seus superiores. Por exemplo: quando solicitam que a secretária envie uma proposta a um potencial cliente que deve chegar no dia seguinte, ela sabe que a empresa usa os serviços da Federal Express e não precisa pedir ao chefe que tome uma decisão sobre o serviço de entrega expressa que deverá usar. Um sintoma de práticas gerenciais inadequadas seria a secretária ter que perguntar ao chefe que serviço de entrega expressa deveria usar, delegando a tomada de decisão para um nível superior e consumindo o tempo da gerência.

As decisões sobre estratégia não se enquadram nessa categoria.

Decisões Não Programáveis

Uma decisão não programável é uma situação nova que exige uma decisão e uma solução criativa. Não existem regras prescritas para esse tipo de decisão. Este capítulo vai se concentrar nesse segundo tipo de decisão, as decisões não programáveis.

As decisões estratégicas se encaixam nessa categoria.

Determinando se uma Decisão É Necessária

Drucker declarou: "Uma decisão de não fazer nada continua sendo uma decisão." Uma das primeiras perguntas que sugeriu que o tomador de decisão fizesse é a seguinte: "É mesmo necessário tomar uma decisão?"[17] O problema de se tomar decisões desnecessárias é a perda de tempo da gerência e dos recursos da empresa; decisões desnecessárias ameaçam tornar outras decisões ineficientes, podendo gerar confusão na empresa.

O pensamento estratégico e o processo de gestão estratégica exigem várias decisões, mesmo que não seja mudar uma estratégia que está funcionando (a decisão de não fazer nada).

Regras da Antiga Medicina Grega¹⁸

Drucker estabeleceu uma analogia com a antiga medicina grega para determinar a necessidade real de uma decisão. Ele perguntou: "É preciso recorrer à cirurgia?" Veja a seguir várias situações citadas por ele:

A situação se resolverá ou se estabilizará sozinha? Em uma situação na qual pode haver cura ou estabilização que não implique sem risco perigo ou grande sofrimento para o paciente, Drucker afirmou: "Observa-se e examina-se regularmente o paciente, mas não se recorre à cirurgia. Realizar a cirurgia em tal condição é uma decisão desnecessária." As pessoas podem reclamar de uma nova política que a empresa implementou; no entanto, as reclamações acabarão diminuindo quando elas se acostumarem com a política, e, assim, a decisão de mudar a política pode, mais uma vez, não ser necessária.

Uma estratégia inapropriada não se "cura" sozinha, e essa observação de Drucker não se aplica à tomada de decisões estratégicas.

A situação é degenerativa ou impõe risco de vida? Se a doença é degenerativa ou impõe risco de vida e você pode fazer alguma coisa, Drucker defendia a seguinte atitude: "Tome uma atitude imediatamente. É uma decisão necessária, apesar do risco."

Se os executivos esperaram tanto para desenvolver o pensamento estratégico, é sinal de que não monitoraram o meio, os clientes, os concorrentes etc.

Problema no intervalo? De acordo com Drucker, essa provavelmente é a maior categoria. É onde o cirurgião tem que pesar oportunidade *versus* risco (vida *versus* morte). É também onde tem que tomar uma decisão.

Crise recorrente? Drucker disse que isso ficou de fora da regra e precisa ser acrescentado. Devemos resolver uma crise recorrente, mas ela não deve voltar a ocorrer depois de resolvida. Max Weber recomendava que se desenvolvessem políticas para crises (problemas) recorrentes; seus escritos, datados do início do século XX, ainda se aplicam.

É mais provável que haja algo de errado na estratégia da empresa e que talvez os três pressupostos principais não estejam bem ajustados (Teoria do Negócio de Drucker). Uma mudança na alta gerência também pode ser uma decisão estratégica necessária.

Drucker sugeriu agir ou não agir ("Uma decisão de não fazer nada continua sendo uma decisão"), mas jamais agir pela metade. Citou o cirurgião que opera e retira apenas metade das amídalas (o problema não se resolve, só se agrava). Um exemplo melhor do que Drucker queria dizer aqui poderia ser uma decisão que foi tomada mas não implementada. Jack Welch apoiava a opinião de Drucker nesse sentido: "Quarenta anos depois, quando me aposentei, um dos meus maiores arrependimentos foi não ter agido rápido o suficiente em muitas ocasiões. Quando me perguntei quantas vezes deveria ter adiado uma decisão? *versus* quantas vezes desejei ter agido com mais rapidez?, descobri, inevitavelmente, que a última opção venceu quase todas as vezes."[19] (*As decisões estratégicas são importantes demais para não se agir.*)

Classificando os Problemas: Acontecimentos Genéricos e Acontecimentos Únicos

Drucker classificou os problemas como acontecimentos genéricos e acontecimentos únicos.[20]

O acontecimento genérico pode ser respondido com uma regra/princípio padrão. Pode ser considerado uma decisão programável, como as que discutimos antes, e ser resolvido por políticas e manuais de procedimento.

Isso, geralmente, não se aplica à tomada de decisões estratégicas.

Acontecimento único na organização/Comum no setor: Um acontecimento que é genérico de um modo geral mas único para a empresa. Os acontecimentos únicos devem ser tratados individualmente. O executivo não pode desenvolver regras para acontecimentos excepcionais que não tenham sido previstos. Exemplo: Drucker citou uma empresa que recebeu uma oferta de incorporação a outra empresa. Essa pode ser uma proposta única para a empresa, especificamente, mas pode ser comum no setor, especialmente em um setor que esteja passando por uma consolidação.

Normalmente, isso exigirá que se tome uma decisão estratégica.

Acontecimento verdadeiramente único: Os acontecimentos verdadeiramente únicos são bastante raros. Drucker sugeriu que todo problema já foi resolvido por outra pessoa. Assim, o tomador de decisão eficiente deve examinar cuidadosamente o problema para determinar se é genérico ou verdadeiramente único. Exemplos que podem ser considerados acontecimentos realmente únicos são os ataques terroristas de 11 de setembro e os efeitos da epidemia de gripe aviária no turismo chinês. Por outro lado, como já houve acontecimentos semelhantes (o ataque a Pearl Harbor, a peste bubônica, a poliomielite) antes, eles não são únicos, mas a atual geração de executivos e gerentes ainda não lidou com eles. Finalmente, Drucker comentou que os acontecimentos que parecem ser únicos podem na realidade ser a primeira manifestação de um novo problema genérico.

Embora sejam interessantes, essas classificações devem se enquadrar na categoria "e daí?", pois o responsável pela tomada de decisão continua tendo um problema a resolver ou uma decisão estratégica a ser tomada, independentemente de o problema ser genérico ou único.

Selecionando o Problema

Outras questões que afetam a tomada de decisão relacionam-se a como os executivos escolhem o problema a respeito do qual vão tomar uma decisão. Entre elas podem estar os problemas visíveis e o conceito de aumento do compromisso ou, como descreveu Drucker, alimentar-se ontem e passar fome amanhã.

Problemas Visíveis Geralmente Selecionados

Os executivos responsáveis pelas decisões querem demonstrar-se competentes e estar a par dos problemas, pois assim é mais fácil identificar os problemas de maior visibilidade cuja solução gerará maior prestígio. Por isso, selecionarão os problemas visíveis, a fim de provar que estão abordando os problemas e fazendo seu trabalho. Também tenderão a selecionar os problemas que são de seu interesse pessoal *versus* os que são do interesse da empresa como um todo. O problema aqui é que, embora o tempo da gerência esteja comprometido com os problemas visíveis, os problemas menos visíveis, mas talvez mais sérios, em especial as decisões estratégicas, são desprezados ou negligenciados.

Aumentando o Compromisso: Alimentando o Ontem

Outro problema do processo decisório é a tendência de continuar a comprometer os recursos com um curso de ação em declínio, o problema de aumentar o compromisso. Trata-se de uma questão muito parecida com o conceito de Drucker de alimentar-se ontem e passar fome amanhã. Aqui, o gerente continua comprometendo recursos a uma decisão anterior quando os fatos sugerem que a decisão estava errada – um compromisso crescente com uma decisão anterior apesar de informações negativas.[21]

Razões para se Aumentar o Compromisso Entre as razões para se aumentar o compromisso estão os seguintes fatores:

1. Basicamente, o gerente sente-se responsável pelo atual fracasso de uma decisão que tomou anteriormente.
2. O gerente continua a comprometer recursos para provar que sua primeira decisão era acertada.
3. O gerente não está disposto a parecer incoerente, adotando outro curso de ação – não continuar a comprometer recursos com o erro.
4. O gerente não consegue diferenciar as situações nas quais a persistência será recompensada e onde não será. Há uma tendência a acreditar no ditado: "Se não der certo da primeira vez, tente de novo."

Os executivos precisam estar cientes dessa possível influência em seu pensamento estratégico e em suas decisões estratégicas. Comprometer mais recursos com uma linha de produto ou estratégia errada ("precisamos dar tempo ao tempo para que funcione") é cair na armadilha de aumentar o compromisso.

As Etapas do Processo Decisório Segundo Drucker

Depois de avaliar se uma decisão é necessária e classificar o problema, é hora da segunda etapa no modelo de Drucker, a definição do problema no modelo.

Definição do Problema *versus* Sintomas do Problema

Drucker enfatizou a importância de se definir o problema: muitas vezes, tratam-se os sintomas de um problema, e não o verdadeiro problema. É preciso empreender um esforço considerável para definir qual é o verdadeiro problema. De acordo com Drucker, "A resposta errada para o 'verdadeiro problema' pode ser corrigida, enquanto a resposta certa para o problema errado causa danos".[22]

Por exemplo: uma empresa pode estar apresentando uma elevada taxa de rotatividade de funcionários (trabalhadores do conhecimento). A gerência acredita que o problema está em um sistema de remuneração que não é competitivo no mercado e exige que o gerente de recursos humanos desenvolva um novo sistema de remuneração. No entanto, o verdadeiro problema pode ser a própria gerência e suas práticas na liderança dos trabalhadores do conhecimento da organização, ou pode ser uma falta de oportunidades de carreira.

Diretrizes e Perguntas Importantes que se Devem Fazer

Drucker apresentou várias diretrizes e perguntas importantes que você deve fazer para definir o verdadeiro problema. Entre elas estão verificar a definição do problema em comparação com acontecimentos observáveis. O tomador de decisão deve perguntar: "Afinal, qual é o problema real aqui?" "O que é pertinente aqui?" e "Qual é a solução para esta situação?"

Aqui há uma possível mistura da abordagem da resolução de problema de Drucker e a tomada de decisão estratégica. Por exemplo, voltando à sua Teoria do Negócio, o problema pode ser identificado como sendo a estratégia errada.

Especificações da Decisão: Estabelecendo as Condições Limítrofes

O terceiro elemento do modelo de Drucker lida com a definição de condições limítrofes para a decisão.[23] Uma explicação mais simples das condições limítrofes seria estabelecer objetivos e metas para a decisão e permitir que os efeitos da decisão sejam mensurados. De acordo com Drucker, aqui estão as perguntas mais importantes a serem feitas a fim de determinar a decisão a ser alcançada:

- O que a decisão tem que realizar?
- Quais os objetivos que a decisão tem que alcançar?
- Quais os objetivos mínimos que a decisão tem que alcançar?
- Quais condições a decisão tem que satisfazer?

Essas especificações podem ser prontamente transferíveis para o pensamento estratégico e a tomada de decisão estratégica, embora tenham sido propostas inicialmente por Drucker para a resolução de problemas.

O que Está Certo?

As questões importantes que o tomador de decisão precisa ter em mente são:

- A diferença entre o que é certo e o que é aceitável
- Previsão da necessidade de acabar cedendo em alguns pontos
- Não sinalização da disposição de chegar a um meio-termo com antecedência

De acordo com Drucker, "os tomadores de decisão efetivos fazem a coisa certa, não o que é aceitável – eles não perguntam o que seria aceitável".[24] O tomador de decisão também deve estar disposto a acabar cedendo com relação à decisão que está sendo tomada, a fim de superar a potencial resistência de vários clientes. Isso envolve negociação, e é importante que ele não avise aos outros com antecedência a sua disposição de fazê-lo. Uma vez que se identifique que você está disposto a negociar, as outras pessoas afetadas pela decisão também vão querer negociar e ceder até que se chegue a uma decisão de consenso (o cavalo se transforma em camelo).

Fazer "o que é certo *versus* o que é aceitável" aplica-se ao pensamento estratégico e à tomada de decisões estratégicas; no entanto, ceder em relação à visão e à estratégia do negócio pode não ser do interesse da organização. Além do mais, ceder o quê, e em relação a quem? A GM está cedendo em suas decisões estratégicas ao fechar tantas fábricas nos Estados Unidos?

Transformando Decisão em Ação

Outra citação famosa de Drucker é: "Um plano não implementado não é um plano – é apenas uma boa intenção."[25] Para assegurar que a decisão será implementada, o tomador de decisão deve fazer outras perguntas:

Quem precisa saber dessa decisão? É importante informar a quem será afetado pela decisão (consulte o Capítulo 10, "Planejando e Gerenciando a Mudança Organizacional", que discute como as estratégias e táticas de participação e envolvimento são usadas para envolver as pessoas que seriam afetadas por uma mudança/decisão no processo de planejamento). Ao envolver essas pessoas no processo decisório, a implementação da decisão terá uma probabilidade maior de sucesso, já que as pessoas que estavam envolvidas no processo se sentirão "proprietárias" da decisão e, portanto, se comprometerão com ela. Essa é uma abordagem melhor do que apenas enviar um memorando sobre a decisão tomada.

Que Ação Tem que Ser Tomada e Quem Deve Tomá-la?

Trata-se essencialmente de desenvolver um plano de ação a respeito do que precisa ser feito, e quando e quem será responsável pela implementação da decisão.

Como Precisa Ser a Ação para que as Pessoas que Devem Fazê-la Possam Agir?

O plano de ação deve incluir também o apoio e os recursos de que os responsáveis por sua implementação podem precisar. Eles precisarão de financiamento, pessoal, conhecimentos especiais e habilidades adicionais? Exigirão coordenação com outros departamentos para obter informações e cooperação, e assim por diante?

Feedback

O tomador de decisão precisa incorporar sistemas de *feedback* à decisão e ao plano de ação:

- Como e quando o progresso em relação à resolução do problema será avaliado?
- Que informações serão necessárias, e quando se avaliará o progresso?
- Não confie apenas em relatórios; é importante sair e observar que ações estão sendo implementadas na prática.

A maior parte desses comentários também se aplica ao pensamento estratégico, às decisões estratégicas e ao planejamento estratégico.

Outras Diretrizes para o Processo Decisório

Além dos elementos do processo decisório descritos por Drucker, ele oferece também várias outras diretrizes para melhorar a eficiência da tomada de decisão. Entre elas estão o foco nas opiniões, e não nos fatos, a importância de se desenvolver a divergência e envolver os outros.

Opiniões em vez de Fatos

Drucker argumentou que precisamos começar com as "opiniões", e não com os "fatos".[26] Acreditava que as pessoas tendem a procurar fatos que sustentem a conclusão a que já chegaram. As opiniões, por outro lado, permitem o teste e a exploração final dos fatos que são necessários para se tornar uma opinião defensável.

Talvez o conceito mais importante de Drucker aqui é que, ao buscar opiniões, é a possibilidade de gerar alternativas a considerar. Alvin Toffler, em *Revolutionary Wealth* (2006),[27] inclui uma discussão interessante sobre "filtros da verdade" e as fontes nas quais as pessoas acreditam, e que se relaciona com o que Drucker defendeu aqui. Por outro lado, os fatos podem ser sempre ignorados inicialmente, como sugeriu Drucker? Por exemplo, a poluição da água na China é um problema sério. Fato: houve 162 acidentes relacionados à poluição da água (resíduos industriais despejados em rios, contaminando o sistema de abastecimento de água de muitas cidades chinesas) apenas durante os primeiros oito meses de 2006.[28] Diante desse problema, será que os tomadores de decisão deveriam ignorar esses fatos e, em vez disso, procurar opiniões como "Acho que temos um problema de poluição da água na China?" Essa lacuna deixada por Drucker foi eliminada com um conceito denominado "suspensão do julgamento", que será analisado mais adiante neste capítulo.

Desenvolver a Divergência

De acordo com Drucker, "a 'Regra Número Um' do processo é que só se deve tomar uma decisão quando existe desacordo".[29] Argumentou que a divergência permite que sejam consideradas alternativas, oferece pontos de vista diferentes e estimula a imaginação e o desenvolvimento de novas ideias. O tomador de decisão precisa então explorar por que os outros discordam de uma dada alternativa.

As visões de Mary Parker Follett, uma das pensadoras originais da teoria da administração, e sua discussão sobre conflito construtivo talvez tenham influenciado o pensamento de Drucker aqui.[30]

Desenvolver a divergência nem sempre é uma tarefa fácil para quem está envolvido na análise de problemas e tomada de decisão em grupo. Isso pode ser mais bem exemplificado pelo conceito de Pensamento de Grupo, proposto por Irving L. Janis, da Universidade da Califórnia, Berkeley, no início da década de 1970. Janis descreveu os problemas dos grupos para tomar decisões quando há um forte desejo de manter a coesão grupal. Descreveu como os membros do grupo podem refrear as discordâncias ou os pontos de vista diferentes (autocensura) para preservar a coesão do grupo, o que pode levar a decisões ruins.[31] Eu também discordaria de Drucker a respeito de desenvolver divergências como regra número um. A principal tarefa dos tomadores de decisão é definir o "verdadeiro problema"; depois disso, pode haver divergências em relação às várias alternativas que são geradas pelo grupo para resolver o problema.

Levar os Outros a Concordarem com a Decisão

Outra diretriz de Drucker tem a ver com fazer os outros concordarem com a decisão ou a aceitarem. Nesse sentido, citou o modelo japonês de chegar a um consenso quanto à decisão ou defendê-la antecipadamente na organização. São usados dois modelos de processo decisório para ampliar essa visão: o ocidental – modelo curto-longo e o oriental – modelo longo-curto.

O Modelo Ocidental – Curto-Longo   Este modelo sugere que o processo decisório nos países ocidentais, em especial nos Estados Unidos, é relativamente rápido ou ocorre em um período curto de tempo. Por outro lado, em muitos casos, aqueles que são afetados pela decisão são deixados de fora do processo decisório e podem, por isso, não a entender ou resistir a ela. Resultado: é preciso investir um tempo considerável para se "vender" a decisão junto à organização, retardando sua implementação.

O Modelo Oriental – Longo-Curto   Este modelo é característico do modelo japonês descrito por Drucker, que durante sua carreira passou um tempo considerável prestando consultoria para empresas japonesas. Nele, dedica-se um tempo considerável primeiro para definir a pergunta e depois desenvolver um consenso em relação à decisão ou para defender a ideia na empresa.[32] Uma vez que o conceito é desenvolvido e a decisão final aceita pela empresa, sua implementação é consideravelmente mais curta do que no modelo ocidental. É semelhante às estratégias e táticas de participação e envolvimento descritas no Capítulo 10.

Participação Forçada

Por fim, Drucker mencionou a participação forçada, ou fazer com que as pessoas que serão responsáveis pela implementação da decisão ou que poderiam sabotá-la participem da discussão sobre o processo decisório.

Os executivos devem envolver pessoas que possam contribuir com informações úteis para o processo de pensamento estratégico e de tomada de decisão estratégica. No entanto, caberá ao CEO a decisão final.

A Lacuna Deixada por Drucker

Neste capítulo, foi necessário incluir as contribuições de outras pessoas das escolas Clássica e Behaviorista para sustentar muitas das opiniões de Drucker. Drucker não discutiu as vantagens e desvantagens da tomada de decisão em grupo *versus* individual, sobre as quais há pesquisas e literatura consideráveis. Foi necessário adaptar as opiniões de Drucker sobre tomada de decisão, que têm mais relação com a resolução de problema do que com a tomada de decisões estratégicas.

Incluí uma detalhada análise de problemas em grupo e um processo de tomada de decisão para suplementar a discussão dos conceitos de Drucker a respeito do processo decisório, pois isso nos oferece um caminho a seguir durante uma sessão de pensamento estratégico e de tomada de decisão estratégica.

Tomada de Decisão em Grupo — Uma Abordagem de Sistemas Abertos

O processo de tomada de decisão em grupo, uma abordagem de sistemas abertos, foi desenvolvido para eliminar uma lacuna deixada por Drucker a respeito de sua opinião sobre tomada de decisão. Tomei emprestados alguns conceitos tanto da Escola Clássica quanto da Behaviorista para conferir maior clareza à abordagem de Drucker, e apresento uma ferramenta prática mais concisa e fácil de seguir que os gerentes podem usar ao realizar análise de problema em grupo e discussões sobre tomada de decisão. A literatura a respeito de tomada de decisão em grupo é extensa, e evitarei uma discussão muito longa sobre as pesquisas que sugerem que as decisões de maior qualidade podem ser alcançadas por grupos, e não por indivíduos, embora possam ser mais demoradas do que as tomadas de decisão individuais.[33] No entanto, é importante que o grupo tenha um processo a seguir, processo que descrevo a seguir. Também indiquei os pontos em que as observações e elementos de Drucker são pertinentes nesse processo. Finalmente, sugiro que a abordagem de sistemas abertos seja aplicada a sessões de planejamento e tomada de decisões estratégicas.

Uma Abordagem de Sistemas Abertos

Considera-se sistema aberto uma empresa que recebe insumos do ambiente externo (matéria-prima, como carvão, por exemplo), os transforma (fabrica um produto, a eletricidade) e fornece produtos ao ambiente externo (vende e entrega o produto, energia elétrica). Os produtos também podem ser benéficos ou prejudiciais, com as emissões de dióxido de carbono de uma usina que queima carvão. Poucas organizações (se é que existe alguma) podem ser consideradas sistemas fechados, cujo ambiente externo não as impacta; portanto, vamos nos concentrar no sistema aberto. Esse processo de transformação é útil na análise de problemas e na tomada de decisão, na medida em que permite que os tomadores de decisão vejam a empresa da perspectiva do processo ou da cadeia de valor, semelhantemente à abordagem usada no Seis Sigma (Escola Clássica).

Os Subsistemas da Empresa

Na Teoria dos Sistemas Abertos, uma organização é formada por vários subsistemas. Entre eles estão subsistemas como a missão, a visão e os valores; o subsistema gerencial; o subsistema humano, social e cultural; o subsistema estrutural; e o subsistema tecnológico.[34] A abordagem da análise de problema dos sistemas abertos e da tomada de decisão examina todos esses subsistemas, a fim de determinar qual seria o "verdadeiro problema", e também avalia o possível impacto de uma decisão específica sobre os vários subsistemas da empresa. Isso se tornará mais claro à medida que se descreve o "processo". Esses subsistemas são descritos a seguir e também apresentados na Tabela 12.1.

Missão, visão e valores: Esse subsistema descreve o propósito da empresa ou, como Drucker perguntaria: "Qual é o nosso negócio?" A visão que a empresa tem para o futuro: "Qual deve ser o nosso negócio?" e os valores e crenças compartilhados na organização.

Subsistema gerencial: As práticas gerenciais e o estilo de liderança da gerência da organização (executivo, gerentes, supervisores etc.).

Subsistema humano, cultural e social: As pessoas da organização, seu conhecimento, habilidades, valores e crenças e de que maneira, juntos, eles contribuem para a cultura da organização.

Subsistema estrutural: Há duas dimensões nesse subsistema. Uma lida com as relações de subordinação, conforme especificadas no organograma da empresa. A outra lida com a tomada de decisão, onde as decisões são tomadas na empresa e se a empresa é responsiva ao ambiente externo.

Subsistema tecnológico: A tecnologia usada para realizar o trabalho, gerar informações etc.

Ambientes de Tarefa e Ambiente Externo Geral

Na Teoria dos Sistemas Abertos, o ambiente externo da organização, com o qual ela interage, consiste no ambiente de tarefa e no ambiente geral.

Tabela 12.1 Elementos da Teoria dos Sistemas Abertos

Subsistemas organizacionais	Ambiente da tarefa	Ambiente geral
Missão e Visão	Clientes	Jurídico e de Regulamentação
Gerencial	Fornecedores	Recursos Naturais
Humano, Social e Cultural	Concorrentes	Econômico, Político e Sociedade
Estrutural	Tecnologia	Cultura, Valores, Crenças
Tecnológico		Clima

O Ambiente de Tarefa   Inclui os clientes, fornecedores e concorrentes da organização ou aqueles mais próximos dela, com quem ela interage mais frequentemente. Inclui também as mudanças tecnológicas que podem impactar o setor.

O Ambiente Geral   Trata-se do ambiente no qual a organização atua e inclui o elemento jurídico e de regulamentação, recursos naturais, economia (macro e micro), a sociedade (inclusive as questões demográficas), educação, cultura, valores, crenças e o clima.

O processo de análise do problema nos sistemas abertos e tomada de decisão considera todos esses elementos na análise de um problema. Alguns talvez não se apliquem a cada situação, mas podem servir como uma lista de verificação abrangente e mapas do caminho a seguir.

Etapas do Processo de Sistemas Abertos

A abordagem da análise de problema nos sistemas abertos e tomada de decisão consiste em 12 etapas, como mostra a Tabela 12.2. Cada etapa inclui também uma lista de verificação com as perguntas importantes que devem ser feitas em relação a cada elemento.

1. *Determinação da Estratégia*: Identificação inicial de um problema ou dos sintomas de um problema. Entre as perguntas importantes que o tomador de decisão precisa fazer estão:
   - Qual é nossa meta ou objetivo?
   - Identifique as lacunas de desempenho, as diferenças entre nossos objetivos e meta e os resultados reais.
   - A lacuna é importante? (Semelhante à pergunta de Drucker: "A decisão é mesmo necessária?").

2. *Avaliação do Problema ou Estratégia*: Perguntas importantes que o tomador de decisão deve fazer se concluir que a decisão é, de fato, necessária:
   - É necessária alguma ação de emergência? (Evacuar o edifício em chamas para só depois descobrir como o fogo começou.)
   - É necessária uma reunião para análise do problema em grupo? O tomador de decisão dispõe de informações suficientes sobre o "verdadeiro problema" para tomar uma decisão ou seria útil contar com a colaboração de outros?

Tabela 12.2   Etapas do Processo

1. Definição da Estratégia	7. Identificação de Alternativas
2. Fase de Análise da Estratégia	8. Avaliação de Alternativas
3. Abertura e Facilitação da Reunião	9. Tomada de Decisão
4. Coleta de Informações	10. Planejamento da Ação
5. Análise dos Impactos	11. Avaliação e Controle
6. Definição do Problema	12. Conclusão da Reunião

- Quem são as pessoas certas a se consultar para obter informações e conhecimentos relevantes sobre a situação ("Obter opiniões", segundo Drucker)?
- Quem poderia ser impactado por uma decisão, e essas pessoas têm capacidade de resistir ("a necessidade de ceder", segundo Drucker)?
- Quem mais tem o poder, a autoridade e a influência para aprovar a decisão? Eles devem ser convidados?
- Quais serão a hora e o lugar certos para a discussão?

3. *Abrindo a Reunião e Estabelecendo as Regras de Conduta:* Quando todos os participantes da reunião estiverem presentes, o tomador de decisão deve definir as regras de conduta. Logo que a organização estiver familiarizada com esse processo, essa etapa será rápida, e poderá ser realizada com um rápido lembrete nas futuras reuniões sobre análise de problemas e tomada de decisão.

Abrindo a Reunião

- Defina a meta de desempenho e a diferença existente entre o desempenho desejado e o real. ("Nosso objetivo de venda para este trimestre era de US$50 milhões e chegamos a US$30 milhões, uma diferença de US$20 milhões.")
- Defina os objetivos da reunião. ("Descobrir o que contribuiu para a diferença de desempenho e corrigir as causas da diferença.")
- Lide com os problemas, não com as pessoas. (Não estamos aqui para culpar as pessoas pela diferença.)

Estabelecendo as Regras de Conduta e Facilitando a Reunião: As regras de conduta podem ser expostas a todos os participantes da reunião e analisadas rapidamente pelo facilitador:

- Todos devem ouvir.
- Não fale ao mesmo tempo e evite conversas paralelas.
- Queremos definir o "verdadeiro problema" ("Qual é a questão?", segundo Drucker).
- Queremos explorar as alternativas.
- Só avalie as alternativas depois de todos terem oferecido sua contribuição. Se alguém for humilhado pelo grupo, digamos, por ter sido considerado pouco prático, isso inibirá os outros membros do grupo a apresentar suas opiniões e sufocará a criatividade.

4. *Coleta de Informações (Acontecimento Genérico ou Único, Segundo Drucker):* Esta etapa lida com a coleta de informações relativas ao problema ou à lacuna de desempenho. Aqui, os subsistemas e os ambientes de tarefa e geral da empresa devem ser explorados, dependendo da complexidade da questão. A seguir está uma rápida lista de verificação das perguntas que podem ser feitas à medida que cada subsistema e os elementos do ambiente vão sendo explorados:

Subsistema da Missão e Visão: Perguntas Importantes

- *Missão*: Atuamos no ramo certo? *Observação*: Desenvolvemos uma Ferramenta de Avaliação da Atratividade do Setor também para ajudar a responder essa pergunta que pode ser encontrada no Apêndice A.
- *Missão revisada*: O que está mudando e que deve nos fazer repensar nossa Missão?
- *Visão*: Nossa Visão é apropriada para o futuro? Qual deve ser o nosso negócio?
- *Estratégia*: Nossa Estratégia está funcionando ou precisa ser revista?

Perguntas estratégicas adicionais foram incluídas no final deste capítulo para servir como referência nas sessões de pensamento e planejamento estratégicos.

Subsistema de Gerência: Perguntas Importantes

- O estilo e as práticas gerenciais estão contribuindo para o problema?
- Que outras ações da gerência ou supervisão podem estar contribuindo para o problema?
- A gerência sabe o que fazer?
- Qual é o nosso fluxo de informações? As informações chegam ao lugar certo – a tempo para que tomemos as ações necessárias?
- Quais são os sistemas, procedimentos e políticas envolvidos? Eles são apropriados ou criam obstáculos para o desempenho?

Subsistema Humano: Perguntas Importantes

- As pessoas têm a capacidade (conhecimentos e habilidades) para ter um bom desempenho?
- Sabem o que devem fazer (clareza de função)?
- Recebem *feedback* sobre seu desempenho?
- As pessoas estão dispostas a ter um bom desempenho? Quais são os sistemas de remuneração da organização e as consequências para seu desempenho (positivas, neutras, negativas)?
- As pessoas são recompensadas mesmo quando seu desempenho é inadequado?

Subsistema Estrutural: Perguntas Importantes

- Como o trabalho é organizado?
- Quais são as condições de trabalho e o leiaute da fábrica?
- As pessoas têm autoridade e responsabilidade pelos resultados?
- Onde são tomadas as decisões relativas ao trabalho? Onde deveriam ser tomadas?
- Devíamos nos organizar de maneira diferente?

Subsistema Tecnológico: Perguntas Importantes

- Há algo errado com nossa tecnologia?
- Dispomos de equipamentos, matérias-primas e suprimentos adequados?
- Os equipamentos estão funcionando adequadamente? Estão sendo conservados?
- Os sistemas e procedimentos para uso do equipamento são adequados e conhecidos?
- Fizemos algumas mudanças recentes na tecnologia ou na forma de execução do trabalho?
- Há disponível alguma tecnologia melhor?

Ambiente de Tarefa Externo: Perguntas Importantes

- *Clientes e Fornecedores*: Eles estão contribuindo para o problema?
- *Concorrência*: A concorrência está fazendo alguma coisa que tem impacto na empresa e poderia contribuir para o problema?
- *Fatores Sociais/Políticos*: Que fatores sociais/políticos estão tendo um impacto na empresa?
- *Tecnologia*: Há alguma mudança na tecnologia que possa ter impacto na organização?

Ambiente Geral Externo: Perguntas Importantes

- *Legal/Regulamentação*: Existe alguma regulamentação atual ou outra norma governamental que possa estar influenciando a situação?
- *Recursos Naturais*: Isso poderia estar contribuindo para a situação (elevação do preço do petróleo)?
- *Condições Climáticas*: As mudanças nas condições climáticas têm impacto em nossa organização? *Observação*: Isso não tem a ver com o aquecimento global. As flutuações de temperatura em um processo de manufatura podem impactar a tolerância e outros fatores.
- *Economia*: Que mudanças macro e microeconômicas podem ter impacto na orgnaização?
- *Cultura:* A cultura tem alguma influência sobre o problema (operações estrangeiras)?
- *Níveis Educacionais e Demografia*: Qual a influência do sistema educacional e da demografia da população no problema?
- *Político/Sociológico*: O atual sistema político e social tem algum impacto sobre o problema?
- *Tecnologia*: As mudanças tecnológicas estão exercendo impacto sobre o problema?

5. *Análise dos Impactos*: Uma vez realizada a avaliação dos subsistemas e do ambiente externo da organização, o próximo passo é realizar uma análise dos

impactos. Em outras palavras, será que uma mudança em um subsistema teve impacto adverso em outro? Exemplo: introduziu-se uma nova tecnologia (subsistema tecnológico) para a fabricação de um produto; no entanto, os funcionários não foram adequadamente treinados nos procedimentos corretos para utilização da tecnologia (subsistema humano). Uma pergunta importante a ser feita aqui é: Um ou mais subsistemas estão impactando outro(s) subsistema(s)? Tente detectar impactos e relacionamentos.

6. *Definição dos Problemas*: O objeto das cinco primeiras etapas na abordagem de sistemas abertos é ajudar o grupo a definir o "verdadeiro problema" *versus* os sintomas do problema (a "Definição do problema" de Drucker). Voltando ao primeiro exemplo de alta rotatividade de trabalhadores do conhecimento, uma avaliação dos subsistemas da empresa pode ter revelado que (1) a tecnologia da organização não está atualizada nem de ponta – os trabalhadores do conhecimento, em especial na área de tecnologia da informação, buscarão a tecnologia mais atual, a fim de dar continuidade ao seu desenvolvimento pessoal – e (2) não existe na organização um sistema de plano de carreira, portanto os trabalhadores do conhecimento veem oportunidades limitadas de avançar e crescer na organização. Ao definir o "verdadeiro problema" então, a conclusão deve incluir as seguintes questões:

- *O objetivo*: O que estamos tentando alcançar?
- *O obstáculo*: Que obstáculo(s) no caminho do objetivo precisa(m) ser eliminado(s)?

7. *Identificação das Alternativas*: Depois de identificado o verdadeiro problema, o próximo passo no processo é considerar as alternativas para resolver a situação. Aqui, o responsável pela decisão que lidera a discussão sobre análise do problema em grupo define algumas regras adicionais:

- Identificação das restrições: Definir quais alternativas possíveis não podem ser levadas em consideração devido às restrições impostas. Em nosso exemplo, a organização não pode substituir toda a tecnologia em função de restrições orçamentárias e de capital.
- Busca de alternativas: O tomador de decisão abre espaço na reunião para que o grupo sugira alternativas. Ele deve evitar apresentar suas ideias primeiro, pois encontra-se em uma posição de autoridade ou poder, o que poderia causar uma atitude tendenciosa do grupo ou restringir a apresentação de alternativas por parte de membros do grupo.
- Suspensão do julgamento: Prepare uma lista das alternativas em um *flipchart*, mas não avalie seus méritos nesse momento. Suspenda o julgamento até que todos os membros do grupo tenham expressado suas opiniões e sugestões. Criticar uma alternativa antes que outros tenham a oportunidade de dar suas sugestões pode fazer com que alguns fiquem intimidados e não apresentem suas ideias para evitar ser humilhados pelo grupo.

8. *Avaliação das Alternativas*: Depois que todas as alternativas tiverem sido propostas pelo grupo, cada uma delas deve ser avaliada, fazendo-se as seguintes perguntas:

- Como essa alternativa ajudará a resolver o problema e alcançar o objetivo?
- Como essa alternativa não ajudará?
- Que problemas futuros essa alternativa pode causar?
- Qual será o impacto dessa alternativa sobre os outros subsistemas?

9. *Tomada de Decisão*: O próximo passo é tomar a decisão e selecionar a alternativa que atende aos seus critérios (o "Tomar a decisão certa" de Drucker). Uma consideração adicional seria garantir que aqueles com poder, autoridade e influência estejam comprometidos com a decisão se a natureza da mesma estiver além do alcance da autoridade do tomador de decisão e exigir as bênçãos dos superiores.

Não se consegue chegar a uma decisão: Nem todos os problemas podem ser resolvidos em uma reunião. O grupo pode precisar de mais tempo para amadurecer a ideia. Suspenda a reunião e marque outra data e hora para uma nova reunião, na qual o problema será reavaliado. Talvez sejam necessárias pesquisas adicionais (fatos *versus* opiniões).

Revise o objetivo: O objetivo de US$50 milhões em vendas para o trimestre era realista? Caso contrário, talvez a solução do problema e a "lacuna de desempenho" sejam revisar o objetivo.

10. *Planejamento da Ação*: Uma das famosas citações de Drucker se aplica aqui.

Um plano que não é implementado não é um plano... apenas uma boa intenção.[35]

Ao se planejar a ação, é importante que o tomador de decisão esclareça o seguinte, para que todos entendam o plano e que parte eles desempenharão em sua execução.

- O que você fará e quando?
- O que os outros farão e quando?
- Eles dispõem dos recursos para fazer o que você deseja que façam (conhecimentos, habilidades, informações, orçamentos etc.)?
- Que apoio e coordenação com outros departamentos da organização podem ser necessários?
- Que sistema de controles e *feedback* serão implementados para avaliar o progresso (o *Feedback* de Drucker)?
- Confirme que todos entenderam suas partes no plano, fazendo com que a repitam durante a reunião antes que esta chegue ao fim.
- Estabeleça um cronograma e marque reuniões para avaliar o progresso.

11. *Avaliação e Controle*: O sistema de avaliação e controle implementado para monitorar o progresso deve fornecer *feedback* e informações oportunas. O segredo é saber o que está acontecendo. Entre as perguntas importantes que o responsável pela decisão precisa fazer estão:

- Está havendo progresso?
- Que medida corretiva deve ser tomada?
- O plano deve ser revisto?

12. *Conclusão da Reunião*: Assim que o plano de ação é exposto e explicitado, o tomador de decisão deve agradecer a contribuição de todos os participantes e dar a reunião como encerrada. A minuta da reunião e o plano de ação devem ser preparados após a reunião e distribuídos tanto entre os participantes da mesma como entre outras pessoas que possam ser afetadas pela decisão.

Resumo do Capítulo

Este capítulo tentou adaptar as visões de Drucker a respeito do processo decisório, que originalmente se concentravam na resolução de problemas, e aplicá-las ao pensamento estratégico e à tomada de decisões estratégicas. Vários conceitos da teoria da decisão foram incluídos aqui para reforçar as opiniões de Drucker sobre o tópico. Um ponto importante é a necessidade de definir o "*verdadeiro problema*" mesmo em um contexto de tomada de decisões estratégicas. Muitas vezes, os sintomas do problema são confundidos com o verdadeiro problema, e quando tratamos apenas os sintomas jamais corrigimos o problema. Os executivos envolvidos na definição do planejamento estratégico e na elaboração da estratégia devem estar cientes dos inúmeros fatores que podem levar a decisões ruins, como o aumento do comprometimento e outros obstáculos. A abordagem da análise dos sistemas abertos e da tomada de decisão foi incluída como forma de proporcionar um caminho mais claro para a implementação das visões de Drucker sobre os processos decisórios.

A seguir estão algumas questões que precisam ser consideradas na definição da estratégia; algumas foram abordadas anteriormente.

Suplemento sobre Tomada de Decisões Estratégicas

PERGUNTAS SOBRE GERÊNCIA ESTRATÉGICA

As Três Perguntas Importantes de Drucker

1. Qual é o nosso negócio?
2. Qual será o nosso negócio?
3. Qual deve ser o nosso negócio?

(Continua)

Teoria de Drucker sobre Pressupostos de Negócios

- Qual é o seu negócio?
- Quais são seus objetivos?
- Como define os resultados?
- Quem são seus clientes?
- O que os clientes valorizam e pelo que pagam?
- Quais são os nossos pressupostos a respeito do mercado?
- O mercado ainda é o que acreditamos ser?
- Qual é nosso canal de distribuição? Pelo que eles pagam?
- Não clientes: Por que eles não compram de nós? Por quais produtos/serviços estão dispostos a pagar? O que é valor para eles?

Pressupostos de Drucker sobre Competências Essenciais

- O que sabemos fazer bem?
- De que capacidades e conhecimentos dependemos para conquistar e manter nossa liderança no mercado?
- Quais são as coisas que sabemos fazer melhor do que nossos concorrentes e com menos esforço?
- Em que coisas somos realmente excelentes e em que teríamos que ser?

Pressupostos de Drucker sobre a Missão

- Qual é nossa Missão?
- Qual deve ser a nossa Missão?
- Que resultados estamos tentando alcançar?
- Como vamos medi-los ou, pelo menos, avaliá-los?

Perguntas Adicionais de Drucker sobre a Missão

- As necessidades do cliente: O QUE está sendo satisfeito?
- Grupos de clientes: QUEM está sendo satisfeito?
- Tecnologias usadas, funções desempenhadas e habilidades únicas (competências essenciais): COMO as necessidades dos clientes estão sendo satisfeitas?
- Qual é a Missão da empresa?
- A Missão é apropriada ao ambiente atual ou precisa ser redefinida?

Qual Será o Nosso Negócio, Segundo Drucker?

Potencial de Mercado e Tendências do Mercado

- Qual será o tamanho esperado do mercado em que atuamos daqui a cinco ou 10 anos – presumindo-se que não haja mudanças na estrutura do mercado ou na tecnologia?
- Que fatores determinarão esse desenvolvimento?
- Que mudanças ocorreram ou estão ocorrendo no ambiente que impactarão nossos atuais clientes, produtos e serviços e o setor no qual atuamos?

(Continua)

Mudanças na Estrutura do Mercado

- Que mudanças podemos esperar na estrutura do mercado em decorrência de eventos econômicos, mudanças na moda ou no gosto ou iniciativas da concorrência?

Inovação

- Que inovações provocarão mudanças nos desejos do cliente, criarão novos desejos, eliminarão os antigos, criarão novas maneiras de satisfazer seus desejos, mudarão seus conceitos de valor ou permitirão a oferta de maior satisfação?

O Cliente

- Que desejos do cliente não estão sendo adequadamente satisfeitos pelos produtos ou serviços oferecidos atualmente?

O "Qual Deve Ser o Nosso Negócio?" de Drucker

- Que mudanças observadas no ambiente causam impacto sobre as características, a Missão e o Propósito da empresa?
- Que oportunidades estão se abrindo ou podem ser criadas para cumprir o Propósito e a Missão da empresa, transformando-a em uma empresa diferente?
- Como incorporar essas previsões sobre a Teoria do Negócio aos objetivos, estratégias e tarefas?

A Visão Estratégica de Drucker

- Representa um curso estratégico futuro do negócio e define a sua composição daqui a três ou cinco anos?
- Identifica as atividades que o negócio deve buscar?
- Define a futura posição do negócio no mercado?
- Define o foco do cliente no futuro?
- Define o tipo de organização que o negócio deseja se tornar?

Visão para o Futuro

- Qual deve ser o nosso negócio?

O Conceito do Abandono Planejado de Drucker (Produtos e Unidades de Negócio)

Ainda são viáveis?
Têm a probabilidade de continuar sendo viáveis?
Ainda oferecem valor ao cliente?
Continuarão fazendo-o no futuro?
Encaixam-se nas realidades de população e do mercado, da tecnologia e da economia?

(Continua)

Se não, qual é a melhor maneira de abandoná-las ou, pelo menos, deixar de desperdiçar recursos e esforços?

Envelhecimento da População

- Será que o constante aumento da quantidade de idosos continuará oferecendo oportunidades de mercado – e por quanto tempo?
- Sua renda continuará sendo elevada (nos países desenvolvidos) ou diminuirá?
- Os idosos continuarão gastando livremente como fazem?
- Continuarão desejando ser "jovens" e gastar de acordo com essa vontade?

Análise Setorial

- Devíamos estar neste ou em outro setor?
- O setor está em crescimento, está estável ou em declínio?
- É fácil ou difícil para os outros entrar ou sair do setor?
- Sabendo o que sabemos hoje, faríamos isso?

Avaliação do Ambiente Externo

- Que mudanças acontecem ou acontecerão nas seguintes áreas: clientes e não clientes (mudanças nas necessidades), concorrentes (análise da concorrência), tecnologia, fornecedores, regulamentação governamental, mudanças demográficas e sociais etc.?

Avaliação das Oportunidades de Inovação e dos Potenciais Riscos

- Com base na avaliação do ambiente externo, quais oportunidades de inovação a empresa deve priorizar e buscar?
- De que riscos ou ameaças a organização deve estar ciente e tentar minimizar?

Avaliação Interna (Competências e Habilidades Essenciais)

- Dispomos dos recursos necessários (habilidades) para competir?
- Que outros recursos são necessários, e quando?
- Quais são nossos pontos fracos em áreas competitivas importantes que precisamos abordar?
- Quais são nossos pontos fortes (competências essenciais) que devemos aproveitar?
- Estabelecimento de objetivos de longo prazo (três a cinco anos)
- Que objetivos de longo prazo precisam ser estabelecidos para que concretizemos a nossa visão?

Alternativas e Decisão Estratégicas

- Qual é a melhor estratégia competitiva que nos permitirá concretizar nossos objetivos e alcançar nossa Visão?

(Continua)

- Que estratégias competitivas devemos considerar?

Plano Estratégico

- Como vamos documentar o caminho a seguir para chegar lá (o plano estratégico)?
- De que recursos necessitaremos, como nos organizaremos?
- Quem deve fazer isso?

Implementação do Plano e Liderança da Mudança

- Que mudanças podem ser necessárias na organização?
- Quem vai planejar, liderar e implementar as mudanças na organização?
- Estamos alcançando os nossos objetivos?
- Estamos recebendo as informações corretas quando precisamos delas para tomar uma decisão?

Teste da Estratégia

- A organização cumpre seus objetivos originais.
- A organização vivencia rápido crescimento (dobra ou triplica de tamanho em um período relativamente curto).
- Sucesso ou fracasso inesperado (próprio ou de um concorrente).
- As vendas da organização estão aumentando mais rápido, mais lentamente ou no mesmo ritmo que as do mercado como um todo e gerando o aumento, a erosão ou a estabilidade da participação de mercado.
- A organização está conquistando novos clientes em um bom ritmo, além de manter os atuais clientes.
- As margens de lucro da organização estão crescendo ou diminuindo em comparação com as margens das empresas concorrentes.
- As tendências nos lucros líquidos, no retorno sobre investimentos e no valor agregado da organização em comparação com outras empresas do setor.
- A força financeira geral da empresa e a classificação de risco estão melhorando ou piorando.
- A organização demonstra melhorias contínuas em medidas de desempenho internas como custo unitário, taxa de defeitos, taxa de refugo, motivação e moral dos funcionários, rotatividade de estoque, pedidos pendentes de clientes, quantidade de dias no estoque etc.
- Como os acionistas veem a organização com base nas tendências no preço da ação da empresa e no valor para os acionistas (em relação ao valor de mercado agregado de outras empresas do setor).
- A imagem e reputação da organização junto aos clientes.
- A organização é considerada líder em tecnologia, inovações de produto, comércio eletrônico, qualidade dos produtos, rapidez da entrega dos pedidos, melhores preços, colocação rápida no mercado de produtos recém-desenvolvidos ou outros fatores relevantes nos quais os compradores baseiam a escolha das marcas.

(Continua)

Diretrizes para Avaliar a Viabilidade de uma Determinada Estratégia

1. A estratégia concentra-se no ambiente? (De acordo com Rea e Kerzner, a finalidade da estratégia é ajudar a organização a reagir às oportunidades/ameaças do ambiente.)[36]
2. A estratégia cria ou sustenta uma vantagem competitiva? (A empresa atende os clientes de uma maneira que os concorrentes dificilmente conseguirão imitar, de maneira semelhante às visões de Porter?)
3. A estratégia é adequada aos recursos/restrições empresariais? (É preciso haver uma adequação entre a estratégia e a organização e sua cultura e talento.)
4. A estratégia mantém flexibilidade estratégica? (A estratégia ajuda a administrar riscos, permanecendo flexível – lida com o "Qual será o nosso negócio?" de Drucker.)
5. O foco da estratégia está na pergunta estratégica fundamental? (Ter capacidade de resolver questões estratégicas que foram levantadas durante a reunião de pensamento estratégico.)
6. A estratégia permite uma análise dos recursos e restrições financeiras? (Origem e utilização de fundos – pagar dividendos aos acionistas ou reinvestir em P&D?)
7. A estratégia permite que a gerência pense de maneira sistemática?

Objetivos Estratégicos: Outro Ponto de Vista

- Conquistar fatia de mercado
- Superar os concorrentes na qualidade dos produtos, no atendimento ao cliente ou na inovação de produtos
- Conseguir custos totais mais baixos que os da concorrência
- Melhorar a reputação da empresa junto aos clientes
- Conquistar uma posição mais forte nos mercados internacionais
- Exercer liderança tecnológica
- Ganhar vantagem competitiva sustentável
- Capturar oportunidades de crescimento atraentes

Criando a Estratégia

- Concentrar-se em um único negócio ou construir um grupo diversificado de negócios (uma das estratégias de Drucker)?
- Fornecer para vários clientes ou se concentrar em um nicho específico do mercado (concentração de Drucker)?
- Desenvolver uma linha de produtos ampla ou limitada (especialização e diversificação de Drucker)?
- Buscar uma vantagem competitiva com base em custos reduzidos ou superioridade de produtos ou habilidades empresariais únicas (competências do conhecimento de Drucker)?
- Como reagir às mudanças nas preferências do comprador?
- Qual o tamanho do mercado geográfico que se pretende abordar?

(Continua)

- Como reagir aos novos mercados emergentes e às condições competitivas?
- Como fazer a empresa crescer no longo prazo?

Outras Perguntas para Análise do Mercado

1. Quem compra?
2. Onde o produto é adquirido?
3. Para que está sendo adquirido?
4. Quem é o não cliente? Por que ele não compra nossos produtos?
5. O que o cliente compra, de um modo geral?
6. Que parte dos gastos totais do cliente – sua renda disponível, sua renda discricionária ou seu tempo discricionário – é dedicada aos seus produtos, e essa proporção está aumentando ou diminuindo?
7. O que os clientes – e não clientes – compram de outros concorrentes? Que satisfação conseguem e que não é possível obter com nossos produtos?
8. Que produto ou serviço supriria áreas de satisfação de real importância – tanto aquelas que servimos atualmente como aquelas que poderíamos servir?
9. O que permitiria que o cliente passasse sem nosso produto ou serviço? (Isso está mais relacionado a produtos substitutos – por exemplo, o preço da gasolina forçando as pessoas a adquirirem automóveis menores *versus* utilitários, a usarem mais os transportes públicos etc.)
10. Quem são nossos não concorrentes – e por quê? (Quem mais poderia ingressar no setor e tornar-se nosso concorrente?)
11. Com quem não concorremos? (Possivelmente identificando oportunidades fora nosso setor.)

Notas

1. Comentário feito por Drucker no programa de doutorado da Claremont Graduate School, outubro de 1976.
2. Peter F. Drucker, *Management: Tasks, Responsibilities, Practices* (Nova York: Harper and Row Publishers, Inc., 1973), 125.
3. Rudy A. Champa, *Strategic Thinking and Boardroom Debate* (Mission Viejo, CA: Critical Thinkers Press, 2001), 11.
4. Peter Rea, Ph.D., e Harold Kerzner, Ph.D., *Strategic Planning: A Practical Guide* (Nova York: John Wiley and Sons, Inc., 1997), 59-60.
5. Arthur A. Thompson, Jr., e A. J. Strickland III, *Strategic Management: Concepts & Cases.* 13.ª ed., 10.
6. Robert W. Swaim, Ph.D. "The Drucker Files: Is a Decision Necessary? Parts I & II", *Business Beijing* (julho e agosto de 2003).
7. Peter F. Drucker, "The Elements of Decision Making", *Corpedia 8104.* Programa on-line (2001).
8. Peter F. Drucker, *The Effective Executive* (Nova York: Harper & Row, 1967), 136-137.
9. Ibid., 122-123.
10. Ibid., 143.
11. Fremont E. Kast e James E. Rosenzweig, *Organization and Management: A Systems and Contingency Approach* (Nova York: McGraw-Hill, Inc. 1979), 368-370.

12. Ibid., 368.
13. Ibid., 370.
14. Stephen R. Robbins, *Organizational Behavior*, 8.ª ed. (Upper Saddle River, NJ: Prentice-Hall, Inc. 1998), 111-112.
15. Ibid., 111.
16. Herbert A. Simon, "Administrative Decision Making" In: *Management Classics* (Santa Monica, CA: Goodyear Publishing Company, 1977).
17. Peter F. Drucker, *The Effective Executive* (Nova York: Harper & Row, 1967), 155.
18. Peter F. Drucker, "The Elements of Decision Making". *Corpedia 8104*. Programa on-line (2001).
19. Jack Welch, *Jack; Straight from the Gut* (Nova York: Warner Books, Inc., 2001), 398.
20. Peter F. Drucker, *The Essential Drucker* (Nova York: HarperCollins Publishers, Inc., 2001), 241-260.
21. Stephen R. Robbins, *Organizational Behavior*, 8.ª ed. (Upper Saddle River, NJ: Prentice-Hall, Inc. 1998), 112-113.
22. Peter F. Drucker, "The Elements of Decision Making", *Corpedia 8104*. Programa on-line.
23. Peter F. Drucker, *The Essential Drucker* (Nova York: HarperCollins Publishers, Inc., 2001), 245-247.
24. Ibid., 247-249.
25. Comentário feito por Drucker no programa de doutorado da Claremont Graduate School, setembro de 1978.
26. Peter F. Drucker, *The Essential Drucker* (Nova York: HarperCollins Publishers, Inc., 2001), 251-254.
27. Alvin e Heidi Toffler, *Revolutionary Wealth* (Nova York: Alfred A. Knopf, 2006).
28. "China Seas One Water Pollution Accident Every Two to Three Days", *Xinhua News Agency* (setembro de 2006).
29. Peter F. Drucker, *The Essential Drucker* (Nova York: HarperCollins Publishers, Inc., 2001), 254-256.
30. Mary Parker Follett, *Management as a Profession* (Nova York: McGraw-Hill Book Company, 1927).
31. Iving L. Janis, *Victims of Group Think* (Boston: Houghton Mifflin, 1972).
32. Peter F. Drucker, *Management: Tasks, Responsibilities, Practices* (Nova York: Harper & Row 1973), 466-470.
33. Stephen R. Robbins, *Organizational Behavior*, 8.ª ed. (Upper Saddle River, NJ: Prentice-Hall, Inc. 1998), 267.
34. Fremont E. Kast e James E. Rosenzweig, *Organization and Management: A Systems and Contingency Approach* (Nova York: McGraw-Hill, Inc. 1979), 107-120.
35. Comentário feito por Drucker durante uma aula de doutorado na Claremont Graduate School, setembro de 1978.
36. Peter Rea e Harold Kerzner, *Strategic Planning: A Practical Guide* (Nova York: John Wiley & Sons, Inc., 1977), 59-60.

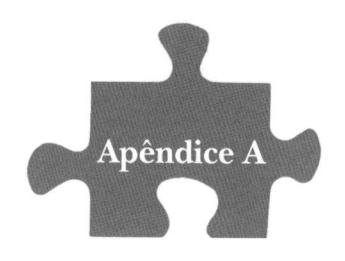

Ferramentas de Aplicação da Gestão Estratégica

Ferramentas de Aplicação

Incluímos aqui uma série de Ferramentas de Aplicação da Gestão Estratégica, a fim de permitir que o leitor transfira os conceitos de Drucker para suas organizações e elimine algumas das lacunas discutidas. Algumas ferramentas foram especificamente desenvolvidas, enquanto outras foram adicionadas por colaboradores como a matriz do Boston Consulting Group (BCG) e o modelo da GE. Entre as ferramentas e instruções contidas neste Apêndice estão:

Ferramentas do Setor e do Mercado

Essas ferramentas foram incluídas com o objetivo de responder a diversas perguntas sugeridas por Drucker, como por exemplo: *Deveríamos mesmo atuar neste ramo? Qual será o nosso negócio? Quem é nosso cliente, e onde ele está? Quais são as tendências do mercado?*

1. Ferramenta de avaliação da atratividade do setor
2. Qual será o nosso negócio? Formulário de avaliação
3. Matriz de crescimento do mercado
4. Avaliação da segmentação do mercado do negócio

Avaliação dos Recursos Internos e Competitivos

Essas ferramentas abordam os pressupostos internos (competências essenciais) e a missão da Teoria do Negócio de Drucker, bem como dos concorrentes.

5. Avaliação dos recursos competitivos estratégicos
6. Índice de vantagem competitiva
7. Avaliação do abandono planejado
8. Avaliação dos valores e da missão (A Teoria do Negócio)

Estratégia e Marketing

Essas ferramentas apresentam uma visão geral das estratégias popularizadas pelo Boston Consulting Group e pela GE. O curso Drucker Strategy MBA incluía uma discussão mais abrangente das estratégias.

1. Avaliação e matriz BCG
2. Planejamento estratégico na GE: Um guia prático
3. Matriz da arquitetura de planejamento de canal

1. Ferramenta de Avaliação da Atratividade do Setor[1]

INSTRUÇÕES

1. Analise cada elemento a seguir e circule a pontuação adequada no formulário de avaliação de atratividade do setor em que sua empresa se encontra, fornecido a seguir.
2. Some os pontos e consulte a referência para interpretação dos resultados apresentada na página a seguir para determinar o atual grau de atratividade do setor. Preencha também esta avaliação para setores nos quais a sua empresa vem pensando em ingressar.

Elemento	Alto	Moderado	Baixo
Tamanho do Mercado	Mercado Grande (5 pontos)	Mercado Médio (7 pontos)	Mercado Pequeno (10 pontos)
Índice de Crescimento do Mercado	Rápido Crescimento (10 pontos)	Algum a nenhum Crescimento (5 pontos)	Crescimento em Queda (0 ponto)
Número de Concorrentes	Muitos Concorrentes (0 ponto)	Número Moderado de Concorrentes (5 pontos)	Poucos Concorrentes (10 pontos)
Força da Concorrência	Forte Concorrência (0 ponto)	Concorrência Moderada (5 pontos)	Concorrência Fraca ou Inexistente (10 pontos)
Capacidade do Setor	Excesso de Capacidade (0 ponto)	Capacidade = Demanda (5 pontos)	Demanda Maior do que Capacidade (10 pontos)
Lucratividade do Setor	Altamente Lucrativo (10 pontos)	Moderadamente Lucrativo (5 pontos)	Pouco ou Nenhum Lucro (0 ponto)
Barreiras à Entrada	Setor Difícil de Entrar (0 ponto)	Setor com Custos Moderados de Entrada (5 pontos)	Setor Fácil de Entrar (0 ponto)
Barreiras à Saída	Alto Custo de Saída (0 ponto)	Setor com Custos Moderados de Saída (5 pontos)	Baixo Custo de Saída (10 pontos)

(Continua)

Elemento	Alto	Moderado	Baixo
Tipo de Produtos	Caros (10 pontos)	Diferenciados (5 pontos)	*Commodity* (0 ponto)
Ameaça de Substitutos	Grande ameaça (0 ponto)	Alguma Ameaça (5 pontos)	Pouca ou Nenhuma Ameaça (10 pontos)
Mudança Tecnológicas no Setor	Mudanças Rápidas (0 ponto)	Mudanças Moderadas (5 pontos)	Pouca ou Nenhuma Mudança (10 pontos)
Investimento de Capital Necessário	Necessidade Alta de Investimento de Capital (10 pontos)	Necessidade Moderada de Investimento de Capital (5 pontos)	Necessidade Pequena de Investimento de Capital (0 ponto)
Atividade de Integração	Alta Atividade (0 ponto)	Atividade Moderada (5 pontos)	Pouca ou Nenhuma Atividade (10 pontos)
Economias de Escala	Grandes Economias de Escala Necessárias (0 ponto)	Economias de Escala Moderadas (5 pontos)	Poucas Economias de Escala Necessárias (10 pontos)
Inovação de Produto	Inovação Rápida (0 ponto)	Inovação Moderada (5 pontos)	Baixa Inovação (10 pontos)
Impacto no Fornecedor	Alto Impacto (0 ponto)	Impacto Moderado (5 pontos)	Nenhum ou Pouco Impacto (10 pontos)
Regulamentações Governamentais que têm Impacto Negativo	Impacto Moderado (0 ponto)	Um Pouco Regulamentado (5 pontos)	Poucas Regulamentações (10 pontos)
Regulamentações Governamentais que têm Impacto Positivo	Altamente Regulamentados (10 pontos)	Moderadamente Regulamentado (5 pontos)	Poucas Regulamentações (0 ponto)
Poder dos Clientes	Poder Considerável (0 ponto)	Poder Moderado (5 pontos)	Pouco ou Nenhum Poder (10 pontos)
Total de Pontos em Cada Coluna			
Total de Pontos			

Interpretação dos Resultados

A pontuação referente à atratividade do setor varia de cinco a 190 pontos. O grau de atratividade pode ser classificado da seguinte maneira:

De 151 a 190 Pontos   Setor atraente de um modo geral. Se estiver nele, invista pesado em liderança. Se não estiver, talvez tenha dificuldade de entrar sem adquirir uma empresa que já atue no setor, mas, se houver uma maneira prática de fazê-lo, faça-o.

De 121 a 150 Pontos   O setor é atraente. Se já estiver nele, consolide a sua posição e conquiste ou mantenha a liderança do mercado. Se não estiver, pense em

(Continua)

ingressar no setor se estiver relacionado ao seu negócio e se você tiver a *expertise* nessa área ou, ainda, se puder dividir os custos com o negócio existente.

De 91 a 120 Pontos O setor não é nem deixa de ser atraente. O segredo aqui é a posição competitiva.

De 61 a 90 Pontos O setor não é muito atraente, mas é possível que líderes do segmento ou empresas muito bem administradas consigam retornos razoáveis ou ganhem a vida, no caso de empresas de capital fechado.

De 31 a 60 Pontos O setor não é atraente. Se a sua empresa não for líder do mercado, venda-a ou diversifique seu negócio, ingressando em um setor no qual tenha experiência.

De 5 a 30 Pontos O setor não é nada atraente. Tente abandoná-lo rapidamente. Se ainda estiver gerando lucros ou se algum tolo quiser adquiri-lo, venda.

2. Qual Será o Nosso Negócio? Formulário de Avaliação

INSTRUÇÕES

1. Preencha a avaliação *da sua empresa* em relação aos quatro fatores que podem impactar a pergunta "Qual será o nosso negócio?" (coisas que acon-teceram ou estão acontecendo e que tiveram impacto no setor e em sua empresa e que podem alterar a sua Missão).
2. Tente determinar qual será o impacto desse fator na sua empresa no curto prazo.

Fatores	O que aconteceu ou está acontecendo?	Potencial impacto imediato na sua empresa
Potencial de Mercado: • Tendência de crescimento e fatores que afetam essa tendência		
Tendência de Mercado: • Mudanças na tendência de mercado?		
Mudanças na Estrutura do Mercado: • Desenvolvimento econômico? • Mudanças na moda? • Mudanças no gosto? • Atitudes da concorrência?		
Inovação: • Mudanças no que o cliente deseja? • Criar novos desejos? • Eliminar antigas maneiras? • Criar novas maneiras de satisfazer os desejos? • Mudar o conceito de valor? • Oferecer mais valor?		
O Consumidor: • Desejos não estão sendo satisfeitos?		

(Continua)

3. Matriz de Crescimento do Mercado

INSTRUÇÕES

1. *Situação atual*: Apresente exemplos de setores que atualmente estão em rápido crescimento, que crescem lentamente ou estão estáveis, e de setores em declínio.
2. *Situação futura*: Apresente exemplos de setores que terão rápido crescimento, lento crescimento ou crescimento estável, ou cujo crescimento declinará nos próximos três a cinco anos.

Ritmo de Crescimento do Mercado	Hoje	Daqui a 3 a 5 Anos
SETORES DE RÁPIDO CRESCIMENTO		
SETORES DE LENTO CRESCIMENTO OU ESTÁVEIS		
SETORES EM DECLÍNIO		

4. Avaliação da Segmentação do Mercado do Negócio: Principais Variáveis da Segmentação[2]

INSTRUÇÕES

1. Avalie as variáveis a seguir e sua aplicação à sua organização.
2. Discuta com outras pessoas de sua organização as conclusões relacionadas a uma possível segmentação do mercado.

Variáveis de Segmentação do Mercado	Sua Empresa
Fatores Demográficos	
1. *Setor*: Em que setores você deveria atuar?	
2. *Porte da empresa*: Qual deveria ser o porte das empresas que pretendemos servir?	
3. *Localização*: A quais áreas demográficas deveríamos servir?	
Variáveis Operacionais	
4. *Tecnologia*: Em que tecnologias do cliente devemos nos concentrar?	
5. *Condição de usuário ou não usuário*: Deveríamos servir a usuários pesados, usuários médios, usuários leves ou não usuários?	
6. *Recursos do cliente*: Devemos servir aos clientes que precisam de muitos ou de poucos serviços?	
Abordagens de Compra	
7. *Organização da função de compra*: Devemos servir a empresas com organizações de compra altamente centralizadas ou descentralizadas?	

(Continua)

Variáveis de Segmentação do Mercado	Sua Empresa
8. *Estrutura de poder*: Devemos servir a empresas dominadas por engenharia, finanças, marketing etc.?	
9. *Natureza dos relacionamentos existentes*: Devemos servir a empresas com as quais temos fortes relacionamentos ou correr atrás das empresas mais desejáveis?	
10. *Políticas de compra gerais*: Devemos servir a empresas que preferem *leasing*? Contratos de serviço? Compras por sistemas? Licitações sigilosas?	
11. *Critérios de compra*: Devemos servir a empresas que estão em busca de qualidade? Serviço? Preço?	
Fatores Situacionais	
12. *Urgência*: Devemos servir a empresas que precisam de um serviço de entrega rápida?	
13. *Aplicação específica*: Devemos nos concentrar em determinadas aplicações do nosso produto, e não em todas as aplicações?	
14. *Tamanho do pedido*: Devemos nos concentrar em pedidos pequenos ou grandes?	
Características Pessoais	
15. *Similaridade comprador-vendedor*: Devemos servir a empresas cujos funcionários e valores sejam semelhantes aos nossos?	
16. *Atitudes em relação ao risco*: Devemos servir a clientes que assumem riscos ou evitam riscos?	
17. *Lealdade*: Devemos servir a clientes que demonstram alta lealdade a seus fornecedores?	

5. Avaliação dos Recursos Competitivos Estratégicos[3]

INSTRUÇÕES

1. Enumere na primeira coluna da tabela a seguir os recursos competitivos estratégicos necessários para competir em seu setor (qualidade do produto, serviço, preço competitivo, disponibilidade de estoque, entrega, opções de crédito, canais de distribuição, vendedores experientes etc.). Classifique-os *por ordem de importância* (os mais importantes primeiro).

2. *Comparação competitiva*:Compare os fatores enumerados com os dos principais concorrentes nas próximas três colunas. Coloque um número na coluna de 1 a 10 (sendo 1 muito ruim em comparação com o concorrente e 10 muito melhor do que o concorrente).

3. *Ação*: Indique na última coluna as medidas que sua empresa deve tomar para explorar esses fatores nas situações em que você for muito mais forte do que os concorrentes e as medidas que a sua empresa deve tomar nas situações em que você for muito mais fraco do que seus concorrentes.

(Continua)

Avaliação dos Recursos Estratégicos

Recursos competitivos estratégicos	Concorrente	Concorrente	Concorrente	Medida a ser tomada – usar como vantagem ou melhorar fator

6. Índice de Vantagem Competitiva: Sua Empresa *versus* Principais Concorrentes[4]

PARTE I. INSTRUÇÕES

1. Calcule o índice de vantagem competitiva de seus principais concorrentes ou de um grande concorrente do mercado em que você atua.
2. Atribua um "peso" à importância relativa em seu mercado de cada um dos fatores (*qualidade do produto – 50%; qualidade do serviço – 30%* etc.). Juntos, os pesos atribuídos devem somar 100% em cada categoria principal.
3. Classifique cada fator em uma escala que vai de 0 a 6, sendo 0 *Muito pior do que o concorrente*, 3 *Igual ao concorrente* e 6 *Muito melhor do que o concorrente*.
4. Multiplique o percentual de importância relativa pela pontuação atribuída a cada fator na coluna de pontuação do fator.
5. Some as pontuações dos fatores e registre o resultado na pontuação total da vantagem da categoria.

(Continua)

Matriz 1

Fatores de Vantagem Competitiva	Importância Relativa (%)	**Muito Pior** 0	1	2	3	**Igual** 4	**Muito Melhor** 5	6	Pontuação do Fator
Vantagem de Diferenciação									
Qualidade do Produto									
Qualidade do Serviço									
Imagem da Marca									
Preço Relativo									
Pontuação da Vantagem de Diferenciação	100%								
Vantagem de Custo									
Custo Unitário/Variável									
Custos da Transação									
Despesas de Marketing									
Despesas Operacionais/Gerais									
Pontuação da Vantagem de Custo	100%								
Vantagem de Marketing									
Fatia de Mercado									
Consciência da Marca									
Canais de Distribuição									
Cobertura de Vendas & Força de Vendas									
Pontuação da Vantagem de Marketing	100%								

(Continua)

PARTE II. INSTRUÇÕES

1. Atribua um "peso" que demonstre a importância relativa de cada uma das três principais fontes de vantagem competitiva no seu mercado (custo – 0,40, diferenciação – 0,40 e marketing – 0,20 etc.) na tabela a seguir. Os pesos devem ser expressos sob a forma de percentuais (0,40, 0,20 etc.); acrescente 1,0 para cada fonte principal.
2. Insira a pontuação do fator relativa a cada categoria da Matriz I.
3. Multiplique o peso relativo pela pontuação do fator e insira o resultado na coluna da pontuação geral. (0,40 peso da vantagem de custo x 300 pontuação do fator = 120 pontuação geral).
4. Divida a pontuação geral pela pontuação máxima para cada categoria e insira o percentual do máximo na última coluna (120 pontuação geral vantagem de custo/240 pontuação máxima = 50%)

Fonte de vantagem competitiva	Peso relativo	Pontuação do fator	Pontuação geral	Pontuação máxima	Percentual do máximo
Vantagem de Custo				240	%
Vantagem de Diferenciação				240	%
Vantagem de Marketing				120	%
Total	1,00			600	%

Avaliação e Perguntas para Discussão

Vantagem Competitiva (Pontuação do Percentual Máximo na Faixa de 70% ou mais)

1. Discuta em que pontos você sente que a sua empresa tem *vantagem* competitiva e por quê.
2. Como a sua empresa pode usar essa vantagem competitiva no mercado como parte de sua estratégia de marketing?

Desvantagem Competitiva (Pontuação do Percentual Máximo na Faixa de 40% ou Mais)

1. Em que pontos você sente que a sua empresa tem maior *desvantagem* competitiva?
2. Se for importante (peso relativo), o que deve ser feito para corrigir isso?

(Continua)

7. Avaliação do Abandono Planejado

INSTRUÇÕES

Escolha um produto(s) ou serviço(S) oferecido(s) pela sua empresa atualmente.
Complete a avaliação a seguir para determinar se esse(s) produto(s)/serviço(s) deve(m) ou não ser abandonado(s).

Produtos/Serviços	Avaliação
Enumere o(s) produto(s)/serviço(s) na coluna ao lado.	Produto(s)/Serviço(s):
Que percentual das vendas totais da empresa esse produto/serviço representa? Anote na coluna ao lado.	Percentual da receita total?
Que percentual dos lucros brutos totais da empresa esse produto/serviço representa? Anote na coluna ao lado.	Percentual do lucro bruto total?
Os produtos/serviços ainda são viáveis?	
É provável que continuem sendo viáveis?	
Eles continuam proporcionando valor ao cliente?	
É provável que proporcionem valor no futuro? Nesse caso, durante quanto tempo?	
Os produtos/serviços ainda são adequados às realidades da população, mercados, tecnologia e economia?	
Se não for um produto/serviço viável, qual seria a melhor forma de a empresa abandoná-los?	
Como a empresa pode parar de investir recursos e esforços nesse produto/serviço?	
Se o produto/serviço fosse abandonado, o que ficaria em seu lugar?	
Quanto tempo seria necessário para colocar o produto/serviço substituto no mercado?	

8. Avaliação dos Valores e da Missão

A Teoria do Negócio: A Missão

Peter Drucker propôs o conceito de Teoria do Negócio, composto de três elementos principais:

1. A Missão
2. Os pressupostos sobre o ambiente
3. As competências essenciais do negócio

(Continua)

A avaliação lhe permite julgar os valores e a missão de sua organização.

Avaliação dos Resultados Atribua a cada pergunta um valor de 0 a 10 *usando apenas números pares*, como se segue:

0 – MUITO RUIM: Falta quase absoluta do conceito. Sua ausência ou abordagem errada podem gerar grandes problemas ou riscos ao negócio.
2 – RUIM: Desequilíbrio significativo. Os problemas inerentes ou as oportunidades perdidas podem gerar perdas significativas.
4 – MÉDIO: Essa posição de mediocridade ou falta de estudo/foco leva o negócio a ter dificuldades, em uma posição fraca com alguns concorrentes, além de ser uma importante fonte de oportunidades perdidas.
6 – ACIMA DA MÉDIA: A pontuação começa a ser aceitável. Este é um aspecto a ser avaliado, e seria uma boa ideia analisá-lo para melhorar os resultados.
8 – BOM: A questão tem bom foco, e há consciência de que pode ser aperfeiçoada quando houver tempo disponível ou quando o negócio buscar a perfeição.
10 – EXCELENTE: Pontuação reservada para os casos em que foi alcançado algo muito tangível que confere à empresa vantagem competitiva ou que alcançou seus objetivos.

Atribua uma pontuação a cada uma das afirmações a seguir de acordo com a avaliação que você fizer da sua organização. Em seguida, some os pontos. O resultado será a avaliação dos valores e da missão da sua empresa.

Questionário de Valores e Missão

1. Em nossa organização, há uma cultura corporativa que reúne pessoas e equipes, e essa cultura surge de valores explícitos que não são apenas pregados pela alta gerência; ao contrário, são praticados no dia a dia da empresa.
   PONTUAÇÃO: ⸻
2. A alta gerência demonstra coerência entre as ações e os valores da organização. Em outras palavras, há coerência total entre o que diz que deve ser feito e o que realmente é feito.
   PONTUAÇÃO: ⸻
3. A missão da empresa é voltada para fora – para o cliente e para o mercado, e evitamos cometer o erro de orientar a missão para o que sabemos fazer ou o que gostamos de fazer.
   PONTUAÇÃO: ⸻
4. A missão define claramente a finalidade do negócio, sem ambiguidade e está expressa por escrito de maneira simples, clara e direta, permitindo sua total compreensão por todos os membros da organização.
   PONTUAÇÃO: ⸻
5. A missão gira em torno de uma só finalidade, embora na realidade incorpore uma *ampla gama* de tarefas.
   PONTUAÇÃO: ⸻

(Continua)

6. A missão está centrada em proporcionar valor ao(s) cliente(s), em vez de se concentrar em ganhos financeiros. A única maneira realista de obter resultados é oferecer valor aos clientes, e não o inverso, como pensam alguns.
PONTUAÇÃO: ——————

7. A missão, por mais que defina nosso propósito com toda a clareza, deixa as portas abertas à inovação futura necessária ou a mudanças no ambiente externo.
PONTUAÇÃO: ——————

8. A missão é analisada *todo ano,* no que diz respeito à situação atual de mudança. Examiná-la a cada três a cinco anos é muito perigoso. Acontecimentos drásticos podem afetar quase todos os setores, em todos os países, com muita rapidez.
PONTUAÇÃO: ——————

9. A missão é *funcional,* mas também tem uma parcela suficiente de sonho para motivar as pessoas.
PONTUAÇÃO: ——————

10. As políticas e os objetivos da organização são coerentes com a missão; na realidade, são inspirados por ela.
PONTUAÇÃO: ——————

11. A missão é muito *original* e contém um alto grau de *diferenciação* em relação às missões dos concorrentes. Em qualquer setor, muitas empresas produzem e vendem produtos semelhantes, mas de maneiras muito diferentes. Se um negócio emular em 100% os esforços de seu concorrente, sua possibilidade de progresso é ínfima.
PONTUAÇÃO: ——————

12. Os líderes da organização obtêm o comprometimento da equipe com a concretização da missão.
PONTUAÇÃO: ——————

SOMA TOTAL DOS PONTOS: ——————

Avaliação dos Valores e da Missão

Total de pontos	Avaliação
94-120	Bom a Excelente
74-92	Acima da Média a Bom
50-72	Média a Acima da Média
26-48	Abaixo da Média a Média
12-24	Ruim ou Abaixo da Média
0-10	Ruim

Com base no total de pontos obtidos na avaliação dos valores e da missão, responda às seguintes perguntas:

(Continua)

Precisamos realizar algum ajuste em nossos valores e em nossa missão?

_____

_____

_____

O que deveríamos fazer melhor?

_____

_____

_____

Em que pontos deveríamos agir?

_____

_____

_____

9. Matriz Estratégica do BCG e Avaliação[5]

INSTRUÇÕES

Enumere a seguir o(s) produto(s) da empresa a ser(em) avaliado(s) (pelo menos dois produtos ou serviços):

Produto Um:

_____

Produto Dois:

_____

Produto Três:

_____

Indique qual a classificação do produto na matriz BCG apresentada a seguir (vide as classificações Estrela, Vaca Leiteira, Ponto de Interrogação, Abacaxi na página a seguir).

Analise as estratégias recomendadas pelo modelo BCG para essa classificação de produto e compare-a com a estratégia que a sua empresa está ou deveria estar implementando.

(Continua)

Produto	Classificação	Estratégias do BCG	Estratégia da nossa empresa (atual ou futura)
	Estrela	1. Manter domínio do mercado 2. Investir no aperfeiçoamento dos processos 3. Manter liderança de preço 4. Usar o excesso de caixa para investir em outras partes do negócio (inovar)	
	Vaca Leiteira	1. Proteger a fatia de mercado 2. Reinvestir ganhos no desenvolvimento de produtos (inovação)	
	Ponto de Interrogação	1. Investir pesado para aumentar a fatia de mercado 2. Aumentar a fatia de mercado através de aquisição 3. Desinvestir ou abandonar 4. Focar no nicho de mercado e desenvolver uma vantagem competitiva	
	Abacaxi	1. Focar em mercados que possam ser dominados 2. Reduzir suporte para gerar caixa ao longo do tempo de vida restante do produto 3. Desinvestir – Vender 4. Eliminar da linha de produto (abandonar)	

(Continua)

Classificações de Produtos no Modelo BCG[6]

Classificações de produtos do BCG	Características	Nossos produtos
Estrelas	1. Alto crescimento e vantagem competitiva duradoura 2. Alta qualidade e essencial à missão da empresa 3. Líder de mercado 4. Bom potencial de crescimento 5. Rentável 6. Necessidade de alto investimento para financiar vantagem competitiva	
Vacas Leiteiras	1. Potencial de crescimento limitado, mas vantagem competitiva duradoura 2. Produtos rentáveis 3. Gerar mais caixa do que o necessário para manter fatia de mercado	
Oportunidades	1. Margens de lucro ruins 2. Baixa qualidade ou não é fundamental para a missão da empresa 3. Potencial de crescimento 4. Baixas margens de lucro 5. Necessidade de investimento significativo	
Abacaxis	1. Potencial de crescimento limitado e falta de vantagem competitiva 2. Qualidade limitada e produto não fundamental para a missão da empresa 3. Opera com desvantagem de custo 4. Poucas opções de crescimento por um custo razoável 5. Mercado não cresce	

(Continua)

10. Planejamento Estratégico: Um Guia Prático[7]

		PROTEGER POSIÇÃO	INVESTIR NO DESENVOLVIMENTO	CONSTRUIR SELETIVAMENTE
Atratividade do Mercado	**Alta**	• Investir para crescer na maior velocidade possível • Concentrar esforços na manutenção da força	• Desafiar para liderança • Desenvolver seletivamente os pontos fortes • Reforçar áreas vulneráveis	• Especializar em pontos fortes limitados • Buscar maneiras de superar pontos fracos • Retirar se não houver indicações de crescimento sustentado
		CONSTRUIR SELETIVAMENTE	**SELETIVIDADE/GERENCIAR EM BUSCA DE GANHOS**	**EXPANSÃO LIMITADA**
	Média	• Investir pesado em segmentos atraentes • Desenvolver habilidade de vencer a concorrência • Enfatizar a lucratividade aumentando a produtividade	• Proteger programa existente • Concentrar investimentos em segmentos nos quais a rentabilidade seja boa e o risco seja relativamente baixo	• Buscar maneiras de se expandir sem risco; caso contrário, minimizar investimento e racionalizar operações
		PROTEGER E REDEFINIR O FOCO	**GERENCIAR POR GANHOS**	**DESINVESTIR**
	Baixa	• Gerenciar tentando manter ganhos atuais • Concentrar-se nos segmentos atraentes • Defender forças	• Proteger posição nos segmentos mais lucrativos • Aperfeiçoar linha de produtos • Minimizar investimento	• Vender em um momento que maximize o valor • Reduzir custos fixos e evitar investimentos por enquanto
		ALTA	**MÉDIA**	**BAIXA**
	POSIÇÃO COMPETITIVA			

(Continua)

11. Matriz da Arquitetura de Canais[8]

INSTRUÇÕES

Examine os canais e métodos de marketing na matriz a seguir e determine quais deles devem ser usados pela sua empresa para realizar as tarefas de geração de demanda (geração de dicas, qualificação de vendas, pré-venda e assim por diante).

(Continua)

3. MATRIZ DA ARQUITETURA DE CANAIS

INSTRUÇÕES

Examine os canais e métodos de marketing na matriz a seguir e determine quais deles devem ser usados pela sua empresa para realizar as tarefas de geração de demanda (geração de dicas, qualificação de vendas, pré-venda e assim por diante). Classifique cada método por ordem de importância: 1, 2, 3 etc. para cada uma das tarefas de geração de demanda.

TAREFAS DE GERAÇÃO DE DEMANDA

Métodos e canais de marketing	Geração de dicas de vendas	Qualificação de vendas	Pré-vendas	Execução da gestão de transações	Serviço pós-venda	Gerenciamento de contas
Internet						
Gerenciamento de Contas Nacional						
Vendas Diretas						
Telemarketing						
Mala-direta						
Lojas de Varejo						
Distribuidores						
Distribuidores e Revendedores de Valor Agregado						
Propaganda						

Fonte: Extraído e adaptado (com modificações) de Philip Kotler, *Marketing Management*, 11.ª ed. (Upper Saddle River, NJ: Pearson Education, Inc., 2003). p. 525. Versão original em Rowland T. Moriarty e Ursula Moran, "Managing Hybrid Marketing Systems", *Harvard Business Review* (novembro-dezembro de 1990), p. 150.

NOTAS

1. Extraído (com modificações) de Richard Koch, *The Financial Times Guide to Strategy*, 2.ª ed. (Londres: Pearson Education Limited, 2000), 50-51.

2. Extraído (com modificações) de Philip Kotler, *Marketing Management*, 11.ª ed. (Upper Saddle River, NJ: Pearson Education, Inc., 2003), 296; versão original em Thomas V. Bonoma e Benson P. Shapiro, *Segmenting the Industrial Market* (Lexington, MA: Lexington Books, 1983).

3. Extraído (com modificações) de Kotler, *Marketing Management*, 11.ª ed. (Upper Saddle River, NJ: Pearson Education, Inc., 2003), 296; versão original em Thomas V. Bonoma e Benson P. Shapiro, *Segmenting the Industrial Market* (Lexington, MA: Lexington Books, 1983).

4. Extraído (com modificações) de Roger J. Best, *Market-Based Management*, 3.ª ed., Upper Saddle River, NJ: Pearson Education Inc., 2004), 278.

5. Extraído (com modificações) de Peter Rea, Ph.D., e Harold Kerzner, Ph.D., *Strategic Planning: A Practical Guide* (Nova York: John Wiley & Sons, Inc. 1997), 18.

6. Extraído (com modificações) de Peter Rea, Ph.D. e Harold Kerzner, Ph.D., *Strategic Planning: A Practical Guide* (Nova York: John Wiley & Sons, Inc. 1997), 18.

7. Reformulado de Peter Rea, Ph.D. e Harold Kerzner, Ph.D., *Strategic Planning: A Practical Guide* (Nova York: John Wiley & Sons, Inc. 1997), 20.

8. Extraído (com modificações) de Philip Kotler, *Marketing Management*, 11.ª ed. (Upper Saddle River, NJ: Pearson Education, Inc., 2003) 525; versão original em Rowland T. Moriarty e Ursula Moran, "Managing Hybrid Marketing Systems", *Harvard Business Review* (novembro-dezembro de 1990): 150.

Bibliografia

"132 Million People Access Web in China." Beijing: *China Internet Information Center*, December 29, 2006.

"The 2003 Slate 60—The 60 Largest American Charitable Contributions of the Year." *Chronicle of Philanthropy*, February 16, 2004.

Adizes, Ph.D., Ichak. *Managing Corporate Lifecycles*. Paramus, NJ: Prentice Hall, 1999.

"Aging Population a Major Problem." *China Daily*, March 12, 2007.

"Aging Population Test Social Security." *China Daily*, December 13, 2006.

"AmCham White Paper: Trade Gap Not the Full Picture." *China Daily*, April 27, 2007.

"Baby Boom." *China Daily*, May 8, 2006.

"Beijing Police Launch Virtual Web Patrol." *On-Line World MSNBC*, June 28, 2007.

Bennis, Warren G. *Changing Organizations*. New York: McGraw-Hill, 1966.

———. "Drucker: A Personal Reflection." *New Management 2*, no. 3 (Winter 1985).

———. Robert Chin, and Kenneth E. Corey. *The Planning of Change*, 3rd ed. New York: Holt, Rinehart, and Winston, 1976.

———. and Burt Nanus. *Leaders: Strategies for Taking Charge*. New York: Harper and Row, 1985.

Best, Roger J. *Market-Based Management*. 3rd ed. Upper Saddle River, NJ: Prentice Hall, 2004.

Booz, Allen & Hamilton. *New Products Management for the 1980s*. New York: Booz, Allen & Hamilton, 1982.

Bork, David. *Family Business, Risky Business*. New York: AMACOM, 1986.

Buchanan, Patrick J. "America in 2050: Another Country." *WorldNetDaily*, March 24, 2004.

———. "Changing America: The United States Population to Double." *Los Angeles Times*, May 20, 2003.

———. *Day of Reckoning*. New York: St. Martin's Press, 2007.

Burke, W. Warner. *Organization Development: Principles and Practices*. Boston: Little Brown and Company, 1982.

Champa, Rudy A. *Strategic Thinking and Boardroom Debate*. Mission Viejo, CA, Critical Thinker Press, 2001.

Chandler, Jr., Alfred D. *Strategy and Structure*. Cambridge: M.I.T. Press, 1962.

Chang, Gordon G. *The Coming Collapse of China*. London: Arrow, 2001.

"Changing America: The United States Population to Double." *Los Angeles Times*, May 20, 2003.

Chen Ming-Jer. *Inside Chinese Business*. Boston: Harvard Business School Press, 2001.

"China's Demographic Dividend to End in 2010." *World Bank*. March 5, 2007.

"China Discloses Giant Bank Fraud." *Washington Post*. June 27, 2006.

"China to Take Decade to be No. 2 Internet Market in Revenues." *Google-Forbes.com*. March 17, 2006.

"China Leading Censor of Net Study Finds." *Tech News & Reviews, MSNBC.com*. April 14, 2005.

Christensen, Clayton M. *Innovation and the Creative Manager*. New York: Irwin/McGraw-Hill, 1999.

———, and Scott D. Anthony. "What Should Sony Do Next?" *Forbes.com*, August 1, 2007.

———, and Kim Peterson. "Sony Screws Up Again With New PS3." *MSN Money*, October 18, 2007.

Clarkson, William. "Drucker: Closing the Theory/Practice Gap." *New Management 2*, no. 3 (Winter 1985).

Collins, James C., and Jerry I., Porras. *Built to Last: Successful Habits of Visionary Companies*. New York: HarperCollins Publishers, Inc., 1994.

Collins, James C., and Jerry I., Porras. *Good to Great: Why Some Companies Make the Leap and Others Don't.* New York: HarperCollins, 2001.

Davis, R. C. *The Fundamentals of Top Management.* New York: Harper & Row, 1951.

Donald, Harvey F., and Donald R. Brown. *An Experiential Approach to Organization Development.* 2nd ed. Englewood Cliffs, NJ: Prentice-Hall, Inc. 1982.

Drucker, Peter F. *The Age of Discontinuity.* London: William Heinemann, 1969.

———. *Concept of the Corporation.* New York: John Daley, 1946.

———. *The Daily Drucker.* New York: HarperCollins, 2004.

———. "Driving Change." *Corpedia Education E-Learning Module 8116* (2003).

———. "Drucker on Drucker." *New Management 2,* no. 3 (Winter 1985).

———. *The Effective Executive.* New York: Harper and Row, 1967.

———. *The Effective Executive in Action.* New York: HarperCollins, 2006.

———. "The Elements of Decision Making." *Corpedia 8104.* On-line program (2001).

———. *The Essential Drucker.* New York: HarperCollins, 2001.

———. "The Five Deadly Business Sins." MTS Video No. 3, Ahead of Change Series. London: MTS Publishers, 1999.

———. "The Five Deadly Business Sins," *Corpedia Education E-Learning Module 8108* (2001).

———. *The Frontiers of Management.* New York: Truman Talley, 1986.

———. *Innovation and Entrepreneurship.* New York: Harper & Row, New York, 1985.

———. *Management Challenges for the 21st Century.* New York: HarperCollins, 1999.

———. "Management and Leadership Today and Tomorrow, Part II," Video 4-1. London: MTS Publishers, Ltd., MTS 1996.

———. "Management Power for Executive Success." MTS Video 1. London: MTS Publishers, 1999.

———. *Management: Tasks, Responsibilities, Practices.* New York: Harper & Row, 1973.

———. *Managing for Results.* New York: Harper & Row, 1964.

———. *Managing in a Time of Great Change.* New York: Truman Talley, 1995.

———. *Managing in the Next Society.* New York: Truman Talley, 2002.

———. *Managing in Turbulent Times.* New York: Harper & Row, 1980.

———. *Managing the Non-Profit Organization.* New York: HarperCollins, 1990.

———. *The New Realities.* New York: Harper and Row, 1989.

———. "The Next Society." *The Economist,* November 3, 2001.

———. *Peter Drucker on the Profession of Management.* Boston: Harvard Business School Press, 1998.

———. *The Practice of Management.* New York: Harper & Row, 1954.

———. "Rules for Strategic Alliances." *Corpedia On-Line Program 8106* (2001).

———. "The Successful Acquisition." *Corpedia Education E-Learning Module 8106* (2001).

———. "The Theory of the Business." *Harvard Business Review* (September–October 1994).

———. "You on Me." *New Management 2,* no. 3 (Winter 1985).

———, and Peter Senge. "Leading in a Time of Change." *MTS Video* (1999).

Edersheim, Elizabeth Haas. *The Definitive Drucker.* New York: McGraw-Hill, 2007.

"Edward Jones." Boston: *Harvard Business School,* 9-700-009, Rev. June 15, 2000.

Filley, Alan C., Robert J. House, and Steven Kerr. *Managerial Process and Organizational Behavior.* 2nd ed. Glenview, IL: Scott, Foresman, 1976.

"Firing CEOs Reaches Record High." *Bloomberg News,* September 27, 2006.

Flaherty, John E. *Peter Drucker: Shaping the Managerial Mind.* San Francisco: Jossey Bass, 1999.

Follett, Mary Parker. *Management as a Profession.* New York: McGraw-Hill, 1927.

———, Henry C. Metcalf, and L. Urwick (eds.). *Dynamic Administration.* New York: Harper and Row Publishers, Inc. 1941.

French, Wendell L., and Cecil H. Bell, Jr. *Organization Development,* 2nd ed. Englewood Cliffs, NJ.: Prentice-Hall, 1978.

Fritz, Mark. "Cash Incentives Aren't Enough to Lift Fertility." *Wall Street Journal,* August 17, 2006.

Geus, Arie de. *The Living Company.* Boston: Harvard Business School Press, 1997.

Graham, Pauline. *Mary Parker Follett, Prophet of Management.* Boston: Harvard Business School Press, 1996.

"The Great Firewall of China." *Open Democracy*, May 20, 2005.

"Half of China to Live in Cities by 2010." *China Daily*, November 7, 2006.

Hall, E. "A Conversation with Peter F. Drucker." *Psychology Today*, December 1982.

Harvey, Donald F., and Donald R. Brown. *An Experiential Approach to Organization Development*. Englewood Cliffs, NJ: Prentice-Hall, Inc. 1982.

Herper, Matthew. "The Generic Onslaught." *Forbes.com*, July 7, 2006.

Herper, Matthew. "Threat of Substitute Products Real." *Forbes.com*, July 7, 2006.

Hill, Charles W. L. *Competing in the Global Marketplace*. New York: McGraw-Hill, 2003.

Janis, Irving L. "Group Think." *Psychology Today*, November 1971.

———. *Victims of Group Think*. Boston: Houghton Mifflin, 1972.

"Japan Elderly Population Ratio Now World's Highest." *China Daily & Reuters*, June 30, 2006.

Jay, Antony. *Management and Machiavelli*. New York: Holt, Rinehart and Winston, 1968.

Kanter, Rosabeth Moss. "Drucker: The Unsolved Puzzle." *New Management 2*, no. 3 (Winter 1988).

Kast, Fremont E., and James E., Rosenzweig. *Organization and Management, A Systems and Contingency Approach*. New York: McGraw-Hill, 1979.

Kast, Fremont E., and James E. Rosenzweig. "General Systems Theory: Applications for Organization and Management." *Academy of Management Journal* (December 1972).

Kepner, Charles H., and Benjamin B. Tregoe. *A Systematic Approach to Problem Solving and Decision Making*. New York: McGraw-Hill, 1965.

"Kevin Rollins Stepping Down at Dell." *MSNBC.com*, February 20, 2007.

Kim, Chan W., and Renee Mauborgne. *Blue Ocean Strategy: How to Create Uncontested Market Space and Make the Competition Irrelevant*. Boston: Harvard Business Publishing Corporation, 2005.

Koch, Richard. *The Financial Times Guide to Strategy*. 2nd ed. London: Pearson Education Limited, 2000.

Kotler, Philip. *Marketing Management*. 11th ed. Upper Saddle River, NJ: Pearson Education, Inc., 2003.

Levitt, Theodore. "Marketing Myopia." *Harvard Business Review* (1960); repr. HBR Classic (September–October 1975).

Lim, Paul J. "Putting Your House in Order." *U.S. News and World Report*, December 10, 2001.

"The Man Who Invented Management." *Business Week*, November 28, 2005.

Marks, Michael. *Working at Cross-Purposes: How Distributors and Manufacturers Can Manage Conflict Successfully*. Washington, DC: National Association of Wholesale-Distributors, Distribution Research and Education Foundation, 2006.

"Matching Dell." Harvard Business School Reprint 799-158, June 6, 1999.

"Migration and the Changing Face of Europe." *MSNBC.com.*, June 18, 2007.

Mintzberg, Henry. *The Nature of Managerial Work*. New York: Harper and Row, 1973.

———. "Crafting Strategy." *Harvard Business Review 65*, no. 4 (July–August 1987).

———, Bruce Ahlstrand, and Joseph Josepel, *Strategy Safari: A Guided Tour Through the Wilds of Strategic Management*. New York: Free Press, 1998.

———, and J.A. Waters. "Of Strategies, Deliberate and Emergent." *Strategic Management Journal 6* (1985).

Moyer, Liz. "A Record Year for Deals." *Forbes.com*, December 21, 2007.

———. "Cost of the Crunch." *Forbes.com*, November 16, 2007.

Nieman, Christoph. "U.S. Businesses for Sale." *New Yorker*, November 20, 2007.

"Only Child Parents Encouraged to Have 2nd Baby." *China Daily*, September 29, 2006.

"Only Child Parents Encouraged to Have Two Kids." *China Daily*, November 10, 2006.

O'Toole, James O. "Peter Drucker: Father of the New Management." *New Management 2*, no. 3 (Winter 1985).

Packard, Vance. *The Hidden Persuaders*. New York: David McKay, 1957.

Pascale, Richard T. *Managing on the Edge*. New York: Simon & Schuster, 1990.

Penn, Mark J. "Trendsurfing: The Critical 1%." *MSN.Com.*, August 28, 2007.

Peters, Thomas J. "The Other Half of the Message." *New Management 2*, no. 3 (Winter 1985).

———, and Robert H. Waterman. *In Search of Excellence: Lessons from America's Best-Run Companies*. New York: Warner Books, 1982.

"Population to Peak at 1.5 Billion in 2030s." *China Daily*, June 23, 2006.

Porter, Michael E. *Competitive Advantage: Creating and Sustaining Superior Performance*. New York: Free Press, 1985.

———. *Competitive Strategy: Techniques for Analyzing Industries and Competitors*. New York: Free Press, 1980.

———. *Michael E. Porter on Competition*. Boston: Harvard Business School Publishing, 1979.

———. "What Is Strategy?" *Harvard Business Review*, November–December 1996.

Pritchett, Price. *After the Merger: Managing the Shockwaves*. New York: Dow Jones-Irwin, 1985.

Rea, Peter, Ph.D., and Harold Kerzner, Ph.D. *Strategic Planning: A Practical Guide*. New York: John Wiley, 1997.

Robbins, Stephen R. *Organizational Theory: Structure, Design, and Applications*. 2nd ed. Englewood Cliffs, NJ: Prentice-Hall, Inc., 1987.

———. *Organizational Behavior*. 8th ed. Upper Saddle River, NJ: Prentice-Hall, 1998.

Scarborough, Norman M., and Thomas W. Zimmerer. *Effective Small Business Management*. 7th ed. Upper Saddle River, NJ: Pearson Education, 2003.

Schneiderman, R. M. "Xerox Turns to Burns for Growth." *Forbes.com* April 4, 2006.

"Shanghai Addresses Aging Issue." *China Daily*, June 25, 2006.

Simon, Herbert A. "Administrative Decision Making." *Public Administration Review* (March 1965).

Slywotzky, Adrian, and Richard Wise. *How to Grow When Markets Don't*. New York: Warner Books, Inc., 2003.

"Strong Deal Growth in China." *Price waterhouse Coopers*, December 18, 2007.

Swaim, Ph.D., Robert W. "The Drucker Files: Drucker on the Next Society and China. Part I." *Business Beijing Magazine*, November 2003.

———. "The Drucker Files: Innovation and Entrepreneurship. Parts I, II & III. *Business Beijing Magazine*, January, February, and March 2003.

———. "The Drucker Files: Is a Decision Necessary? Parts I & II." *Business Beijing Magazine*, July and August 2003.

———. "The Drucker Files: Why Your Organization Needs to Be a Change Leader, Parts I & II." *Business Beijing Magazine*, May & June 2002.

———. "The Drucker Files: Strategy and the Purpose of a Business – Parts I & II." *Business Beijing Magazine*, October and November 2002.

———. "The Drucker Files: The Five Deadly Business Sins." *Business Beijing Magazine*, December 2002.

Swift, Mike. "Latinos Projected to be Ethnic Majority by 2042." *Contra Costa Times*, July 10, 2007.

Thompson Jr., Arthur A., and A.J. Strickland III. *Strategic Management: Concepts and Cases*. 13th ed. New York: McGraw Hill Irvin, 2003.

Toffler, Alvin and Heidi. *Revolutionary Wealth*. New York: Knopf, 2006.

"UK Pension Age May Be Raised to 69." *China Daily*, December 1, 2005.

"U.S. Population Growth." *National Audubon Society*, 2006.

Vogt, Richard J. "Forecasting as a Management Tool." *Michigan Business Review* (January 1970).

Welch, Jack. *Jack, Straight From the Gut*. New York: Warner Books, Inc., 2001.

"White Paper: American Business-Trade Gap Not the Full Picture." *American Chamber of Commerce— China* 2007.

"Working-Age Population Set to Decline." *China Daily*, September 1, 2006.

"The World's 50 Most Innovative Companies." *Business Week*, April 18, 2008.

"Zero Population Growth." *Beijing Review*, July 31, 2003.

Índice

FSC

Fontes Mistas

Grupo de produto proveniente de florestas
bem manejadas e outras fontes controladas

Cód. SW - COC - 1662
www.fsc.org
© 1996 Forest Stewardship Council

A marca FSC é a garantia de que a madeira utilizada na
fabricação do papel com o qual este livro foi impresso
provém de florestas gerenciadas, observando-se rigorosos
critérios sociais e ambientais e de sustentabilidade.

Serviços de impressão e acabamento
executados, a partir de arquivos digitais fornecidos,
nas oficinas gráficas da EDITORA SANTUÁRIO
Fone: (0XX12) 3104-2000 - Fax (0XX12) 3104-2016
http://www.editorasantuario.com.br - Aparecida-SP